선생님이 강력 추 천하는

과학

개념 + PLUS

단원평가

6-1

개념+단원평가 와
내 교과서 비교하기

단원 찾는 방법

• 내 교과서 출판사명을 확인하고 공부할 범위의 페이지를 확인하세요.
• 다음 표에서 내 교과서의 공부할 페이지와 개념+단원평가 과학 페이지를 비교하면 됩니다.
  예를 들어 천재 교과서 24~47쪽이면 개념+단원평가 36~65쪽을 공부하시면 됩니다.

Search
단원찾기

단원	개념+단원평가	천재교과서	아이스크림 미디어	지학사	비상교과서	금성출판사	동아출판	김영사	천재교육	미래엔
과학 탐구	8~17	10~23	10~17	8~17	10~17	8~19	8~19	8~19	12~23	9~20
지구와 달의 운동	18~47	24~47	18~39	18~41	18~43	20~41	20~41	20~43	24~51	21~44
여러 가지 기체	48~75	72~95	40~61	42~65	44~67	42~61	42~65	44~67	52~75	45~68
식물의 구조와 기능	76~107	48~71	62~89	66~89	68~95	84~107	66~89	68~91	76~99	69~94
빛과 렌즈	108~139	96~119	90~113	90~113	96~117	62~83	90~111	92~115	100~123	95~116

여러분의 꿈을 응원합니다!!!

민들레에게는
하얀 씨앗을 더 멀리 퍼뜨리고 싶은 꿈이 있고,

연어에게는
고향으로 돌아가 알알이 붉은 알을 낳고 싶은 꿈이 있습니다.

여러분도 가지각색의 아름다운 꿈을 가지고 있지요?
꿈을 향한 마음으로
좋은 결과를 얻기 위해 달려 보아요.

여러분의 아름답고 소중한 꿈을 응원합니다.

구성과 특징

특별 부록

교과서 종합평가

과학 9종 검정 교과서를 완벽 분석한 종합평가를 단원별로 구성하였습니다.

1. 교과서 핵심 요점

교과서 내용을 이해하기
쉽도록 사진 자료와 함께
꾸몄습니다.

2. 개념을 확인해요

교과서 개념과 관련된 주
요 내용을 간단한 문제를
통하여 확인할 수 있습니
다.

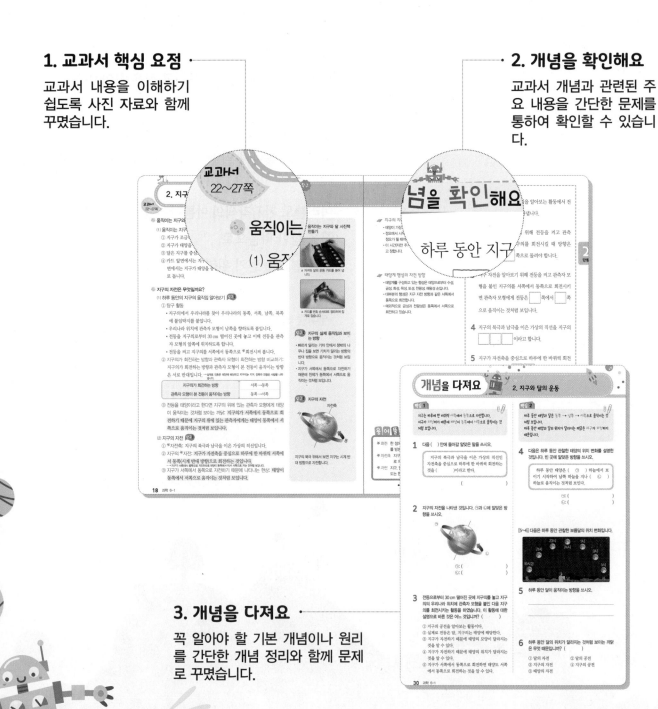

3. 개념을 다져요

꼭 알아야 할 기본 개념이나 원리
를 간단한 개념 정리와 함께 문제
로 꾸몄습니다.

4. 단원 평가 연습 도전 기출 실전

여러 가지 유형의 문제를 단원별로 구성하고, 연습, 도전, 기출, 실전으로 난이도를 구분하여 학습 목표를 이룰 수 있도록 하였습니다.

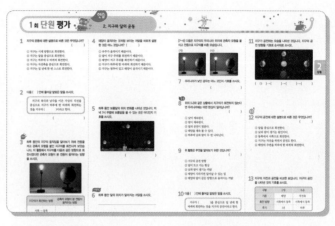

5. 탐구 서술형 평가

서술형 평가에 대비할 수 있도록 다양한 문제로 구성하였습니다.

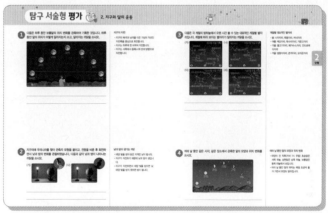

6. 100점 예상문제

핵심만 콕콕 짚어 단원별과 전체 범위로 구분하여 구성하였습니다.

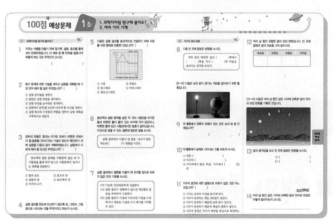

정답과 풀이

별책 부록

스스로 학습할 수 있도록 문제마다 자세한 풀이를 넣었으며 '더 알아볼까요' 코너를 두어 문제를 정확하고 쉽게 이해할 수 있도록 하였습니다.

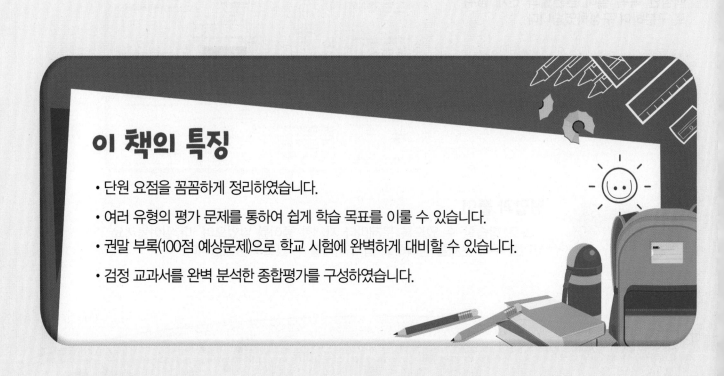

이 책의 특징

- 단원 요점을 꼼꼼하게 정리하였습니다.
- 여러 유형의 평가 문제를 통하여 쉽게 학습 목표를 이룰 수 있습니다.
- 권말 부록(100점 예상문제)으로 학교 시험에 완벽하게 대비할 수 있습니다.
- 검정 교과서를 완벽 분석한 종합평가를 구성하였습니다.

차례

6·1

5~6학년군

요점 정리
+ 단원 평가

과학 6-1

5~6
학년군

1. 과학자처럼 탐구해 볼까요?

탐구 문제를 정하고 가설을 세워 볼까요?

(1) 빵 반죽을 만들면서 궁금했던 점 생각해 보기 **탐구 1**

① 빵 반죽을 만들기 위해 밀가루, 설탕, 효모를 물에 섞어 반죽합니다.

② 창가에 둔 반죽은 부풀어 오르고, 냉장고에 넣어 둔 반죽은 부풀어 오르지 않았습니다.

③ 궁금한 점: 왜 냉장고 안에 넣어 둔 빵 반죽은 부풀지 않았을까?

(2) 효모가 발효하는 데 필요한 조건과 그렇게 생각한 까닭

① 효모가 발효하는 데 필요한 조건: 효모가 발효하려면 적당한 온도가 필요합니다.

② 그렇게 생각한 까닭: 따뜻한 창가에 둔 빵 반죽은 부풀고, 차가운 냉장고 안에 넣어 둔 빵 반죽은 부풀지 않았기 때문입니다.

(3) 효모의 발효 조건에 대한 가설 세우기 **탐구 2**

└▶ 탐구 문제를 정하고 궁금한 점에 대해 자신이 예상한 답을 가설이라고 합니다.

① 문제 인식: 왜 내가 만든 빵 반죽만 발효되지 않은 걸까?

② 탐구 문제: 효모가 발효하는 데 온도가 영향을 미칠까?

③ 가설 설정: 효모는 차가운 곳보다 따뜻한 곳에서 더 잘 발효할 것이다.

실험을 계획해 볼까요?

(1) 실험 계획 세우기 **탐구 3**

① 효모와 설탕을 물에 녹여 효모액을 만들어 시험관에 넣고 시험관을 차가운 물과 따뜻한 물에 각각 담근 뒤 효모액의 부피가 달라지는지 측정하여 비교합니다.

② 효모액이 발효하면 기체가 발생하여 거품이 생기므로 거품의 높이를 측정해 발효의 정도를 확인합니다.

(2) 실험에서 다르게 해야 할 조건과 같게 해야 할 조건을 찾고 방법 정하기

① 효모액을 넣은 시험관을 온도가 다른 곳에 놓습니다.

② 비커 두 개에 차가운 물(4 ℃)과 따뜻한 물(40 ℃)을 각각 넣고 비커 속에 시험관을 담급니다.

③ 시험관을 담글 물의 온도 이외의 조건을 같게 합니다.

④ 눈금이 있는 시험관(30 mL) 두 개에 효모액을 각각 5 mL씩 넣습니다.

⑤ 차가운 물과 따뜻한 물은 비커(500 mL)에 각각 400 mL씩 넣습니다.

⑥ 실험 시간은 15분으로 하고 시험관을 동시에 꺼내 눈금을 읽습니다.

탐구 1 효모와 발효

① 효모
• 미생물의 한 종류로 빵이나 술을 만드는 데 사용됩니다.
• 버섯, 곰팡이와 같은 균류이며 음식을 발효하는 데 사용됩니다.

② 발효
효모가 당분을 알코올과 이산화 탄소로 분해하는 과정입니다. 발효 결과 우리의 생활에 유용하게 사용되는 물질이 만들어집니다.

탐구 2 가설을 세울 때 생각할 점

• 탐구할 문제를 정하고 탐구의 결과를 예상하는 것을 '가설 설정'이라고 합니다.
• 탐구를 하여 알아보려는 내용이 분명하게 드러나야 합니다.
• 이해하기 쉽도록 간결하게 표현해야 합니다.
• 탐구를 하여 가설이 맞는지 확인할 수 있어야 합니다.

탐구 3 실험 계획 세우는 과정

① 가설이 맞는지 확인하려면 어떻게 실험해야 할지 토의해 봅니다.
② 실험에서 다르게 해야 할 조건과 같게 해야 할 조건을 찾고 방법을 정합니다.
③ 실험을 하면서 관찰하거나 측정해야 할 것을 정합니다.
④ 실험에 필요한 준비물을 정하고 실험 과정을 순서대로 정리합니다.
⑤ 모둠 구성원이 할 역할을 정합니다.

(3) 실험 계획

실험1 효모 발효 실험

실험 방법	효모와 설탕을 물에 녹여 효모액을 만들고 시험관에 넣은 뒤, 시험관을 차가운 물과 따뜻한 물에 각각 담그고 발효한 정도를 알아본다.	
실험 조건	다르게 해야 할 조건	같게 해야 할 조건
	• 시험관을 담글 물의 온도	• 시험관에 넣을 효모액의 양 • 비커에 넣을 물의 양 • 시험관의 종류와 크기 • 실험 시간과 실험 장소 등
관찰하거나 측정할 것	시험관에서 일어나는 효모액의 변화를 관찰하고, 효모액의 부피를 측정한다.	

▲ 효모액 만들기

실험을 해 볼까요?

(1) 실험 과정 실험1

① 비커(50 mL)에 물 20 mL, 설탕 두 숟가락, 효모 두 숟가락을 넣고 유리 막대로 저어 효모액을 만듭니다.

② 스포이트를 이용해 눈금이 있는 시험관 두 개에 효모액을 각각 5 mL씩 넣습니다.

③ 비커(500 mL) 두 개에 차가운 물과 따뜻한 물을 각각 400 mL씩 넣고, 가열용 시험관대를 걸칩니다.

④ 가열용 시험관대에 ②의 시험관을 각각 담그고, 15분 뒤에 시험관을 꺼내 효모액의 부피를 측정해 봅니다.

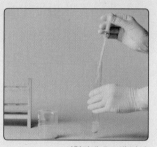

▲ 시험관에 효모액 넣기

(2) 실험을 하면서 관찰한 내용을 글과 그림으로 나타내기

글	그림
차가운 물에 담근 시험관: 거품이 생기지 않는다. 아랫부분에 가라앉은 것이 있다. 따뜻한 물에 담근 시험관: 기포가 올라온다. 거품이 생긴다. 구수한 냄새가 난다.	▲ 차가운 물에 담근 시험관 ▲ 따뜻한 물에 담근 시험관

▲ 가열용 시험관대를 비커에 걸치기

▲ 가열용 시험관대에 시험관 담그기

(3) 효모액의 부피를 측정하여 표로 정리하기 ──실험 결과가 예상과 다르더라도 결과를 고치거나 빼지 말아야 합니다.

효모액의 부피(mL)	차가운 물	따뜻한 물
처음	5	5
15분 뒤	5	9

▲ 따뜻한 물에 담근 시험관

1. 과학자처럼 탐구해 볼까요?

실험 결과를 변환하고 해석해 볼까요?

(1) 실험 결과를 그래프로 나타내기

① 실험 결과를 한눈에 비교하기 쉽게 하려면 어떤 그래프가 좋을지 생각해 봅니다. ➡ 차가운 물과 따뜻한 물에서 실험 전과 후에 효모액의 부피가 어떻게 달라졌는지 비교해야 하므로 막대그래프로 나타냅니다.

② 그래프의 가로축에는 실험에서 다르게 한 조건을 나타냅니다.
   ➡ 물의 온도에 따른 시험관 속 물질의 부피 변화를 측정했으므로 차가운 물과 따뜻한 물을 적고, 처음과 15분 뒤로 나누어 씁니다.

③ 그래프의 세로축에는 실험에서 측정한 효모액의 부피를 나타냅니다. ➡ 세로축의 눈금은 측정한 값 중에서 최솟값과 최댓값을 모두 표시할 수 있는 범위로 정합니다.

(2) 막대그래프로 자료 변환하고 해석하기

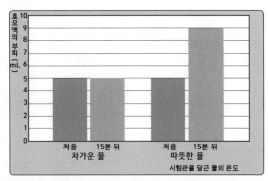

▲ 시험관을 담근 물의 온도에 따른 효모액의 부피 변화

① 그래프를 보고 알 수 있는 사실: 따뜻한 물에 담근 시험관에서만 효모액의 부피가 늘어났습니다. ──•실험 결과를 통해 온도 조건이 실험에 영향을 주었다는 사실을 확인할 수 있습니다.

② 표에 비해 막대의 높이가 다른 것이 한눈에 보이기 때문에 변화 정도를 쉽게 알 수 있습니다.

(3) 자료 변환과 자료 해석 탐구1

① 자료: 실험하면서 관찰하고 측정한 모든 정보를 자료라고 합니다.

② 자료 변환: 관찰 내용, 측정 결과에서 얻은 자료를 표, 그래프, 그림 등으로 바꾸는 것입니다.

③ 자료 변환을 하는 까닭
   • 자료의 특징을 한눈에 비교하기가 쉽습니다.
   • 실험 결과의 특징을 이해하기 쉽습니다.

탐구1 꺾은선그래프, 원그래프, 그림의 차이점

① 꺾은선그래프: 시간이나 양에 따른 변화를 알아보기 쉽습니다.

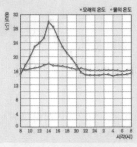

▲ 하루 동안의 모래와 물의 온도 변화

② 원그래프: 전체에서 부분이 차지하는 비율을 알기 쉽습니다.

▲ 지구의 물

③ 그림: 사물의 모양이나 자연 현상을 이해하기 쉽게 표현할 수 있습니다.

▲ 현무암과 화강암이 만들어지는 장소

④ 자료 해석: 실험 결과를 보고 알 수 있는 점을 생각하고, 자료 사이의 관계나 규칙을 알아보는 과정입니다.

⑤ 자료 해석을 하는 방법
- 변환한 자료를 해석해 그 의미를 확인하며 실험에서 다르게 한 조건과 실험 결과와의 관계에서 규칙을 발견합니다.
- 규칙에서 벗어나는 경우가 있다면 그 까닭이 무엇인지 분석합니다.
- 실험 조건을 통제했는지, 실험 과정과 측정 방법에는 이상이 없는지 생각해 봅니다.
- 실험 방법이 바르지 않다면 고쳐서 다시 실험해야 하고 실험 횟수가 부족하다면 실험을 반복해야 합니다.

결론을 내려 볼까요?

(1) 실험 결과에서 결론 이끌어 내기 탐구2

① 실험 결과가 나의 가설과 맞는지 판단하기
- 따뜻한 물에 담근 시험관에서만 거품이 생겼습니다.
- 거품이 생긴 것은 효모가 발효되었다는 것을 의미합니다.
- 가설은 '효모는 차가운 곳보다 따뜻한 곳에서 더 잘 발효할 것이다'이므로 가설은 맞습니다.

② 실험 결과에서 이끌어 낸 결론: 효모가 발효하는 데 온도가 영향을 미칩니다. ──실험 결과가 나의 가설과 같으면 가설을 받아들이고 추가 실험을 할 수 있습니다.

(2) 결론 도출 탐구3

탐구 문제	효모가 발효하는 데 온도가 영향을 미칠까?
가설	효모는 차가운 곳보다 따뜻한 곳에서 더 잘 발효할 것이다.
실험 결과	• 차가운 물에 담근 시험관에서는 변화가 없었다. • 따뜻한 물에 담근 시험관에서만 효모액의 부피가 늘어났다.
결론	효모가 발효하는 데 온도가 영향을 미친다.

(3) 새로운 탐구 문제를 정하고 가설 세우기

새로운 탐구 문제	탐구 문제에 대한 가설
• 예 효모는 온도가 높을수록 더 잘 발효할까?	• 효모는 온도가 높을수록 더 잘 발효할 것이다.
• 예 요구르트와 설탕 용액 중 더 잘 발효되는 것은 무엇일까?	• 요구르트가 설탕 용액보다 더 잘 발효할 것이다.

탐구2 **실험 결과와 결론**
- 실험 결과: 실험하면서 직접 측정하거나 관찰한 내용을 말합니다.
- 결론: 실험 결과에서 이끌어 낼 수 있는 최종 판단을 의미합니다.
- 결론 도출: 실험을 하고 난 뒤에 실험 결과에서 처음 생각이 맞는지 확인하고 결론을 이끌어 내는 과정입니다.

탐구3 **결과와 가설 확인하기**
- 결론을 내릴 때에는 실험 결과를 보고 나의 가설이 맞는지 판단하고, 탐구 문제의 해답을 찾아 정리합니다.
- 실험 결과가 나의 가설과 같다면, 이를 토대로 탐구 문제의 답을 정리해 결론을 내립니다.
- 실험 결과가 나의 가설과 다르다면, 가설을 수정하여 탐구를 다시 시작해야 합니다.
- 탐구를 마치면 결론을 뒷받침하는 추가 실험을 하거나, 새로운 가설을 세우고 실험을 하기도 합니다.

1 다음 ( ) 안에 들어갈 알맞은 말을 쓰시오.

> 탐구할 문제를 정하고, 탐구의 결과를 예상하는 것을 ( )이라고 한다.

( )

2 가설을 세울 때 생각해야 할 점으로 바르지 <u>않은</u> 것은 어느 것인지 기호를 쓰시오.

> (가) 탐구를 하여 알아보려는 내용이 분명하게 드러나야 한다.
> (나) 가능한 길고 복잡하게 표현하도록 한다.
> (다) 탐구를 하여 가설이 맞는지 확인할 수 있어야 한다.

( )

3 고무풍선에 공기를 넣고 입구를 단단히 묶은 후 일주일 동안 크기 변화를 관찰하였더니 고무풍선의 크기가 작아졌다면 이 현상으로 정할 수 있는 탐구 문제는 무엇입니까? ( )

① 고무풍선은 무엇으로 만들어졌을까?
② 고무풍선이 터질 때까지 얼마나 걸릴까?
③ 고무풍선 속 공기는 어떻게 빠져나갔을까?
④ 고무풍선을 가장 크게 부풀게 하려면 어떻게 할까?
⑤ 고무풍선의 부피를 조절할 수 있는 방법은 무엇일까?

4 앞의 **3**번 탐구 문제를 보고 세울 수 있는 가설로 알맞은 것은 무엇입니까? ( )

① 공기는 부피를 차지할 것이다.
② 공기는 입자로 이루어져 있을 것이다.
③ 고무풍선의 표면에는 빈틈이 없을 것이다.
④ 고무풍선은 고무 재질로 만들어졌을 것이다.
⑤ 고무풍선을 이루는 입자는 자유롭게 움직일 것이다.

[5~6] 지안이는 아버지와 함께 밀가루, 효모, 설탕을 넣고 빵 반죽을 만든 다음 두 덩어리로 나누어 하나는 냉장고에, 하나는 햇빛이 드는 창가에 두었더니 햇빛이 드는 창가에 둔 빵 반죽만 부풀었습니다.

5 빵 반죽이 부풀어 오른 것의 차이를 봤을 때 효모가 발효하기 위해 필요한 조건은 무엇인지 ( ) 안에 알맞은 말을 쓰시오.

> 효모가 발효하려면 적당한 ( )가 필요하다.

( )

서술형

6 위 **5**번 효모 발효 과정에서 세울 수 있는 가설을 한 가지 쓰시오.

_____

_____

7 다음은 실험을 계획하는 과정을 설명한 것입니다. 바르지 <u>않은</u> 내용의 기호를 쓰시오.

> (가) 가설이 맞는지 판단하여 결론을 도출한다.
> (나) 실험을 하면서 관찰하거나 측정해야 할 것을 정한다.
> (다) 실험에서 다르게 해야 할 조건과 같게 해야 할 조건을 찾는다.
> (라) 실험에 필요한 준비물을 정하고 실험 과정을 순서대로 정리한다.

(   )

[8~9] '효모는 차가운 곳보다 따뜻한 곳에서 더 잘 발효할 것이다.'라는 가설이 맞는지 확인하기 위해 다음과 같이 실험을 계획하였습니다.

실험 방법	효모와 설탕을 물에 녹여 효모액을 만들고 시험관에 넣은 뒤, 시험관을 차가운 물과 따뜻한 물에 각각 담그고 발효한 정도를 알아본다.
실험 조건	다르게 해야 할 조건 같게 해야 할 조건
관찰하거나 측정할 것	시험관에서 일어나는 변화를 관찰하고, 효모액의 (㉠)를 측정한다.

8 위 실험 계획의 조건에서 같게 해야 할 조건이 <u>아닌</u> 것은 무엇입니까? (   )

① 시험관의 종류
② 시험관의 크기
③ 비커에 넣을 물의 양
④ 시험관을 담글 물의 온도
⑤ 시험관에 넣을 효모액의 양

9 위 ㉠ 부분에 들어갈 알맞은 말을 쓰시오.

(   )

10 다음 중 변인을 통제하는 방법으로 바른 것은 무엇입니까? (   )

① 실험 조건을 모두 같게 하는 것이다.
② 알아보고자 하는 조건만 다르게 해야 한다.
③ 가장 중요한 요인 하나만 정하여 같게 해야 한다.
④ 한 가지 조건만 같게 하고 나머지 조건은 다르게 해야 한다.
⑤ 가설이 항상 옳은 결과가 나오도록 실험 조건을 통제하는 것이다.

[11~12] '효모가 차가운 곳보다 따뜻한 곳에서 더 잘 발효할 것이다.'라는 가설을 확인하는 실험을 하는 과정의 일부분입니다.

> • 비커(50 mL)에 물 20 mL, 설탕 두 숟가락, 효모 두 숟가락을 넣고 유리 막대로 저어 효모액을 만든다.
> • (㉠)를 이용해 눈금이 있는 시험관 두 개에 효모액을 각각 5 mL씩 넣는다.
> • 비커(500 mL) 두 개에 차가운 물과 따뜻한 물을 각각 400 mL씩 넣고, 가열용 시험관대를 걸쳐 놓고 시험관에서 일어나는 변화를 관찰한다.

11 위 실험에서 ㉠에 사용하는 실험 기구는 무엇입니까? (   )

① 스펀지   ② 유리관
③ 스포이트   ④ 유리 막대
⑤ 플라스틱 마개

12 위 실험을 하면서 관찰한 사실을 그림으로 나타낸 것입니다. 효모가 발효한 시험관은 어떤 물에 담근 시험관인지 쓰시오.

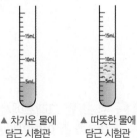

▲ 차가운 물에 담근 시험관   ▲ 따뜻한 물에 담근 시험관

(   )

13 효모 발효 실험을 하고 측정한 값을 표로 나타낸 것입니다. 표의 제목에 알맞은 말을 쓰시오.

효모액의 부피(mL)	차가운 물	따뜻한 물
처음	5	5
15분 뒤	5	9

〈시험관을 담근 물의 (   )에 따른 효모액의 부피 변화〉

[14~16] 민찬이는 지역별 강수량을 조사하여 표로 나타내고 자료 변환을 해 보았습니다.

지역	강릉	청주	창원	전주	부천
강수량 (mm)	45	35	㉠	18	10

14 위 표를 보고 강수량이 가장 많은 곳과 가장 적은 곳의 지역명을 각각 쓰시오.

(1) 강수량이 가장 많은 곳: (   )
(2) 강수량이 가장 적은 곳: (   )

15 위 표를 보고 강수량을 비교하기 위해 그래프로 자료 변환을 했습니다. 그래프를 보았을 때 위 표의 ㉠에 알맞은 강수량을 쓰시오.

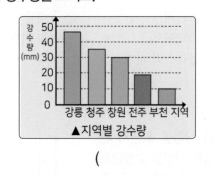

▲지역별 강수량

(   )

16 위 **15**번 그래프에서 강수량을 나타낸 곳은 가로축과 세로축 중 어디인지 쓰시오.

(   )

[17~19] 다음은 시험관을 담근 물의 온도에 따른 효모액의 부피 변화를 그래프로 나타낸 것입니다.

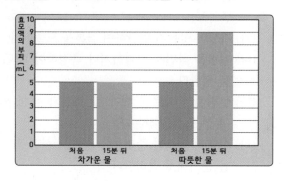

17 위 그래프의 종류를 쓰시오.

(   )

18 위의 그래프를 표로 정리한 것입니다. 빈칸에 알맞은 숫자를 쓰시오.

〈시험관을 담근 물의 온도에 따른 효모액의 부피 변화〉

효모액의 부피(mL)	차가운 물	따뜻한 물
처음		
15분 뒤		

19 위 실험을 할 때 같게 해 주어야 하는 조건이 <u>아닌</u> 것은 무엇입니까? (   )

① 물의 양
② 물의 온도
③ 실험 장소
④ 비커의 크기
⑤ 실험 도구의 종류

20 위 그래프를 바르게 해석한 것은 무엇입니까?

(   )

① 차가운 물에서 효모액의 부피가 줄어든다.
② 따뜻한 물에서 효모액의 부피가 늘어난다.
③ 따뜻한 물에서 효모액의 부피가 줄어든다.
④ 차가운 물에서의 효모액은 서서히 증발한다.
⑤ 온도가 낮을수록 효모액의 부피가 늘어난다.

1 ㉠과 ㉡에 들어갈 알맞은 말을 쓰시오.

> 탐구할 문제를 정하고 탐구의 결과를 예상하는 것을 (㉠)이라고 하고, (㉡)은 내가 관찰한 사실이나 경험, 책에서 알게 된 내용 등을 바탕으로 세울 수 있다.

㉠: (   )

㉡: (   )

2 다음 중 알맞은 탐구 문제로 가설을 세운 것은 무엇입니까? (   )

① 물을 잘 흡수하는 화장지는 무엇일까?
② 모든 식물 세포는 생김새가 모두 같다.
③ 물이 완전히 얼고 나면 부피가 커진다.
④ 꽁꽁 언 호수를 뚫어보니 얼음 밑에는 물이 있었다.
⑤ 풍선을 소리내지 않고 터트리는 방법은 무엇일까?

3 다음과 같은 가설을 세우고 실험을 계획할 때 다르게 해야 할 조건은 무엇입니까? (   )

> 가설: 얼음이 공기와 접촉하는 부분이 많을수록 더 빨리 녹을 것이다.

① 얼음의 양
② 실험 장소
③ 얼음의 크기
④ 얼음을 녹이는 시간
⑤ 얼음을 담는 실험 도구의 크기

[4~6] 다음은 승현이가 아버지와 함께 밀가루, 설탕, 효모를 이용해 빵 반죽을 만드는 모습입니다.

4 승현이가 탐구 문제를 정하기 전에 빵 반죽으로부터 관찰한 사실을 두 가지 고르시오. (,   )

① 빵 반죽은 신선하게 두어야 한다.
② 실온에 둔 빵 반죽은 많이 부풀었다.
③ 냉장고에 넣어 둔 빵 반죽은 거의 부풀지 않았다.
④ 햇빛은 빵 반죽을 상하지 않게 해 주는 역할을 한다.
⑤ 빵 반죽이 발효하는 것의 차이는 설탕을 넣는 양의 차이 때문이다.

5 위 내용으로 보아 승현이가 정할 수 있는 탐구 문제로 알맞은 것은 무엇입니까? (   )

① 효모는 생물일까? 무생물일까?
② 효모는 설탕을 먹이로 하여 자랄까?
③ 빵 반죽에 효모가 반드시 필요할까?
④ 효모의 양이 많을수록 발효가 더 잘 될까?
⑤ 효모가 발효하는 데 온도가 영향을 미칠까?

서술형

6 승현이의 탐구 문제를 해결하기 위해 세울 수 있는 가설을 한 가지 쓰시오.

_____

_____

[7~12] '효모는 차가운 곳보다 따뜻한 곳에서 더 잘 발효할 것이다.'라는 가설이 맞는지 확인하기 위한 실험을 다음과 같이 계획하였습니다.

> (가) 비커(50 mL)에 물 20 mL, 설탕 두 숟가락, 효모 두 숟가락을 넣고 (　　⑦　　)로 저어 효모액을 만든다.
> (나) 가열용 시험관대에 시험관을 각각 담그고, 시험관에서 일어나는 변화를 관찰해 본다.
> (다) 스포이트를 이용해 눈금이 있는 시험관 두 개에 효모액을 각각 5 mL씩 넣는다.
> (라) 비커(500 mL) 두 개에 차가운 물과 따뜻한 물을 각각 400 mL씩 넣고, 가열용 시험관대를 걸친다.
> (마) 15분 뒤에 시험관을 꺼낸다.

7 가설을 검증하기 위한 실험 과정의 순서에 맞게 기호를 쓰시오.

（　　　　　　）

서술형

8 위 실험에서 다르게 해 준 조건을 쓰시오.

_____

9 위 ⑦에 알맞은 실험 기구의 이름을 쓰시오.

（　　　　　　）

10 위 실험을 하면서 관찰하거나 측정해야 할 것을 정한 것입니다. (　) 안에 알맞은 말을 쓰시오.

> 시험관에서 일어나는 효모액의 변화를 관찰하고 효모액의 (　　　　　)를 측정한다.

（　　　　　　）

11 앞의 실험 결과를 표로 나타낸 것입니다. 표를 볼 때 효모가 발효된 것은 어느 물에 담근 시험관인지 쓰시오.

효모액의 부피(mL)	차가운 물	따뜻한 물
처음	5	5
15분 뒤	5	9

（　　　　　　）

12 위 **11**번 표를 보고 물의 온도에 따른 차이를 쉽게 비교하려면 어떤 그래프로 나타내면 좋은지 쓰시오.

（　　　　　　）

13 다음 중 시간이나 양에 따른 변화를 나타내기에 가장 적합한 자료 변환 형태는 무엇입니까? (　　　　　)

① 표　　　　　　② 그림
③ 흐름도　　　　④ 원그래프
⑤ 꺾은선그래프

14 ⑦과 ⓒ에 들어갈 알맞은 말을 쓰시오.

> 실험 결과가 나의 (　　⑦　　)과 같다면 탐구 문제의 답을 정리하여 (　　ⓒ　　)을 내린다. 탐구를 마치면 (　　ⓒ　　)을 뒷받침하는 추가 실험을 하거나 새로운 (　　⑦　　)을 세운다.

⑦: (　　　　　　)
ⓒ: (　　　　　　)

[15~18] '효모는 차가운 곳보다 따뜻한 곳에서 더 잘 발효할 것이다.'라는 가설을 세우고 실험한 결과입니다.

탐구 문제	효모가 발효하는 데 (㉠)가 영향을 미칠까?
가설	효모는 차가운 곳보다 따뜻한 곳에서 더 잘 발효할 것이다.
실험 결과	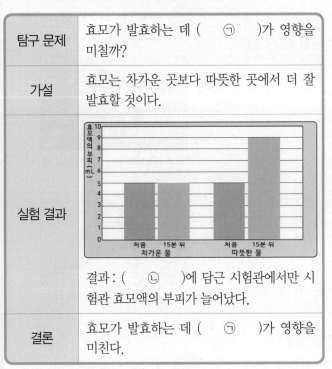결과 : (㉡)에 담근 시험관에서만 시험관 효모액의 부피가 늘어났다.
결론	효모가 발효하는 데 (㉠)가 영향을 미친다.

15 위 ㉠에 알맞은 말을 쓰시오.

( )

16 위 그래프를 보고 실험 결과 ㉡에 알맞은 말을 쓰시오.

( )

17 위 그래프를 볼 때 따뜻한 물에 담근 시험관 속에서 효모액의 부피는 몇 mL 늘어났는지 쓰시오.

( )

18 앞의 **15**번 실험 결과를 표로 나타냈을 때 ㉠에 알맞은 내용은 무엇입니까? ( )

㉠	차가운 물	따뜻한 물
처음	5	5
15분 뒤	5	9

① 시험관에 넣은 물의 양
② 시험관 속 효모액의 부피
③ 시험관에 넣은 효모의 양
④ 비커에 담가 두었던 시간
⑤ 시험관에 넣은 설탕 용액의 양

19 실험 결과가 가설과 다르다면 다음으로 해야 하는 과정은 무엇인지 기호를 쓰시오.

(가) 가설을 받아들인다.
(나) 새로운 가설을 세워 탐구한다.
(다) 가설에 맞도록 실험 결과를 바꾼다.

( )

20 탐구 과정의 순서대로 기호를 쓰시오.

㉠ 실험 계획
㉡ 가설 설정
㉢ 결론 도출
㉣ 실험 방법 정하여 실험하기
㉤ 실험 결과 변환하고 해석하기

( )

2. 지구와 달의 운동

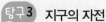

움직이는 지구와 달 탐구1

(1) 움직이는 지구와 달 사진책 만들기: 지구와 달의 운동 카드와 집게가
필요합니다. → 카드 앞면에서는 지구가 지구의 가운데를 중심으로 돌고, 카드 뒷면에서는 지구가 태양을 중심으로 돌며 동시에 달은 지구를 중심으로 돕니다.

(2) 움직이는 지구와 달 사진책으로 알 수 있는 점
① 지구가 조금씩 서쪽에서 동쪽으로 회전합니다.
② 지구가 태양을 중심으로 그 주위를 회전합니다.
③ 달은 지구를 중심으로 그 주위를 회전합니다.

지구의 자전은 무엇일까요?

(1) 하루 동안의 지구의 움직임 알아보기 탐구2
① 탐구 활동
• 지구의에서 우리나라를 찾아 우리나라의 동쪽, 서쪽, 남쪽, 북쪽에 붙임딱지를 붙입니다.
• 우리나라 위치에 관측자 모형이 남쪽을 향하도록 붙입니다.
• 전등을 지구의로부터 30 cm 떨어진 곳에 놓고 이때 전등을 관측자 모형의 앞쪽에 위치하도록 합니다.
• 전등을 켜고 지구의를 서쪽에서 동쪽으로 ★회전시켜 봅니다.
② 지구의가 회전하는 방향과 관측자 모형이 회전하는 방향 비교하기: 지구의가 회전하는 방향과 관측자 모형이 본 전등이 움직이는 방향은 서로 반대입니다. → 실제로 전등은 태양에 해당하고 지구의는 지구, 관측자 모형은 사람을 나타냅니다.

지구의가 회전하는 방향	서쪽 →동쪽
관측자 모형이 본 전등이 움직이는 방향	동쪽 →서쪽

③ 전등을 태양이라고 한다면 지구의 위에 있는 관측자 모형에게 태양이 움직이는 것처럼 보이는 까닭: 지구의가 서쪽에서 동쪽으로 회전하기 때문에 지구의 위에 있는 관측자에게는 태양이 동쪽에서 서쪽으로 움직이는 것처럼 보입니다.

(2) 지구의 자전 탐구3
① ★자전축: 지구의 북극과 남극을 이은 가상의 직선입니다.
② 지구의 ★자전: 지구가 자전축을 중심으로 하루에 한 바퀴씩 서쪽에서 동쪽(시계 반대 방향)으로 회전하는 것입니다.
→ 지구가 서쪽에서 동쪽으로 자전하므로 태양이 동쪽에서 떠서 서쪽으로 지는 것처럼 보입니다.
③ 지구가 서쪽에서 동쪽으로 자전하기 때문에 나타나는 현상: 태양이 동쪽에서 서쪽으로 움직이는 것처럼 보입니다.

탐구1 움직이는 지구와 달 사진책 만들기

▲ 지구와 달의 운동 카드를 뜯어 냅니다.

▲ 카드를 번호 순서대로 정리하여 집게로 집습니다.

탐구2 지구의 실제 움직임과 보이는 방향

• 빠르게 달리는 기차 안에서 창밖의 나무나 집을 보면 기차가 달리는 방향의 반대 방향으로 움직이는 것처럼 보입니다.
• 지구가 서쪽에서 동쪽으로 자전하기 때문에 천체가 동쪽에서 서쪽으로 움직이는 것처럼 보입니다.

탐구3 지구의 자전

자전축
서
동

지구의 북극 위에서 보면 지구는 시계 반대 방향으로 자전합니다.

지구의 자전 주기

- 태양이 가장 높이 떠 있을 때를 정오라고 합니다.
- 정오에서 시작하여 지구가 한 바퀴 회전한 후 다음 정오가 될 때까지의 시간을 자전 주기라고 합니다.
- 이 시간(자전 주기)은 약 24시이고, 이것을 하루라고 정합니다.

태양계 행성의 자전 방향

- 태양계를 구성하고 있는 행성은 태양으로부터 수성, 금성, 지구, 화성, 목성, 토성, 천왕성, 해왕성 순입니다.
- 대부분의 행성은 지구 자전 방향과 같은 서쪽에서 동쪽으로 회전합니다.
- 예외적으로 금성과 천왕성은 동쪽에서 서쪽으로 회전하고 있습니다.

용어풀이

- ✹회전 한 점이나 축, 또는 물체를 중심으로 그 주위를 빙빙 도는 것
- ✹자전축 지구의 북극과 남극을 이은 가상의 직선으로 지구의 자전축은 23.5° 기울어짐.
- ✹자전 지구, 달, 태양 등이 축을 중심으로 일정하게 도는 현상

개념을 확인해요

1 하루 동안 지구의 움직임을 알아보는 활동에서 전등은 ☐☐ 을 나타냅니다.

2 지구 자전을 알아보기 위해 전등을 켜고 관측자 모형을 붙인 지구의를 회전시킬 때 방향은 ☐ 쪽에서 ☐ 쪽으로 돌려야 합니다.

3 지구 자전을 알아보기 위해 전등을 켜고 관측자 모형을 붙인 지구의를 서쪽에서 동쪽으로 회전시키면 관측자 모형에게 전등은 ☐ 쪽에서 ☐ 쪽으로 움직이는 것처럼 보입니다.

4 지구의 북극과 남극을 이은 가상의 직선을 지구의 ☐☐☐ 이라고 합니다.

5 지구가 자전축을 중심으로 하루에 한 바퀴씩 회전하는 것을 지구의 ☐☐ 이라고 합니다.

6 지구는 자전축을 중심으로 하루에 한 바퀴씩 ☐ 쪽에서 ☐ 쪽으로 자전합니다.

7 지구가 자전하기 때문에 태양이 ☐ 쪽에서 ☐ 쪽으로 움직이는 것처럼 보입니다.

8 태양이 시계 방향으로 움직이는 것처럼 보이는 까닭은 지구가 ☐☐ 하기 때문입니다.

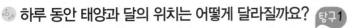

2. 지구와 달의 운동

교과서
28~29쪽

🌑 하루 동안 태양과 달의 위치는 어떻게 달라질까요? 탐구1

(1) 하루 동안 태양의 위치 변화

① 하루 동안 ✦태양의 위치는 시각에 따라 변합니다.

② 태양은 동쪽에서 떠서 남쪽을 거쳐 서쪽으로 집니다.

③ 하루 동안 태양은 동쪽 하늘에서 보이기 시작하여 남쪽 하늘을 지나 서쪽 하늘로 움직이는 것처럼 보입니다. ──•이렇게 보이는 까닭은 지구가 자전하기 때문입니다.

(2) 하루 동안 달의 위치 변화 관측하기 탐구2

① ✦달을 관측하려는 장소에서 나침반을 이용하여 동쪽, 남쪽, 서쪽을 확인합니다.

② 남쪽을 중심으로 주변 건물이나 나무 등의 위치를 표시합니다.

③ 태양이 진 뒤에 같은 장소에서 일정한 시간 간격으로 관측한 달의 위치를 붙임딱지를 이용해 기록합니다.

④ 달의 위치가 시간이 지남에 따라 어떻게 변하는지 확인합니다.

▲ 하루 동안 달의 위치 변화

⑤ 관측 결과

• 하루 동안 달의 위치는 ✦시각에 따라 변합니다.

• 달도 태양과 마찬가지로 동쪽 하늘에서 남쪽 하늘을 지나 서쪽 하늘로 움직이는 것처럼 보입니다.

• 밤하늘의 별도 하루 동안 동쪽에서 서쪽으로 움직이는 것처럼 보입니다.

(3) 하루 동안 태양과 달, 별들의 위치가 달라지는 것처럼 보이는 까닭

① 하루 동안 태양과 달, 별들이 움직이는 방향은 같습니다.

② 하루 동안 태양과 달은 모두 동쪽 하늘에서 남쪽 하늘을 지나 서쪽 하늘로 움직이는 것처럼 보입니다. ──•저녁 7시 무렵 동쪽 하늘에서 보이기 시작한 보름달은 밤 12시 무렵에 남쪽 하늘에서 볼 수 있습니다.

③ 하루 동안 태양과 달 별들의 위치가 달라지는 것처럼 보이는 까닭: 지구가 서쪽에서 동쪽으로 자전하기 때문입니다.

 탐구1 하루 동안 태양의 위치 변화

지구는 하루에 한 바퀴씩 서쪽에서 동쪽으로 자전하므로 태양은 한 시간에 약 15°씩(360°÷24시간=15°) 동쪽에서 서쪽으로 이동하는 것처럼 보입니다.

탐구2 남쪽을 향해 선 채로 동서남북의 방위 확인하기

• 앞쪽이 남쪽, 왼쪽이 동쪽, 오른쪽이 서쪽, 뒤쪽이 북쪽이 됩니다.

• 지구의 북반구에서는 태양이 동쪽 → 남쪽 → 서쪽으로 움직이는 것처럼 보이고, 남반구에서는 태양이 동쪽 → 북쪽 → 서쪽으로 움직이는 것처럼 보입니다.

하루 동안 달의 위치 변화를 알아볼 때 보름달을 관찰하면 좋은 까닭

- 보름달은 하룻밤 동안 움직이는 모습을 시간대 별로 모두 관찰할 수 있기 때문입니다.
- 보름달은 초저녁에 동쪽 지평선 부근에서 보이기 시작하여 자정(밤 12시)에는 남쪽 하늘에서 보이고 새벽이 되면 서쪽 지평선 아래로 사라집니다.
- 초승달은 보름달과 달리 관찰할 수 있는 시간이 충분하지 않습니다. 즉, 낮에 동쪽에서 뜨는데 낮에는 태양 때문에 관찰하기 어렵고, 동쪽에서 뜨기 시작한 초승달은 시간이 지나면서 남쪽을 지나 서쪽으로 움직이고, 태양이 서쪽으로 지면서 하늘이 어두워지는 초저녁에 서쪽에서 잠깐 관찰할 수 있습니다.

용어풀이

- ✹태양 스스로 빛을 내는 별로 태양계의 중심에 자리함.
- ✹달 지구 주위를 돌면서 태양 빛을 반사하여 밤에 빛이 남.
- ✹시각 시간의 어느 한 시점을 말하며, 시간은 어떤 시각부터 어떤 시각까지의 사이를 말함.

개념을 확인해요

2 단원

1 태양은 하루 동안 시각에 따라 위치가 ☐ ☐☐☐.

2 하루 동안 관찰한 태양이 ☐☐ 하늘에 있을 때는 낮 12시 30분경입니다.

3 하루 동안 태양은 ☐쪽 하늘에서 ☐쪽 하늘을 지나 ☐쪽 하늘로 움직이는 것처럼 보입니다.

4 하루 동안 태양은 지구의 ☐☐ 방향과 반대 방향으로 움직이는 것처럼 보입니다.

5 달은 태양처럼 하루 동안 시각에 따라 위치가 ☐☐☐☐.

6 하루 동안 움직이는 달의 위치 변화를 관찰할 때는 ☐☐☐을 관찰하는 것이 좋습니다.

7 하루 동안 관찰한 태양과 달은 ☐☐ 방향으로 움직이는 것처럼 보입니다.

8 하루 동안 관찰한 태양과 달, 별들이 움직이는 것처럼 보이는 까닭은 지구가 서쪽에서 동쪽으로 ☐☐하기 때문입니다.

2. 지구와 달의 운동

교과서 30~33쪽

🌙 **낮과 밤이 생기는 까닭은 무엇일까요?**

(1) 낮과 밤이 생기는 까닭 알아보기 탐구1

▲ 우리나라가 낮일 때

▲ 우리나라가 밤일 때

① 우리나라가 ✶낮일 때: 전등 빛을 받아서 밝습니다.

② 우리나라가 ✶밤일 때: 전등 빛을 받지 않아서 어둡습니다.
→ 밤은 태양이 서쪽에서 진 때부터 다시 동쪽으로 떠오르기 전까지의 시간입니다.

(2) 낮과 밤이 생기는 까닭

① 우리나라에 낮과 밤이 하루에 한 번씩 나타나는 까닭: 지구가 자전하면서 태양 빛을 받는 쪽은 낮이 되고 태양 빛을 받지 못하는 쪽은 밤이 되며 낮과 밤이 하루에 한 번씩 번갈아 나타납니다.

② 지구에 낮과 밤이 생기는 까닭: 지구가 자전하면서 태양 빛을 받는 쪽과 받지 못하는 쪽이 생기기 때문입니다.

🌙 **지구의 공전은 무엇일까요?**

(1) 일 년 동안의 지구의 움직임 알아보기 탐구2

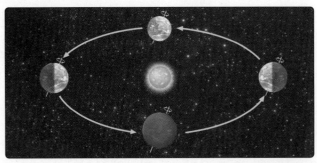
▲ 지구의 자전과 공전

① 지구는 자전하면서 동시에 태양을 중심으로 일정한 길을 따라 회전합니다.

② 지구의 ✶공전: 지구가 태양을 중심으로 일 년에 한 바퀴씩 서쪽에서 동쪽(시계 반대 방향)으로 회전하는 것입니다.

③ 태양 주위를 공전하면서 지구는 위치가 바뀌고 그 위치에 따라 우리나라가 한밤일 때 향하는 방향이 달라지므로 보이는 천체의 모습이 달라집니다. → 지구가 태양 주위를 돌면서 위치가 바뀌기 때문에 계절이 바뀌고 보이는 별자리도 달라집니다.

탐구1 **낮과 밤이 생기는 까닭을 알아보는 활동에서 실제로 의미하는 것**

지구의	지구
전등	태양
관측자 모형	지구에서 태양의 움직임을 관찰하는 사람
지구의 회전	지구의 자전

탐구2 **일 년 동안 지구의 움직임 알아보기**

• 전등을 책상의 가운데에 두고, 전등으로부터 30 cm 정도 떨어진 곳에 지구의를 놓습니다.

• 지구의에서 우리나라를 찾아 그곳에 관측자 모형을 붙이고 전등을 켭니다.

• 전등을 중심으로 지구의를 (가) → (나) → (다) → (라)의 위치에 순서대로 옮깁니다. 이때 지구의와 전등의 거리는 일정하게 유지하고, 지구의의 자전축이 언제나 같은 방향을 향하게 해야 합니다.

• (가), (나), (다), (라) 각각의 위치에서 우리나라가 한밤이 되도록 지구의를 자전시킵니다. 그리고 우리나라가 한밤일 때 관측자 모형에게는 무엇이 보일지 생각해 봅니다.

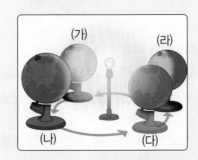

지구의 자전과 공전

- 지구는 자전하면서 태양 주위를 공전합니다.
- 지구는 태양을 중심으로 일 년에 한 바퀴씩 서쪽에서 동쪽(시계 반대 방향)으로 공전합니다.
- 지구의 자전 주기는 하루, 공전 주기는 일 년이므로, 한 번 공전하는 동안 약 365번 자전하게 됩니다.
- 지구의 자전축은 지구 공전 궤도의 수직인 면에 대하여 약 23.5° 기울어져 있습니다.
- 지구가 공전을 하면서 지구의 위치가 달라지므로 지구의 위치에 따라 보이는 천체가 달라집니다.

1 전등을 켜고 관측자 모형이 붙어 있는 지구의를 돌렸을 때, 관측자 모형이 전등 빛을 받고 있으면 ☐ 에 해당됩니다.

2 우리나라가 태양 빛을 받으면 ☐ 이 됩니다.

3 우리나라가 낮일 때 태양 빛을 받지 못하는 반대쪽은 ☐ 이 됩니다.

4 낮과 밤은 지구가 ☐☐ 하기 때문에 생기는 현상입니다.

5 지구가 태양을 중심으로 일 년에 한 바퀴씩 회전하는 것을 지구의 ☐☐ 이라고 합니다.

6 지구는 태양을 중심으로 ☐ 쪽에서 ☐ 쪽으로 공전합니다.

7 지구의 자전 방향과 공전 방향은 ☐☐ ☐☐.

8 지구가 ☐☐ 하면서 지구의 위치가 바뀌기 때문에 달라진 위치에서 보이는 천체의 모습이 달라집니다.

용어풀이

- **낮** 태양이 지평선 위로 떠올라서 지평선 아래로 져질 때까지의 시각
- **밤** 태양이 지평선 아래로 져서 보이지 않게 되어 다음날 지평선 위로 떠오를 때까지의 시각
- **공전** 하나의 천체가 다른 천체의 주위를 주기적으로 도는 일로, 지구는 태양 주위를 공전함.

계절에 따라 보이는 별자리가 달라지는 까닭은 무엇일까요?

(1) 계절의 대표적인 별자리 탐구1

계절	오랜 시간 볼 수 있는 별자리(각 계절의 대표적인 별자리)
봄(4월 15일 무렵)	목동자리, 처녀자리, 사자자리
여름(7월 15일 무렵)	백조자리, 독수리자리, 거문고자리
가을(10월 15일 무렵)	물고기자리, 안드로메다자리, 페가수스자리
겨울(1월 15일 무렵)	쌍둥이자리, 큰개자리, 오리온자리

(2) 계절에 따라 보이는 별자리가 달라지는 까닭 탐구2

① 지구가 태양 주위를 공전하기 때문에 계절에 따라 지구의 위치가 달라지고, 지구의 위치에 따라 밤에 보이는 별자리가 달라지기 때문입니다. ─→ 지구가 태양 주위를 공전하기 때문에 보이는 별자리가 달라집니다.

② 겨울철에 오리온자리는 밤에 남쪽 하늘에서 볼 수 있지만, 여름철 별자리인 거문고자리는 태양과 같은 방향에 있어 태양 빛 때문에 볼 수 없습니다.

③ 별자리들은 한 계절에만 보이는 것이 아니라 두 계절이나 세 계절에 걸쳐 보입니다.

④ 봄철의 대표적인 별자리인 사자자리는 겨울철 밤 9시 무렵에는 동쪽 하늘에서 보이지만 여름철에는 서쪽 하늘에 보입니다.

⑤ 봄철에 가을철 대표적인 별자리를 볼 수 없는 까닭: 지구가 봄철 위치에 있을 때 가을철 별자리는 태양과 같은 방향에 있어 태양 빛 때문에 볼 수 없기 때문입니다.

탐구1 계절별 대표적인 별자리

• 어느 계절에 보이는 시간이 긴 별자리를 그 계절의 대표적인 별자리라고 합니다.

• 저녁 9시경 남쪽 하늘을 향해 서 있을 때, 머리 위나 남쪽 방향에서 볼 수 있습니다.

• 동쪽 하늘에서는 다음 계절의 대표적인 별자리를 볼 수 있고, 서쪽 하늘에서는 이전 계절의 대표적인 별자리를 볼 수 있습니다.

탐구2 계절에 따라 보이는 별자리가 달라지는 까닭 알아보기

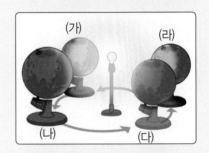

• 지구의가 (가) 위치에 있을 때 관측자 모형은 (다) 계절의 별자리를 볼 수 없습니다.

• 지구의가 (나) 위치에 있을 때 전등의 밝은 빛 때문에 (라) 계절 별자리는 볼 수 없습니다.

• 지구의가 (다)의 위치에 있을 때 관측자 모형은 밝은 빛 때문에 (가) 계절의 별자리는 볼 수 없습니다.

• 지구의가 (라) 위치에 있을 때 전등의 밝은 빛 때문에 (나) 계절의 별자리는 볼 수 없습니다.

지구의 공전에 따른 계절별 별자리

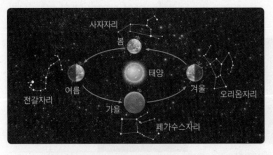

- 각 계절에 하나의 별자리만 볼 수 있는 것은 아닙니다.
- 이전 계절의 대표적인 별자리는 서쪽 하늘에서 볼 수 있고, 다음 계절의 대표적인 별자리는 동쪽 하늘에서 볼 수 있습니다.
- 봄철에는 가을철 대표적인 별자리인 페가수스자리를 볼 수 없습니다.
- 여름철에는 겨울철 대표적인 별자리인 오리온자리를 볼 수 없습니다.
- 각 계절에 태양과 같은 방향에 있는 별자리는 태양 빛 때문에 볼 수 없습니다.

사자자리

사자자리는 봄철에는 남쪽 하늘에서, 여름철에는 서쪽 하늘에서, 겨울철에는 동쪽 하늘에서 볼 수 있으므로 세 계절에 걸쳐 모두 보이는 별자리입니다.

용어풀이

★ 별   스스로 빛을 내는 천체로 항성이라고도 함.
★ 별자리 하늘의 별을 무리 지어서, 신화에 나오는 동물이나 인물 등의 이름을 붙여 놓은 것

1 밤하늘에 무리 지어 있는 별들을 서로 연결하여 사람이나 동물 또는 물건의 모습을 상상하고 이름 붙인 것을 □□□ 라고 합니다.

2 처녀자리는 □ 철의 대표적인 별자리입니다.

3 오리온자리, 큰개자리, 쌍둥이자리는 □ □ 철 대표적인 별자리입니다.

4 계절에 따라 보이는 별자리가 달라지는 까닭은 지구가 □□ 하기 때문입니다.

5 지구가 공전하면서 지구의 □□ 가 달라지기 때문에 밤에 보이는 별자리가 달라집니다.

6 이전 계절의 대표적인 별자리는 □□ 하늘에서 볼 수 있고 다음 계절의 대표적인 별자리는 동쪽 하늘에서 볼 수 있습니다.

7 여름철 저녁 9시 무렵에는 □□ 철 대표적인 별자리인 오리온자리를 볼 수 없습니다.

8 봄철에 가을철 대표적인 별자리인 페가수스자리는 □□ 과 같은 방향에 있기 때문에 볼 수 없습니다.

2 단원

2. 지구와 달의 운동

교과서 36~37쪽

여러 날 동안 달의 모양은 어떻게 달라질까요?

(1) 달의 모양 변화 관찰하기 탐구1

▲ 여러 날 동안 관찰한 달의 모양 변화

① 여러 날 동안 달을 관찰하면 달의 모양이 조금씩 변하는 것을 알 수 있습니다.

② 달은 스스로 빛을 내는 것이 아니라 태양의 빛을 받는 부분만 빛을 반사하여 밝게 보이므로 태양과 지구, 달의 위치에 따라 지구에서 보이는 모양이 달라집니다.

③ 여러 날 동안 달은 초승달 → 상현달 → 보름달 → 하현달 → 그믐 달의 순서로 변합니다. ──약 30일 주기로 달의 모양이 변합니다.

④ 초승달에서 점점 커지다가 상현달이 되고, 상현달에서 점점 커져 보름달이 된 뒤에는 점점 작아지면서 하현달, 그믐달이 됩니다.

⑤ 여러 날 동안 달의 모양은 달의 오른쪽 부분이 보이기 시작하면서 점점 왼쪽으로 커지다가 보름달을 지나면서 오른쪽이 점점 보이지 않게 되고, 다시 그믐달 모양이 되는 과정을 반복합니다.
──15일 동안 달이 점점 커지다가 보름달이 되면 이후 15일 동안 점점 작아집니다.

(2) 여러 날 동안 달의 모양 변화

① 달이 15일 동안 점점 커지다가 보름달이 되면 이후 15일 동안 점점 작아집니다.

② 음력 2~3일 무렵에는 초승달을 볼 수 있습니다.

③ 음력 7~8일 무렵에는 상현달을 볼 수 있습니다.

④ 음력 15일 무렵에는 보름달을 볼 수 있습니다.

⑤ 음력 22~23일 무렵에는 하현달을 볼 수 있습니다.

⑥ 음력 27~28일 무렵에는 그믐달을 볼 수 있습니다.

⑦ 음력 7일 무렵에 상현달을 보았다면, 보름달은 일주일 뒤인 음력 15일 무렵에 볼 수 있습니다.

⑧ 오늘 밤(음력 15일)에 보름달을 보았다면, 약 30일 후 음력 15일에 보름달을 다시 볼 수 있습니다.

⑨ 달의 모양 변화는 한 달을 주기로 반복됩니다.

⑩ 음력은 달의 모양을 기준으로 달력을 만든 것입니다.

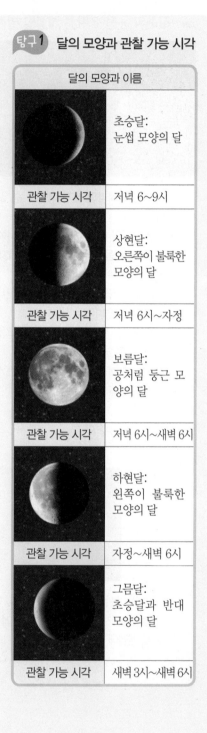

탐구1 **달의 모양과 관찰 가능 시각**

달의 모양과 이름	
	초승달: 눈썹 모양의 달
관찰 가능 시각	저녁 6~9시
	상현달: 오른쪽이 불룩한 모양의 달
관찰 가능 시각	저녁 6시~자정
	보름달: 공처럼 둥근 모양의 달
관찰 가능 시각	저녁 6시~새벽 6시
	하현달: 왼쪽이 불룩한 모양의 달
관찰 가능 시각	자정~새벽 6시
	그믐달: 초승달과 반대 모양의 달
관찰 가능 시각	새벽 3시~새벽 6시

달의 모양이 변하는 까닭

- 달은 스스로 빛을 내지 않고 태양 빛을 반사하기 때문에 달 표면도 태양을 향해 있는 쪽은 밝은 낮이고, 반대쪽은 어두운 밤이 됩니다.
- 달의 밝은 부분은 지구에서 보는 방향에 따라 모양이 달라지므로 달의 모양이 변합니다.
- 달이 서쪽에서 동쪽(시계 반대 방향)으로 지구 주위를 공전하기 때문에 달의 모양이 변하는 것입니다.

조상들이 사용한 음력

- 우리 조상들은 달이 매일 뜨고 지는 시각과 모양이 약 30일 주기로 변하는 것을 이용하여 달력을 만들어 사용했는데, 이 달력을 '음력'이라고 합니다.
- 바닷가에 사는 사람들은 음력을 이용하면 ⭐밀물과 ⭐썰물 시간대를 알 수 있기 때문에 음력이 유용하게 이용됩니다.

용어풀이

- ⭐ **음력** 달이 지구를 한 바퀴 도는 시간을 기초로 하여 만든 달력
- ⭐ **달력** 1년에 걸친 날짜를 순서대로 표시해 놓은 것으로 태양을 기준으로 날짜를 세는 것을 양력이라고 함.
- ⭐ **밀물** 바닷물이 들어와서 바닷물의 높이가 높아지는 현상
- ⭐ **썰물** 밀물의 반대 현상으로 바닷물이 빠져나가서 바닷물의 높이가 낮아지는 현상

개념을 확인해요

1 여러 날 동안 달은 초승달에서 점점 커지다가 ☐☐☐ 모양이 된 이후 점점 작아집니다.

2 여러 날 동안 달은 초승달, ☐☐☐, 보름달, ☐☐☐, 그믐달의 순서로 변합니다.

3 오른쪽이 불룩한 모양의 달은 ☐☐☐ 입니다.

4 ☐☐☐ 은 눈썹 모양의 달이며, 음력 2~3일 무렵에 볼 수 있습니다.

5 음력 7일 무렵에 상현달을 보았다면 일주일 후에는 ☐☐☐ 을 볼 수 있습니다.

6 음력 15일 무렵에는 ☐☐☐ 을 볼 수 있습니다.

7 달의 모양 변화는 약 ☐ 일을 주기로 반복됩니다.

8 음력은 ☐ 의 모양을 기준으로 만든 달력입니다.

2. 지구와 달의 운동

여러 날 동안 달의 ★위치는 어떻게 달라질까요? 탐구1

(1) 여러 날 동안 같은 시각, 같은 장소에서 달의 위치 관측하기

25일 23일 21일

27일

19일

29일

○○일 저녁 7시

동   남   서

① 여러 날 동안 같은 시각, 같은 장소에서 달의 위치와 모양을 관찰합니다.

② 태양이 진 직후 초승달은 서쪽 하늘, 상현달은 남쪽 하늘, 보름달은 동쪽 하늘에서 보입니다.

③ 여러 날 동안 같은 시각에 관측한 달의 위치와 모양: 달은 서쪽에서 동쪽으로 날마다 조금씩 위치를 옮겨 갔고, 초승달에서 상현달, 보름달로 모양이 변했습니다. ─→ 달이 매일 13도씩 서쪽에서 동쪽으로 이동하는 것처럼 보입니다.

지구와 달의 운동 모형 만들기

(1) 만드는 방법

① 우드록을 잘라 크기가 다른 원판 두 개와 막대 모양 판을 만들고, 색점토로 태양, 지구, 달 모양을 만듭니다.
─→ 지구의 자전과 공전을 표현하는 것입니다.

② 빨대와 우드록으로 작은 ★원판이 회전하면서 큰 원판 주위도 회전하게 만듭니다.

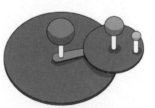
▲ 지구와 달의 운동 모형

③ 큰 원판 가운데에 태양을 고정하고 작은 원판 가운데에 지구, 작은 원판 가장자리에 달을 고정합니다.

④ 모형을 이용하여 지구와 달의 운동을 설명합니다.

(2) 우리 모둠이 만든 지구와 달의 운동 ★모형 예

① 태양, 지구, 달의 크기와 모양을 표현하기 위해서 크기가 다른 스타이로폼 공 세 개를 사용합니다.

② 지구의 자전을 표현하기 위해서 스타이로폼 공의 가운데를 기준으로 돌려 봅니다.

탐구1 여러 날 동안 저녁 7시에 같은 장소에서 관찰하였을 때 달의 위치와 모양 변화

음력 2~3일경
동   남   서
▲ 초승달

음력 7~8일경
동   남   서
▲ 상현달

음력 15일경
동   남   서
▲ 보름달

태양, 지구, 달의 위치에 따른 달의 모양

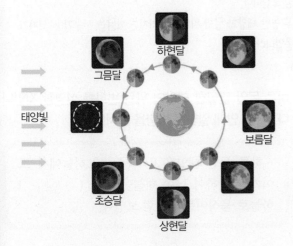

하현달
그믐달
태양빛
보름달
초승달
상현달

- 달은 스스로 빛나지 않고 태양 빛을 반사하기 때문에 달을 보는 각도에 따라 그 모양이 달라집니다.
- 달은 초승달, 상현달, 보름달, 하현달, 그믐달 순으로 모양이 변합니다. 이것은 달이 서쪽에서 동쪽 (시계 반대 방향)으로 지구 주위를 공전하고 있기 때문에 나타나는 현상입니다.

용어풀이

✹ 위치 일정한 곳에 자리를 차지하는 것으로, 관찰하는 것이 어디에 있는지를 나타내는 것
✹ 원판 판판하고 넓은 둥근 모양의 판
✹ 모형 실물의 특성을 잘 보이거나 쉽게 설명하기 위해 실물을 본떠 만든 것

개념을 확인해요

1 여러 날 동안 달을 관찰할 때는 같은 시각, 같은 ☐☐ 에서 관찰합니다.

2 태양이 진 직후에 초승달은 ☐☐ 하늘에서 볼 수 있습니다.

3 음력 15일 무렵 저녁 7시에 보름달은 ☐☐ 하늘에서 볼 수 있습니다.

4 여러 날 동안 달의 위치는 ☐☐ 에서 ☐☐ 으로 조금씩 옮겨 갑니다.

5 여러 날 동안 달의 위치가 변하면서 ☐☐ 도 달라집니다.

6 여러 날 동안 달의 모양은 ☐☐☐ 에서 상현달, 보름달로 변합니다.

7 지구와 달의 운동 모형은 작은 원판이 큰 원판 주위를 ☐☐ 하도록 만듭니다.

8 지구와 달의 운동 모형에서 가장 큰 원판에 빨대와 우드록으로 한 둥근 색점토는 ☐☐ 을 표현한 것입니다.

2
단원

2. 지구와 달의 운동 **29**

개념을 다져요

핵심 1

지구는 하루에 한 바퀴씩 서쪽에서 동쪽으로 자전합니다.
지구가 자전하기 때문에 태양이 동쪽에서 서쪽으로 움직이는 것처럼 보입니다.

1 ( ) 안에 들어갈 알맞은 말을 쓰시오.

> 지구의 북극과 남극을 이은 가상의 직선인 자전축을 중심으로 하루에 한 바퀴씩 회전하는 것을 ( )이라고 한다.

( )

2 지구의 자전을 나타낸 것입니다. ㉠과 ㉡에 알맞은 방향을 쓰시오.

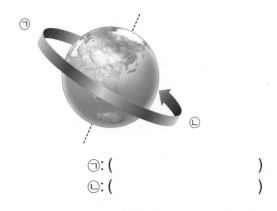

㉠: ( )
㉡: ( )

3 지구의의 우리나라 위치에 관측자 모형을 붙인 다음 전등으로부터 30 cm 떨어진 곳에 지구의를 놓고 지구의를 회전시키는 활동을 하였습니다. 이 활동에 대한 설명으로 바른 것은 어느 것입니까? ( )

① 지구의 공전을 알아보는 활동이다.
② 실제로 전등은 달, 지구의는 태양에 해당한다.
③ 지구가 자전하기 때문에 태양의 모양이 달라지는 것을 알 수 있다.
④ 지구가 자전하기 때문에 태양의 위치가 달라지는 것을 알 수 있다.
⑤ 지구가 서쪽에서 동쪽으로 회전하면 태양도 서쪽에서 동쪽으로 회전하는 것을 알 수 있다.

핵심 2

하루 동안 태양과 달은 동쪽 → 남쪽 → 서쪽으로 움직이는 것처럼 보입니다.
하루 동안 태양과 달의 위치가 달라지는 까닭은 지구가 자전하기 때문입니다.

4 하루 동안 관찰한 태양의 위치 변화를 설명한 것입니다. ( ) 안에 알맞은 방향을 쓰시오.

> 하루 동안 태양은 (㉠) 하늘에서 보이기 시작하여 남쪽 하늘을 지나 (㉡) 하늘로 움직이는 것처럼 보인다.

㉠: ( )
㉡: ( )

[5~6] 다음은 하루 동안 관찰한 보름달의 위치 변화입니다.

5 하루 동안 달이 움직이는 방향을 쓰시오.

_____

_____

6 하루 동안 달의 위치가 달라지는 것처럼 보이는 까닭은 무엇 때문입니까? ( )

① 달의 자전　　　　② 달의 공전
③ 지구의 자전　　　④ 지구의 공전
⑤ 태양의 자전

핵심 **3**

우리나라가 태양 빛을 받는 쪽에 있으면 낮이 되고, 태양 빛을 받지 않는 쪽에 있으면 밤이 됩니다.
낮과 밤은 지구의 자전 때문에 생기는 현상입니다.

핵심 **4**

지구가 태양을 중심으로 일 년에 한 바퀴씩 서쪽에서 동쪽으로 회전하는 것을 지구의 공전이라고 합니다.
지구는 자전을 하면서 공전을 하고, 자전과 공전 방향은 같습니다.

[7~9] 지구의에 관측자 모형을 붙이고 전등으로 지구의를 비춘 모습입니다.

7 지구의에 붙인 관측자 모형이 있는 곳은 낮과 밤 중 언제인지 쓰시오.

( )

10 ( ) 안에 들어갈 알맞은 말을 쓰시오.

지구가 태양을 중심으로 (㉠) 년에 한 바퀴씩 회전하는 것을 지구의 (㉡) 이라고 한다.

㉠: ( )
㉡: ( )

11 지구의 공전에 대한 설명으로 바른 것은 무엇입니까?
( )

① 달을 중심으로 회전한다.
② 일 년에 두 바퀴씩 회전한다.
③ 지구는 동쪽에서 서쪽으로 공전한다.
④ 지구의 자전 방향과 공전 방향은 같다.
⑤ 지구가 공전을 할 때 자전은 하지 않는다.

8 위 활동을 할 때 지구의를 지구 자전과 같은 방향으로 돌린다면 어느 방향으로 돌려야 합니까? ( )

① 동쪽 → 서쪽   ② 서쪽 → 동쪽
③ 서쪽 → 남쪽   ④ 동쪽 → 남쪽
⑤ 남쪽 → 동쪽

12 ( ) 안에 들어갈 알맞은 방향을 각각 쓰시오.

지구는 자전축을 중심으로 (㉠)쪽에서 (㉡)쪽으로 자전하고, 태양을 중심으로 (㉢)쪽에서 (㉣)쪽으로 공전한다.

㉠: ( )
㉡: ( )
㉢: ( )
㉣: ( )

9 위 활동으로 알 수 있는 것은 무엇입니까?
( )

① 계절이 바뀌는 까닭
② 낮과 밤이 생기는 까닭
③ 밀물과 썰물이 생기는 까닭
④ 달의 모양이 달라지는 까닭
⑤ 지구가 태양 주위를 회전하는 까닭

핵심 5

계절에 따라 보이는 대표적인 별자리는 다릅니다. 계절에 따라 보이는 별자리가 달라지는 까닭은 지구가 공전하기 때문입니다.

13 다음은 어느 계절의 대표적인 별자리를 나타낸 것인지 쓰시오.

( )

14 여름의 대표적인 별자리를 바르게 짝지은 것은 어느 것입니까? ( )

① 목동자리, 사자자리
② 백조자리, 오리온자리
③ 거문고자리, 독수리자리
④ 물고기자리, 거문고자리
⑤ 오리온자리, 페가수스자리

15 계절에 따라 대표적인 별자리가 다른 까닭은 무엇 때문입니까? ( )

① 달의 자전   ② 달의 공전
③ 지구의 자전   ④ 태양의 자전
⑤ 지구의 공전

핵심 6

별자리들은 한 계절에만 보이지 않고 두 계절이나 세 계절에 걸쳐 볼 수 있습니다. 태양과 같은 방향에 있는 별자리는 태양 빛 때문에 볼 수 없습니다.

16 다음은 저녁 9시 무렵에 하늘을 관찰한 모습입니다. 어느 계절인지 쓰시오.

( )

17 ( ) 안에 알맞은 계절을 쓰시오.

( )의 대표적인 별자리인 사자자리는 겨울에는 동쪽 하늘에서 볼 수 있고, 여름에는 서쪽 하늘에서 볼 수 있기 때문에 세 계절에 걸쳐 모두 볼 수 있다.

( )

18 우리나라가 여름일 때 겨울철 별자리를 볼 수 없는 까닭은 무엇입니까? ( )

① 여름에는 해가 빨리 뜨기 때문이다.
② 달이 별자리를 가려서 보이지 않게 되기 때문이다.
③ 태양 빛이 비추지 않아서 별자리가 보이지 않기 때문이다.
④ 겨울철 별자리는 대부분 어두운 별로 이루어져 있기 때문이다.
⑤ 겨울철 별자리가 태양과 같은 방향에 있어 태양 빛 때문에 볼 수 없기 때문이다.

핵심 7

여러 날 동안 달은 초승달, 상현달, 보름달, 하현달, 그믐달의 순서로 변하고 한 달을 주기로 반복됩니다.
음력 7일에 상현달을 보았다면 일주일 뒤에 보름달을 볼 수 있으며 한 달 뒤에 다시 상현달을 볼 수 있습니다.

핵심 8

여러 날 동안 같은 시각, 같은 장소에서 관찰하면 달의 위치는 서쪽에서 동쪽으로 조금씩 옮겨 갑니다.
태양이 진 직후 초승달은 서쪽, 상현달은 남쪽, 보름달은 동쪽 하늘에서 관측할 수 있습니다.

19 여러 날 동안 달의 모양을 관찰하여 기록한 것입니다. ( ) 안에 공통으로 들어가는 달의 이름을 쓰시오.

> 여러 날 동안 달을 관찰하면 달의 오른쪽 부분이 보이기 시작하면서 점점 왼쪽으로 커지다가 음력 15일 무렵 ( )이 되고 이후 점점 작아지며 한 달 뒤에 다시 ( )을 볼 수 있다.

( )

20 오늘 저녁 7시에 오른쪽 달을 보았다면 약 5~6일 후 볼 수 있는 달은 무엇입니까? ( )

① 초승달　　② 상현달
③ 보름달　　④ 하현달
⑤ 그믐달

21 ( ) 안에 공통으로 들어갈 알맞은 말을 쓰시오.

> • 달의 모양이 주기적으로 달라지는 것을 기준으로 만든 달력이 ( )이다.
> • 바닷가에서 사는 사람들은 ( )을 기준으로 밀물과 썰물 시간대를 잘 알 수 있다.

( )

[22~24] 다음은 여러 날 동안 관찰한 달의 모습입니다.

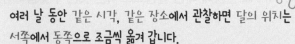

22 (가), (나), (다)의 위치에서 볼 수 있는 달의 이름을 쓰시오.

(가): ( )
(나): ( )
(다): ( )

23 태양이 진 직후에 (가)와 (다)의 달을 관찰할 수 있는 위치를 바르게 짝 지은 것은 무엇입니까? ( )

	(가)	(다)
①	남쪽	동쪽
②	동쪽	남쪽
③	서쪽	동쪽
④	동쪽	서쪽
⑤	북쪽	남쪽

24 (다)의 달을 음력 3일 무렵에 보았다면 (나)의 달을 볼 수 있는 날짜는 언제입니까? ( )

① 음력 5일 무렵　　② 음력 8일 무렵
③ 음력 15일 무렵　　④ 음력 20일 무렵
⑤ 음력 30일 무렵

1 지구의 운동에 대한 설명으로 바른 것은 무엇입니까?
( )

① 지구는 시계 방향으로 회전한다.
② 지구는 달을 중심으로 회전한다.
③ 지구는 하루에 두 바퀴씩 회전한다.
④ 지구는 자전축을 중심으로 회전한다.
⑤ 지구는 일 년에 한 번 스스로 회전한다.

2 ( ) 안에 들어갈 알맞은 말을 쓰시오.

> 지구의 북극과 남극을 이은 가상의 직선을 중심으로 지구가 하루에 한 바퀴씩 회전하는 것을 지구의 ( )이라고 한다.

( )

주의

3 하루 동안의 지구의 움직임을 알아보기 위해 전등을 켜고 관측자 모형을 붙인 지구의를 회전시켜 보았습니다. 이 활동에서 지구의를 다음과 같은 방향으로 회전시켰다면 관측자 모형이 본 전등이 움직이는 방향을 쓰시오.

지구의가 회전하는 방향	관측자 모형이 본 전등이 움직이는 방향
서쪽 → 동쪽	

4 태양이 움직이는 것처럼 보이는 까닭을 바르게 설명한 것은 어느 것입니까? ( )

① 우주가 움직이기 때문이다.
② 달이 지구 주위를 회전하기 때문이다.
③ 태양이 지구 주위를 회전하기 때문이다.
④ 지구가 하루에 한 바퀴씩 회전하기 때문이다.
⑤ 지구는 멈추어 있고 태양이 움직이기 때문이다.

5 하루 동안 보름달의 위치 변화를 나타낸 것입니다. 저녁 7시 무렵에 보름달을 볼 수 있는 곳은 어디인지 기호를 쓰시오.

( )

서술형

6 하루 동안 달의 위치가 달라지는 까닭을 쓰시오.

_____

_____

[7~9] 전등을 켜고 지구의의 우리나라 위치에 관측자 모형을 붙인 다음 천천히 돌려 보았습니다.

(가)   (나)

7 우리나라가 낮인 경우는 어느 것인지 기호를 쓰시오.

(　　　　　　)

 응용

8 위의 (나)와 같은 상황에서 지구의가 회전하지 않는다면 우리나라에는 어떤 현상이 일어납니까?

(　　　　　)

① 낮이 계속된다.
② 밤이 계속된다.
③ 달의 공전이 멈춘다.
④ 태양을 계속 볼 수 있다.
⑤ 하루에 낮과 밤이 두 번 나타난다.

9 위 활동은 무엇을 알아보기 위한 것입니까?

(　　　　　)

① 지구의 공전 방향
② 달이 뜨고 지는 현상
③ 낮과 밤이 생기는 까닭
④ 태양이 사라지면 일어날 수 있는 일
⑤ 태양과 달이 같은 방향으로 움직이는 까닭

10 (　　) 안에 들어갈 알맞은 말을 쓰시오.

> 지구가 (　　　　　)을 중심으로 일 년에 한 바퀴씩 회전하는 것을 지구의 공전이라고 한다.

(　　　　　　)

11 지구가 공전하는 모습을 나타낸 것입니다. 지구의 공전 방향을 기호로 순서대로 쓰시오.

(⊙) → (　　　) → (　　　) → (　　　)

2 단원

중요
12 지구의 공전에 대한 설명으로 바른 것은 무엇입니까?

(　　　　　)

① 달을 중심으로 회전한다.
② 낮과 밤이 생기는 원인이다.
③ 동쪽에서 서쪽으로 회전한다.
④ 지구는 자전을 하면서 공전도 한다.
⑤ 태양의 주위를 하루에 한 바퀴씩 회전한다.

13 지구의 자전과 공전을 비교한 표입니다. 지구의 공전을 나타낸 것의 기호를 쓰시오.

구분	(가)	(나)
기준	태양	자전축
회전 방향	서쪽에서 동쪽	서쪽에서 동쪽
주기	1년	하루

(　　　　　　)

14 오른쪽 별자리를 저녁 9시 무렵에 남쪽 하늘에서 오랜 시간 볼 수 있는 계절을 쓰시오.

▲ 오리온자리

(   )

15 봄의 대표적인 별자리끼리 바르게 짝 지은 것은 어느 것입니까? (   )

① 큰개자리, 목동자리
② 사자자리, 처녀자리
③ 오리온자리, 사자자리
④ 독수리자리, 큰개자리
⑤ 물고기자리, 쌍둥이자리

서술형

16 계절에 따라 보이는 별자리가 달라지는 까닭을 쓰시오.

_____

_____

_____

17 음력 15일 무렵에 볼 수 있는 달은 어느 것입니까?

(   )

①   ②

③   ④

18 여러 날 동안 같은 시각에 관측한 달에 대한 설명입니다. (   ) 안에 들어갈 알맞은 방향을 쓰시오.

> 태양이 진 직후 (㉠   )쪽 하늘에서 관측한 초승달은 매일 조금씩 (㉡   )쪽 하늘로 옮겨 가면서 모양이 변한다.

㉠: (   )
㉡: (   )

[19~20] 여러 날 동안 같은 시각에 관측한 달의 위치와 모양입니다.

동   남   서

19 달의 위치와 모양 변화에 대한 설명으로 바르지 않은 것은 무엇입니까? (   )

① 여러 날 동안 달의 위치는 달라진다.
② 여러 날 동안 달의 모양은 달라진다.
③ 태양이 진 직후 초승달은 서쪽 하늘에서 보인다.
④ 태양이 진 직후 상현달은 남쪽 하늘에서 보인다.
⑤ 여러 날 동안 달의 위치는 동쪽에서 서쪽으로 날마다 조금씩 옮겨 간다.

서술형

20 여러 날 동안 달의 모양 변화를 차례로 쓰시오.

초승달
_____

_____

[1~2] 하루 동안의 지구의 움직임을 알아보기 위한 활동 순서입니다.

- 지구의에서 우리나라를 찾아 우리나라의 동쪽, 서쪽, 남쪽, 북쪽에 붙임딱지를 붙인다.
- 우리나라 위치에 관측자 모형이 남쪽을 향하도록 붙인다.
- 전등을 지구의로부터 30 cm 떨어진 곳에 놓고 이때 전등을 관측자 모형의 앞쪽에 위치하도록 한다.
- 전등을 켜고 지구의를 (㉠)쪽에서 (㉡)쪽으로 회전시켜 본다.

1 위 과정 중 ㉠과 ㉡에 들어갈 방향을 쓰시오.

㉠: (   )

㉡: (   )

2 위에서 지구의를 회전시키는 활동이 실제로 의미하는 것은 무엇입니까? (   )

① 지구의 자전
② 지구의 공전
③ 태양의 공전
④ 태양의 자전
⑤ 태양계의 움직임

주의

3 하루 동안 태양의 위치 변화에 대한 설명으로 바른 것은 어느 것입니까? (   )

① 태양은 움직이지 않는 것처럼 보인다.
② 태양은 서쪽 하늘에서 보이기 시작한다.
③ 태양은 실제로 북쪽에서 동쪽으로 움직인다.
④ 지구가 스스로 회전하기 때문에 나타나는 현상이다.
⑤ 하루 동안 태양은 서쪽에서 동쪽 하늘로 움직이는 것처럼 보인다.

[4~6] 다음은 하루 동안 보름달의 위치 변화를 관측한 것입니다.

4 밤 12시 무렵에 관측한 달의 위치는 어디인지 기호를 쓰시오.

(   )

중요

5 달의 위치 변화를 보고 ( ) 안에 들어갈 알맞은 말을 쓰시오.

> 하루 동안 달은 (㉠)쪽 하늘에서 남쪽 하늘을 지나 (㉡)쪽 하늘로 움직이는 것처럼 보인다.

㉠: (   )

㉡: (   )

서술형

6 위와 같이 하루 동안 달의 위치가 달라지는 것처럼 보이는 까닭을 쓰시오.

_____

_____

[7~9] 지구의의 우리나라 위치에 관측자 모형을 붙이고 지구의를 전등 앞에서 회전시켜 보았습니다.

7 ㉠과 ㉡ 중 낮인 지역의 기호를 쓰시오.

( )

8 위 활동에서 지구의를 회전시켰을 때 나타나는 현상을 바르게 설명한 것은 무엇입니까? ( )

① 모든 지역은 낮이 된다.
② 모든 지역은 밤이 된다.
③ 낮이었던 지역은 계속 낮이다.
④ 밤이었던 지역은 계속 밤이다.
⑤ 낮이었던 지역은 밤이 되고 밤이었던 지역은 낮이 된다.

서술형

9 위 8번 문제의 답과 같은 현상이 나타나는 까닭을 지구의 운동과 관련지어 설명하시오.

_____

10 지구의 공전 방향을 바르게 나타낸 것은 어느 것입니까? ( )

① 동쪽 → 서쪽
② 서쪽 → 동쪽
③ 남쪽 → 동쪽
④ 북쪽 → 서쪽
⑤ 서쪽 → 남쪽

11 지구의 자전과 공전의 공통점은 무엇입니까? ( )

① 회전 방향
② 회전할 때의 중심
③ 하루 동안에 회전하는 횟수
④ 회전하기 때문에 나타내는 현상
⑤ 한 바퀴 회전하는 데 걸리는 시간

12 다음의 설명이 바른 것은 ○표, 바르지 않은 것은 × 표 하시오.

(1) 지구의 공전 방향은 자전 방향과 같습니다.
( )
(2) 지구의 공전으로 하루 동안 달의 위치가 변합니다.
( )
(3) 지구가 태양을 중심으로 한 바퀴 회전하는 데 걸리는 시간은 약 365일입니다. ( )

13 지구의 자전과 공전을 비교한 표입니다. 빈 칸에 알맞은 말을 쓰시오.

구분	자전	공전
기준	자전축	
회전 방향		서쪽에서 동쪽
주기(일)		

14 ( ) 안에 들어갈 말을 차례로 바르게 짝 지은 것은 어느 것입니까? ( )

> 지구가 (㉠) 주위를 공전하기 때문에 계절에 따라 (㉡)의 위치가 달라지며 밤에 보이는 (㉢)(이)가 다르다.

	㉠	㉡	㉢
①	달	태양	별자리
②	태양	지구	별자리
③	태양	달	별의 모양
④	달	태양	별의 모양
⑤	태양	별자리	달의 모양

[15~16] 다음은 각각의 위치에서 우리나라가 한밤일 때 관측자 모형에게 가장 잘 보이는 별자리를 알아보는 활동입니다.

여름철 거문고자리
봄철 사자자리
겨울철 오리온자리
가을철 페가수스자리

중요
15 위에서 봄철에 볼 수 없는 별자리를 쓰시오.

( )

서술형
16 계절에 따라 보이는 별자리가 달라지는 까닭을 쓰시오.

_____

_____

_____

17 여러 날 동안 관찰한 달의 모양입니다. 음력 2~3일 무렵에 볼 수 있는 달은 무엇인지 기호를 쓰시오.

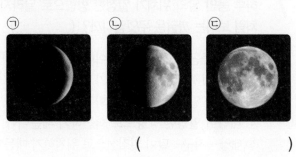

㉠   ㉡   ㉢

( )

18 오른쪽 달의 이름을 쓰시오.

( )

[19~20] 여러 날 동안 같은 시각, 같은 장소에서 달의 위치와 모양을 관측한 모습입니다.

25일 23일 21일
27일   19일
17일
29일
동   남   서

19 23일에 관측한 달에 대한 설명으로 바른 것은 무엇입니까? ( )

① 하현달이다.
② 음력 15일에도 볼 수 있다.
③ 초저녁에 잠깐 볼 수 있다.
④ 해가 진 직후 서쪽 하늘에서 볼 수 있다.
⑤ 음력 7일 무렵 저녁에 남쪽 하늘에서 볼 수 있다.

주의
20 여러 날 동안 관측한 달의 모양과 위치에 대한 설명으로 바르지 <u>않은</u> 것은 어느 것입니까? ( )

① 태양이 진 직후 초승달은 서쪽 하늘에서 보인다.
② 달의 위치는 서쪽에서 동쪽으로 날마다 조금씩 옮겨 간다.
③ 달의 모양은 초승달 – 상현달 – 보름달 순서로 변하고 있다.
④ 태양이 진 직후 동쪽 하늘에서 볼 수 있는 달은 보름달이다.
⑤ 달의 모양은 하루 동안 초승달 – 상현달 – 보름달의 모양으로 변한다.

1 지구의 자전에 대한 설명으로 바른 것을 모두 고른 것은 어느 것입니까? (   )

> ㉠ 태양을 중심으로 회전한다.
> ㉡ 하루에 한 바퀴씩 회전한다.
> ㉢ 서쪽에서 동쪽으로 회전한다.
> ㉣ 지구가 자전하기 때문에 하루 동안 태양이 움직이는 것처럼 보인다.
> ㉤ 지구가 자전하기 때문에 계절에 따라 보이는 별자리가 달라진다.

① ㉠, ㉡   ② ㉡, ㉢
③ ㉣, ㉤   ④ ㉡, ㉢, ㉣
⑤ ㉢, ㉣, ㉤

서술형

2 보기 의 단어를 모두 사용하여 지구의 자전을 설명하시오.

> **보기**
> 중심, 동쪽, 서쪽, 하루, 자전축

_____

_____

3 하루 동안 태양의 위치 변화에 대한 설명으로 바른 것은 어느 것입니까? (   )

① 지구처럼 하루에 한 번 스스로 회전한다.
② 태양은 달 주위를 하루에 한 번 회전한다.
③ 태양은 지구 주위를 하루에 한 번 회전한다.
④ 서쪽에서 동쪽으로 움직이는 것처럼 보인다.
⑤ 동쪽에서 서쪽으로 움직이는 것처럼 보인다.

4 하루 동안 태양의 위치가 달라지는 것처럼 보이는 까닭은 무엇 때문입니까? (   )

① 달의 공전   ② 지구의 자전
③ 지구의 공전   ④ 태양의 자전
⑤ 태양의 공전

5 하루 동안 달의 위치 변화를 관측할 때 주의할 점이 아닌 것은 어느 것입니까? (   )

① 태양이 진 직후부터 관측한다.
② 같은 장소에서 관측해야 한다.
③ 일정한 시간 간격으로 관측한다.
④ 남쪽 방향을 바라보면서 관측한다.
⑤ 높은 건물이 있는 곳에서 관측하는 것이 좋다.

6 (   ) 안에 들어갈 알맞은 말을 쓰시오.

> 하루 동안 태양이 움직이는 것처럼 보이는 방향과 달이 움직이는 것처럼 보이는 방향은 서로 (   )

(   )

7 하루 동안 달의 위치가 일정한 방향으로 달라지는 것처럼 보이는 까닭은 무엇입니까? (   )

① 달이 둥근 모양이기 때문이다.
② 달이 지구 주위를 회전하기 때문이다.
③ 지구가 일정한 방향으로 회전하기 때문이다.
④ 태양이 일정한 방향으로 회전하기 때문이다.
⑤ 태양 - 지구 - 달이 일직선으로 위치하기 때문이다.

8 지구의에서 우리나라를 찾아 관측자 모형을 붙이고, 전등을 켠 다음 지구의를 돌려 보았습니다. 이 활동에 대한 바른 설명은 무엇입니까? (   )

① 전등 빛을 받지 못하는 쪽은 낮이다.
② 관측자 모형은 항상 전등을 볼 수 있다.
③ 계절이 생기는 까닭을 알아보는 활동이다.
④ 지구의를 돌리는 것은 실제로 지구 자전을 의미한다.
⑤ 태양이 회전하기 때문에 낮과 밤이 생긴다는 것을 알 수 있다.

9 다음과 같은 현상이 나타나는 까닭은 무엇 때문입니까? (   )

> • 낮과 밤이 생긴다.
> • 하루 동안 태양이 움직이는 것처럼 보인다.
> • 하루 동안 달이 동쪽에서 서쪽으로 움직이는 것처럼 보인다.

① 달의 공전   ② 지구의 자전
③ 지구의 공전   ④ 태양의 자전
⑤ 태양의 공전

10 지구에 낮과 밤이 생기는 까닭을 설명한 것입니다. (   ) 안에 들어갈 알맞은 말을 쓰시오.

> 지구는 하루에 한 바퀴씩 (㉠)쪽에서 (㉡)쪽으로 자전하기 때문이다.

㉠: (   )
㉡: (   )

11 지구의 공전에 대한 설명으로 바르지 <u>않은</u> 것은 어느 것입니까? (   )

① 일 년에 한 바퀴씩 회전한다.
② 시계 반대 방향으로 회전한다.
③ 태양은 제자리에서 움직이지 않는다.
④ 지구의 공전 방향은 지구의 자전 방향과 같다.
⑤ 북극과 남극을 잇는 가상의 축을 중심으로 회전한다.

2
단원

[12~14] 전등을 책상의 가운데에 두고 지구의를 옮겨 보는 활동을 하였습니다.

12 위 활동은 무엇을 알아보기 위한 것인지 알맞은 내용의 기호를 쓰시오.

> (가) 낮과 밤이 생기는 까닭
> (나) 일 년 동안의 지구의 움직임
> (다) 여러 날 동안의 달의 위치 변화

(   )

13 위 활동을 실제 지구의 운동과 비교한 것입니다. 빈칸에 실제 해당하는 것을 쓰시오.

전등	지구의	지구의의 움직임

14 실제로 앞 **13**번 활동과 같이 지구가 태양을 중심으로 일정한 길을 따라 회전하는 것을 무엇이라고 하는지 쓰시오.

( )

[15~16] 지구가 공전할 때 계절에 따라 볼 수 있는 대표적인 별자리입니다.

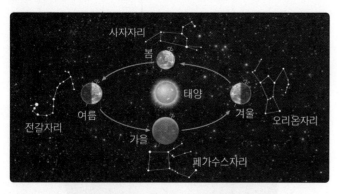

15 여름철에 볼 수 없는 별자리는 무엇인지 쓰시오.

( )

서술형

16 위 **15**번의 별자리를 여름철에 볼 수 없는 까닭은 무엇인지 쓰시오.

_____

_____

17 ( ) 안에 알맞은 말을 각각 쓰시오.

> 지구가 태양 주위를 (㉠)하기 때문에 계절에 따라 지구의 위치가 달라지고 지구의 위치가 달라지기 때문에 밤에 보이는 (㉡)가 다르다.

㉠: ( )

㉡: ( )

18 음력 1일부터 음력 15일까지 달의 모양이 변하는 순서대로 기호를 쓰시오.

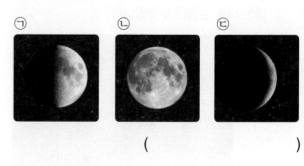

㉠   ㉡   ㉢

( )

19 다음 중 음력 1일 무렵부터 15일 무렵까지 같은 시각에 관찰한 달에 대해 바르게 설명한 것은 무엇입니까? ( )

① 보름달은 음력 15일 무렵에 볼 수 있다.
② 음력 3일 무렵부터 달의 왼쪽 부분이 점점 밝아진다.
③ 여러 날 동안 달의 위치는 동쪽에서 서쪽으로 이동한다.
④ 달의 모양이 달라지는 것은 달이 스스로 빛을 내는 것과 관계가 있다.
⑤ 달이 일 년에 한 바퀴씩 태양 주위를 돌기 때문에 달의 모양이 달라진다.

20 지구와 달의 운동 모형을 만들 때 바른 내용이 <u>아닌</u> 것은 어느 것입니까? ( )

① 달을 가장 작게 만든다.
② 지구 옆에 달이 오도록 만든다.
③ 태양, 지구, 달 중 태양의 크기를 가장 크게 만든다.
④ 지구 공전을 표현하려면 태양 모형이 지구 주위를 돌도록 해야 한다.
⑤ 지구의 자전을 표현하려면 지구 모형이 제자리에서 돌 수 있게 해야 한다.

1 다음은 지구의 자전을 나타낸 것입니다. ㉠은 무엇인지 쓰시오.

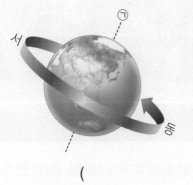

(   )

2 지구의 자전에 대한 설명으로 바른 것은 어느 것입니까? (   )

① 지구가 태양 주위를 도는 현상이다.
② 지구는 동쪽에서 서쪽으로 자전한다.
③ 지구가 한 바퀴 회전하는 데 12시간 걸린다.
④ 지구가 자전하기 때문에 달의 모양이 변한다.
⑤ 지구의 자전 때문에 하루 동안 태양이 동쪽에서 서쪽으로 움직이는 것처럼 보인다.

3 하루 동안 관찰한 보름달의 이동 방향을 바르게 나타낸 것은 어느 것입니까? (   )

① 동쪽 → 남쪽 → 서쪽
② 서쪽 → 남쪽 → 동쪽
③ 동쪽 → 서쪽 → 남쪽
④ 서쪽 → 동쪽 → 남쪽
⑤ 동쪽 → 북쪽 → 서쪽

4 달의 위치 변화를 관찰하기에 가장 적합한 날은 언제입니까? (   )

① 비가 내리는 날
② 별이 보이지 않는 날
③ 달이 흐리게 보이는 날
④ 초승달을 볼 수 있는 날
⑤ 보름달을 볼 수 있는 날

5 하루 동안 보름달을 관측한 내용으로 바르지 않은 것은 어느 것입니까? (   )

↑ 관측 시작 위치

① ㉠은 동쪽, ㉡은 서쪽이다.
② 음력 15일 무렵에 관측하였다.
③ 오후 7시 무렵부터 서쪽 하늘을 관측하였다.
④ 달이 가장 높이 떠 있을 때는 밤 12시 무렵이다.
⑤ 하루 동안 시간이 지남에 따라 달의 위치가 달라진다.

서술형

6 위 **5**번과 같이 달이 하루 동안 움직이는 것처럼 보이는 까닭을 지구의 운동과 관련지어 설명하시오.

_____

_____

[7~8] 지구의에서 우리나라를 찾아 관측자 모형을 붙이고 전등을 켠 다음 지구의를 회전시켜 보았습니다.

7 지구의에 나타나는 현상으로 바르지 <u>않은</u> 것은 어느 것입니까? (　　　)

① 지구의를 돌리면 낮과 밤인 지역이 바뀐다.
② 관측자 모형은 태양의 모양 변화를 관찰할 수 있다.
③ 지구의 자전에 의한 현상을 알아보기 위한 활동이다.
④ 지구의를 돌리지 않으면 밤인 지역은 계속 밤이 유지된다.
⑤ 지구의를 돌리면 관측자 모형에게 전등이 움직이는 것처럼 보인다.

8 위 관측자 모형이 있는 곳은 낮과 밤 중 언제인지 쓰시오.

(　　　　　　)

9 낮과 밤이 생기는 까닭으로 바른 것은 무엇입니까?
(　　　)

① 달이 자전하기 때문이다.
② 지구가 자전하기 때문이다.
③ 지구가 공전하기 때문이다.
④ 태양이 자전하기 때문이다.
⑤ 태양의 빛이 매우 밝기 때문이다.

[10~12] 지구의 움직임을 보고 물음에 답하시오.

10 위와 같이 지구가 태양을 중심으로 일정한 길을 따라 회전하는 것을 무엇이라고 하는지 쓰시오.

(　　　　　　)

11 위에서 지구가 태양을 중심으로 움직이는 방향을 쓰시오.

(　　　　) → (　　　　)

12 ㉠에서 ㉡ 위치까지 지구가 이동하는 데 실제로 걸리는 시간은 얼마입니까? (　　　)

① 24시간　　　② 30일
③ 6개월　　　④ 10개월
⑤ 365일

13 다음 설명이 지구의 자전과 관련된 것이면 '자'라고 쓰고, 공전과 관련된 설명이면 '공'이라고 쓰시오.

(1) 낮과 밤이 생깁니다.　　　　　　(　　　)
(2) 회전하는 데 일 년이 걸립니다.　　(　　　)
(3) 서쪽에서 동쪽으로 회전합니다.　　(　　　)
(4) 밤에 보이는 별자리가 달라집니다.　(　　　)

14 오른쪽 별자리에 대한 설명으로 바른 것은 무엇입니까?
( )

▲ 사자자리

① 여름철에는 볼 수 없다.
② 봄철 대표적인 별자리이다.
③ 가을철 동쪽 하늘에서 볼 수 있다.
④ 겨울철에는 태양 빛 때문에 볼 수 없다.
⑤ 유일하게 낮에도 볼 수 있는 별자리이다.

서술형

15 여름철에 오리온자리를 볼 수 없는 까닭을 쓰시오.

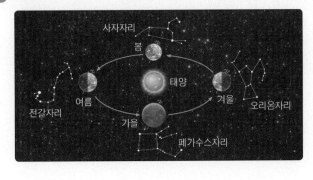

_____

_____

16 위 **15**번 계절별 별자리의 모습에서 페가수스자리를 볼 수 <u>없는</u> 계절을 쓰시오.

( )

17 음력 27~28일 무렵에 볼 수 있는 달은 무엇입니까?
( )

① 초승달
② 상현달
③ 하현달
④ 보름달
⑤ 그믐달

18 다음은 여러 날 동안 관측한 달의 모양을 나타낸 것입니다. 바른 설명은 어느 것입니까? ( )

㉠   ㉡   ㉢

① ㉠ 달의 이름은 '그믐달'이다.
② ㉡ 달은 음력 3일 무렵에 볼 수 있다.
③ ㉢ 달은 저녁 7시 무렵 동쪽 하늘에서 볼 수 있다.
④ ㉠ 달을 관측한 후 ㉢ 달을 보기 위해서는 약 30일이 지나야 한다.
⑤ 음력 1일 무렵부터 달의 모양이 달라지는 순서는 ㉢ → ㉡ → ㉠이다.

19 위 **18**번 달의 모습 중 ㉢달을 4월 3일 밤에 보았다면 언제 다시 이 달을 볼 수 있습니까? ( )

① 4월 10일 무렵
② 4월 8일 무렵
③ 4월 15일 무렵
④ 4월 28일 무렵
⑤ 5월 3일 무렵

20 오른쪽 달을 관측한 후 7일 뒤 해가 진 직후에 같은 장소에서 관측할 수 있는 달의 이름과 위치를 바르게 짝지은 것은 어느 것입니까?
( )

① 초승달 – 서쪽 하늘
② 보름달 – 동쪽 하늘
③ 하현달 – 남쪽 하늘
④ 그믐달 – 동쪽 하늘
⑤ 상현달 – 서쪽 하늘

2
단원

1 하루 동안 보름달의 위치 변화를 관측하여 기록한 것입니다. 하루 동안 달의 위치가 어떻게 달라지는지 쓰고, 달라지는 까닭을 쓰시오.

(1) 하루 동안 달의 위치: _____

_____

(2) 달라지는 까닭: _____

_____

지구의 자전

- 지구의 북극과 남극을 이은 가상의 직선인 자전축을 중심으로 회전합니다.
- 지구는 하루에 한 바퀴씩 자전합니다.
- 지구는 서쪽에서 동쪽(시계 반대 방향)으로 자전합니다.

2 지구의에 우리나라를 찾아 관측자 모형을 붙이고, 전등을 켜고 지구의를 돌리면서 낮과 밤의 변화를 관찰하였습니다. 다음과 같이 낮과 밤이 나타나는 까닭을 쓰시오.

▲ 낮

▲ 밤

낮과 밤이 생기는 까닭

- 태양 빛을 받아 밝은 지역은 낮이 됩니다.
- 지구가 자전하기 때문에 낮과 밤이 생깁니다.
- 지구가 자전하면서 태양 빛을 받으면 낮, 태양 빛을 받지 못하면 밤이 됩니다.

_____

_____

_____

3 각 계절의 밤하늘에서 오랜 시간 볼 수 있는 대표적인 계절별 별자리입니다. 계절에 따라 보이는 별자리가 달라지는 까닭을 쓰시오.

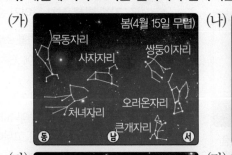
(가)

(나)

(다)

(라)

계절별 대표적인 별자리

- 봄: 사자자리, 목동자리, 처녀자리
- 여름: 백조자리, 독수리자리, 거문고자리
- 가을: 물고기자리, 페가수스자리, 안드로메다자리
- 겨울: 쌍둥이자리, 큰개자리, 오리온자리

2 단원

---

4 여러 날 동안 같은 시각, 같은 장소에서 관측한 달의 모양과 위치 변화를 쓰시오.

여러 날 동안 달의 모양과 위치 변화

- 태양이 진 직후(저녁 7시 무렵) 초승달은 서쪽 하늘, 상현달은 남쪽 하늘, 보름달은 동쪽 하늘에서 보입니다.
- 여러 날 동안 달의 위치는 매일 조금씩 옮겨 가면서 모양도 달라집니다.

(1) 달의 모양:

(2) 달의 위치 변화:

3. 여러 가지 기체

부글부글 거품 만들기

▲ 수조 속 삼각 플라스크에 묽은 과산화 수소수, 물 비누, 식용 색소를 넣고 섞는다.

▲ 아이오딘화 칼륨을 한 숟가락 넣어 삼각 플라스크에 거품을 발생시킨다.

▲ 거품 발생이 멈추면 거품에 향불을 넣어 반응을 관찰해 본다.

① 묽은 과산화 수소수와 아이오딘화 칼륨이 만나 기체가 발생합니다.

② 거품에 향불을 넣으면 불꽃이 커집니다.

산소에는 어떤 성질이 있을까요?

(1) 기체 발생 장치로 산소 발생시키기

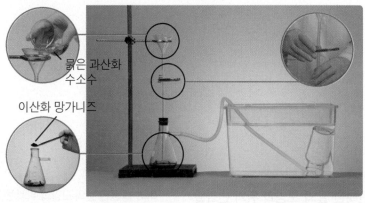

묽은 과산화 수소수

이산화 망가니즈

① 가지 달린 삼각 플라스크에 물과 ✹이산화 망가니즈를 넣습니다.

② 깔때기에 묽은 ✹과산화 수소수를 $\frac{1}{2}$ 정도 붓습니다.

③ 수조의 ㄱ자 유리관 끝에서 기포가 나오고 집기병에 산소가 모아집니다. ┌ 집기병 속의 물이 점점 아래로 내려갑니다.

(2) 산소의 성질과 이용

① 산소는 색깔과 냄새가 없습니다.

② 산소는 스스로 타지 않지만 다른 물질이 타는 것을 돕습니다. → 향불을 가져가면 향불의 불꽃이 커집니다.

③ 철이나 구리 같은 금속을 녹슬게 합니다.

④ 잠수부, 소방관이 사용하는 ✹압축 공기통에 이용됩니다.

⑤ 응급 환자의 산소 호흡 장치나 산소 캔에 이용됩니다.

⑥ 금속을 자르거나 붙일 때 이용합니다.

실험 1 기체 발생 장치 꾸미기 순서

① 짧은 고무관을 끼운 깔때기를 스탠드의 링에 설치하고, 고무관에 핀치 집게를 끼웁니다.

② 유리관을 끼운 고무마개로 가지 달린 삼각 플라스크의 입구를 막습니다.

③ 깔때기에 연결한 고무관을 고무마개에 끼운 유리관과 연결합니다.

④ 가지 달린 삼각 플라스크의 가지 부분에 긴 고무관을 끼우고, 고무관 끝에 ㄱ자 유리관을 연결합니다.

⑤ 물을 $\frac{2}{3}$ 정도 담은 수조에 물을 가득 채운 집기병을 거꾸로 세운 후 ㄱ자 유리관을 집기병 입구에 둡니다.

탐구 1 공기 중에 산소의 양이 지금보다 많아지면 어떤 일이 생길까?

• 금속이 쉽게 녹슬 것입니다.

• 불을 끄기 어려울 것입니다.

• 화재가 자주 발생할 것입니다.

• 한 번 숨을 쉴 때 들이마시는 산소의 양이 많아져 숨 쉬는 횟수가 줄어들 것입니다.

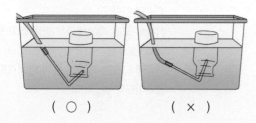
개념을 확인해요

1 산소를 발생시킬 때 기체 발생 장치의 깔때기에 넣는 물질은 묽은 ☐☐☐☐ ☐☐ 입니다.

2 산소 발생 장치에서 삼각 플라스크에 넣은 이산화 망가니즈는 직접 반응하지 않고 산소 발생을 도와주는 ☐☐ 역할을 합니다.

3 이산화 망가니즈에 묽은 과산화 수소수를 조금씩 흘려 보내면 ☐☐ 가 발생합니다.

4 산소가 발생하는 것은 가지 달린 삼각 플라스크에 ☐☐ 이 발생하는 것을 보고 알 수 있습니다.

5 집기병에 산소가 모아지는 것은 집기병 속의 ☐ 이 점점 아래로 내려가는 것을 보고 알 수 있습니다.

6 산소가 든 집기병에 흰 종이를 대고 색깔을 관찰해 보면 색깔이 ☐☐☐☐.

7 산소가 모아진 집기병에 향불을 가져다 대면 불씨가 ☐☐☐☐.

8 잠수부와 소방관의 압축 공기통, 응급 환자의 호흡 장치에 이용되는 기체는 ☐☐ 입니다.

3. 여러 가지 기체

교과서
54~57쪽

이산화 탄소에는 어떤 성질이 있을까요?

(1) 기체 발생 장치를 꾸며 이산화 탄소 발생시키기

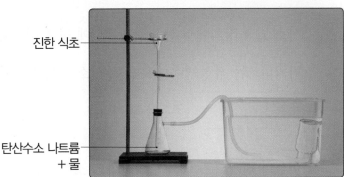

진한 식초

탄산수소 나트륨 + 물

▲ 기체 발생 장치

① 가지 달린 삼각 플라스크에 물을 조금 넣은 뒤 ★탄산수소 나트륨을 네다섯 숟가락 정도 넣습니다.

② 기체 발생 장치를 꾸밉니다.

③ 진한 식초를 깔때기에 $\frac{1}{2}$ 정도 붓고 핀치 집게를 조절하여 조금씩 흘려 보냅니다.

④ ㄱ자 유리관 끝에서 기포가 발생하고 집기병 속 물이 점점 아래로 내려가는 것으로, 이산화 탄소가 발생하는 것을 알 수 있습니다.

⑤ 집기병에 이산화 탄소가 가득 차면 물속에서 유리판으로 집기병 입구를 막고 집기병을 꺼냅니다.

(2) 이산화 탄소의 성질

① 이산화 탄소는 색깔과 냄새가 없습니다.

② 물질이 타는 것을 막는 성질이 있습니다.

③ ★석회수를 뿌옇게 만듭니다.

(3) 이산화 탄소의 이용

① 소화기에 이용됩니다.

② 탄산음료의 재료로 이용됩니다.

③ ★드라이아이스를 만드는 데 이용됩니다. → 드라이 아이스는 이산화 탄소의 고체입니다.

④ 자동 팽창식 구명조끼에 이용됩니다.

(4) 생활 속에서 이산화 탄소 기체를 모을 수 있는 방법

① 진한 식초 대신 레몬즙을 사용합니다.

② 탄산음료를 흔들어 이산화 탄소를 모읍니다.

③ 드라이아이스로 이산화 탄소를 모읍니다.

실험 1 기체 발생 실험을 할 때 주의할 점

• 가지 달린 삼각 플라스크에서 기체가 발생하고 있을 때에는 핀치 집게를 열지 않습니다.

• 기체를 모을 때에는 집기병을 잡고 있어야 합니다.

• 처음에 나오는 기체는 용기 안에 있던 공기이므로 버립니다.

탐구 1 이산화 탄소의 성질 확인하기

① 집기병에 향불 넣기

▲ 이산화 탄소가 들어 있는 집기병에 향불을 넣기 전과 넣은 후의 모습

② 집기병에 석회수 넣기

▲ 석회수가 들어 있는 집기병에 이산화 탄소를 넣고 흔든 후의 모습

산소와 이산화 탄소 비교하기

구분	산소	이산화 탄소
다른 점	• 다른 물질을 잘 타게 한다. • 금속을 녹슬게 한다.	• 불을 끈다. • 석회수를 뿌옇게 만든다.
같은 점	색깔과 냄새가 없다.	

이산화 탄소와 생물

• 식물이 광합성을 할 때, 이산화 탄소가 필요합니다.
• 동물이 숨을 쉴 때, 내쉬는 숨 속에는 이산화 탄소가 들어 있습니다.

용어풀이

★ **탄산수소 나트륨** 빵, 과자 제조 시 사용되는 첨가물이며 베이킹 소다로 불리기도 함.

★ **석회수** 수산화 칼슘을 물에 녹인 용액으로 무색투명하지만 이산화 탄소와 만나면 뿌옇게 흐려짐.

★ **드라이아이스** 고체 상태의 이산화 탄소로 아이스크림이 녹지 않게 넣어 주는 데 이용되는 것

개념을 확인해요

1 이산화 탄소를 발생시킬 때 가지 달린 삼각 플라스크에 넣는 물질은 ☐☐☐☐ ☐☐☐ 입니다.

2 탄산수소 나트륨과 진한 식초가 만나면 ☐ ☐☐☐☐ 가 발생합니다.

3 탄산수소 나트륨에 진한 식초를 떨어뜨리면 ㄱ자 유리관 끝에서 ☐☐ 가 발생합니다.

4 이산화 탄소 기체 발생 장치에서 진한 식초를 조금씩 흘려 보낼 수 있도록 조절해 주는 도구는 ☐☐☐☐ 입니다.

5 집기병에 이산화 탄소가 모아지는 것은 집기병 속의 ☐ 이 점점 아래로 내려가는 것을 보고 알 수 있습니다.

6 이산화 탄소는 색깔과 냄새가 ☐☐☐ ☐.

7 ☐☐☐ 가 들어 있는 집기병에 이산화 탄소를 넣으면 뿌옇게 됩니다.

8 ☐☐☐ 는 이산화 탄소의 불을 끄는 성질을 이용합니다.

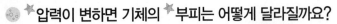

★압력이 변하면 기체의 ★부피는 어떻게 달라질까요?

(1) 압력 변화에 따른 기체의 부피 변화

① 플라스틱 스포이트에 공간을 약간 남기고 물을 채운 뒤에 입구를 손가락으로 막습니다.

② 플라스틱 스포이트의 머리 부분을 손가락으로 누르면서 공기의 부피가 어떻게 되는지 관찰합니다.

③ 결과: 스포이트 속 공기의 부피가 작아집니다.

(2) 압력 변화에 따른 기체와 액체의 부피 변화 <실험2>

① 주사기 한 개에는 공기 40 mL, 다른 주사기 한 개에는 물 40 mL를 넣습니다.

② 주사기 입구를 손가락으로 막고 피스톤을 약하게 누를 때와 세게 누를 때 공기와 물의 부피 변화를 각각 관찰합니다.

③ 결과

구분	피스톤을 약하게 눌렀을 때	피스톤을 세게 눌렀을 때
공기 40 mL	• 피스톤이 조금 들어간다. • 공기의 부피가 약간 작아진다.	• 피스톤이 많이 들어간다. • 공기의 부피가 많이 작아진다.
물 40 mL	• 피스톤이 들어가지 않는다. • 물의 부피가 변하지 않는다.	• 피스톤이 들어가지 않는다. • 물의 부피가 변하지 않는다.

(3) 기체와 액체에 가하는 압력과 부피와의 관계

① 액체는 압력을 가해도 부피가 거의 변하지 않지만, 기체는 압력을 가한 정도에 따라 부피가 달라집니다.

② 기체에 압력을 약하게 가하면 부피가 조금 작아지고, 압력을 세게 가하면 부피가 많이 작아집니다.

(4) 생활 속에서 압력 변화에 따라 기체의 부피가 달라지는 예

① 하늘을 나는 비행기 안에 있는 과자 봉지는 땅에서보다 더 많이 부풀어 오릅니다.

② 바닷속에서 잠수부의 날숨으로 생긴 공기 방울은 물 표면으로 올라갈수록 주위의 압력이 낮아지기 때문에 더 크게 부풀어 오릅니다.
└─• 물 표면으로 올라갈수록 압력이 더 낮아지기 때문입니다.

③ 에어 농구화의 공기는 뛰어올랐다가 ★착지할 때 부피가 작아집니다.

④ 마개를 닫은 빈 페트병을 가지고 바닷속 깊이 들어갔을 때 페트병의 모양 변화: 바닷속 깊이 들어갈수록 주위의 압력이 세지기 때문에 빈 페트병은 점점 더 많이 찌그러집니다.

<실험1> 공기와 물을 함께 넣은 플라스틱 스포이트에 압력을 가할 때 부피 변화

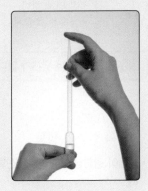

물이 든 플라스틱 스포이트의 입구를 막고 머리 부분을 손가락으로 누르면 공기의 부피가 작아집니다.

<실험2> 주사기에 공기와 물을 각각 넣고 주사기 입구를 막은 후 피스톤을 누를 때 일어나는 공기와 물의 부피 변화

▲ 공기 40 mL를 넣은 주사기

▲ 물 40 mL를 넣은 주사기

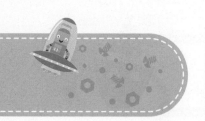

기체에 압력을 가할 때 기체의 부피가 달라지는 까닭

- 액체에 압력을 가하면 부피가 달라지지 않지만, 기체에 압력을 가하면 압력을 가한 정도에 따라 부피가 달라집니다.
- 기체는 입자 사이의 거리가 멀고 빈 공간이 많기 때문입니다.
- 기체의 부피는 압력을 가하면 작아지고 가한 압력을 없애면 커집니다.
- 기체의 부피가 달라지는 까닭: 압력을 가하면 입자 사이의 거리가 가까워지고 가한 압력을 없애면 입자 사이의 거리가 멀어지기 때문입니다.

생활 속에서 기체에 압력을 가했을 때 부피가 달라지는 예

- 점핑 볼이나 호핑 볼 등의 기구에 앉아 압력을 가하면 부피가 작아졌다가 가한 압력을 없애면 부피가 다시 커지면서 기구가 튀어 오릅니다.
- 농구 선수가 신는 농구화에는 공기 주머니가 있는데, 선수가 슛을 하기 위해 점프한 다음 발이 땅에 닿을 때 공기 주머니 속에 있는 기체에 압력을 가하게 됩니다. 이때 공기 주머니 속 기체의 부피가 작아지면서 농구 선수의 몸에 가해지는 압력을 줄여 줍니다.
- 물과 공기 방울이 들어 있는 둥근 페트병에 양손으로 압력을 가하면 페트병 속에 있던 공기 방울의 크기가 줄어듭니다.

용어풀이

- ✷ 압력 물체에 가해지는 힘
- ✷ 부피 넓이와 높이를 가진 물건이 공간에서 차지하는 크기
- ✷ 착지 공중에서 땅으로 내리는 것

개념을 확인해요

1 높은 산 위에서 팽팽했던 페트병이 산 아래로 내려오면 찌그러지는 것은 높은 산 위와 산 아래의 공기 ☐☐ 이 다르기 때문입니다.

2 공기가 들어 있는 주사기의 입구를 막고 피스톤을 누르면 공기의 ☐☐ 가 작아집니다.

3 공기와 물이 각각 들어 있는 주사기의 입구를 막고 피스톤을 눌렀을 때 피스톤이 들어가는 것은 ☐☐ 가 들어 있는 주사기입니다.

4 기체에 압력을 약하게 가하면 부피가 ☐☐ 작아집니다.

5 기체와 액체에 압력을 가했을 때 부피가 변하지 않는 것은 ☐☐ 입니다.

6 물이 들어 있는 주사기의 입구를 막고 피스톤을 누르면 ☐☐ 변화가 없습니다.

7 하늘을 나는 비행기 안에 있는 과자 봉지가 땅에서보다 더 많이 부풀어 오르는 까닭은 하늘에서 ☐☐ 이 더 낮기 때문입니다.

8 에어 농구화의 공기는 뛰어올랐다가 착지할 때 ☐☐ 가 작아집니다.

3
단원

온도가 변하면 기체의 부피는 어떻게 달라질까요?

(1) 온도 변화에 따른 고무풍선에 든 기체의 부피 변화 실험1

① 삼각 플라스크 입구에 고무풍선을 씌운 뒤 삼각 플라스크를 뜨거운 물과 얼음물이 든 비커에 각각 넣고 고무풍선의 변화를 관찰합니다.

② 결과

구분	뜨거운 물	얼음물
고무풍선의 변화	• 고무풍선이 부풀어 오른다. • 고무풍선의 부피가 커진다.	• 고무풍선이 오그라든다. • 고무풍선의 부피가 작아진다.

(2) 온도 변화에 따른 플라스틱 스포이트에 든 기체의 부피 변화 실험2

① 플라스틱 스포이트를 식용 색소를 탄 물에서 살짝 눌렀다가 놓아 스포이트 관 가운데에 물방울이 오도록 합니다.

② 물방울이 든 플라스틱 스포이트를 뒤집어서 뜨거운 물과 얼음물이 든 비커에 각각 넣고 변화를 관찰합니다.

③ 결과

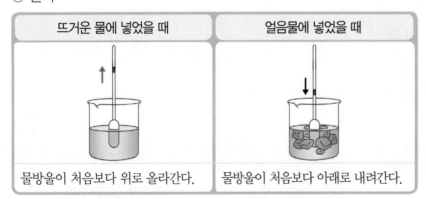

뜨거운 물에 넣었을 때	얼음물에 넣었을 때
물방울이 처음보다 위로 올라간다.	물방울이 처음보다 아래로 내려간다.

④ 온도 변화에 따른 기체의 부피 변화: 온도가 높아지면 기체의 부피는 커지고, 온도가 낮아지면 기체의 부피는 작아집니다.

(3) 생활 속에서 온도 변화에 따라 기체의 부피가 달라지는 예

① 뜨거운 음식을 비닐 랩으로 포장하면 비닐 랩이 볼록하게 부풀어 오르는 것을 볼 수 있습니다.

② 물이 조금 담긴 ★페트병을 마개로 막아 냉장고에 넣고 시간이 지난 뒤 살펴보면 페트병이 찌그러진 것을 볼 수 있습니다.

③ 젤리를 굳히기 위해 냉장고에 넣은 컵의 비닐 랩이 오목하게 들어가는 까닭은 컵 속 기체의 온도가 낮아졌기 때문입니다.
└▶ 온도가 낮아지면 기체의 부피는 작아집니다.

④ 냉장고 속에 있는 찌그러진 페트병을 냉장고 밖에 꺼내 놓으면 페트병 속 기체의 온도가 높아져서 찌그러진 페트병이 펴집니다.
└▶ 온도가 높아지면 기체의 부피는 커집니다.

실험1 **온도 변화에 따른 기체의 부피 변화 ①**

▲ 뜨거운 물에 넣은 고무풍선은 부풀어 오릅니다.

▲ 얼음물에 넣은 고무풍선은 오그라듭니다.

실험2 **온도 변화에 따른 기체의 부피 변화 ②**

▲ 식용 색소를 탄 물방울이 스포이트 관 가운데에 오도록 합니다.

▲ 뜨거운 물과 얼음물이 든 비커에 각각 넣습니다.

냉장고 속 찌그러진 페트병의 부피 변화

- 물이 조금 담긴 찌그러진 페트병을 바깥에 꺼내 놓으면 찌그러진 페트병이 펴집니다.
- 페트병 속 기체의 온도가 높아지면 기체의 부피가 늘어나기 때문입니다.

▲ 냉장고 속에 있는 페트병

▲ 냉장고에서 꺼낸 페트병

개념을 확인해요

1 삼각 플라스크에 고무풍선을 씌운 뒤 삼각 플라스크를 뜨거운 물이 든 비커에 넣으면 고무풍선의 ☐☐ 가 커집니다.

2 삼각 플라스크에 고무풍선을 씌운 뒤 삼각 플라스크를 얼음물이 든 비커에 넣으면 ☐☐ 가 낮아졌기 때문에 고무풍선이 오그라듭니다.

3 물방울이 든 플라스틱 스포이트를 뒤집어서 ☐☐☐ 물이 든 비커에 넣으면 물방울이 위로 올라갑니다.

4 ☐☐ 는 온도에 따라 부피가 달라집니다.

5 ☐☐ 가 높아지면 기체의 부피는 커집니다.

6 온도가 낮아지면 기체의 ☐☐ 가 작아집니다.

7 냉장고 속에 있는 찌그러진 페트병을 밖에 꺼내 놓으면 페트병 속 ☐☐ 의 온도가 높아집니다.

8 뜨거운 음식을 비닐 랩으로 포장하면 비닐 랩이 볼록하게 부풀어 오르는 현상은 ☐☐ 변화에 따라 기체의 부피가 달라지는 예입니다.

3
단원

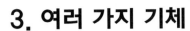

3. 여러 가지 기체

교과서 62~69쪽

공기를 이루는 여러 가지 기체에는 무엇이 있을까요?

(1) 공기를 이루는 기체 `탐구1`

① 공기는 여러 가지 기체가 섞여 있는 ★혼합물입니다.

② 공기는 대부분 질소와 산소로 이루어져 있으며, 이 밖에도 여러 가지 기체가 섞여 있습니다.

(2) 공기를 이루는 기체와 기체의 쓰임새 `탐구2`

구분	이용 사례
질소	• 식품의 내용물을 보존하거나 신선하게 보관하는 데 이용된다.
산소	• 호흡 장치에 이용한다. • 잠수부의 압축 공기통, 우주 비행사의 호흡 장치, 물질의 연소에 이용한다.
이산화 탄소	• 소화기, 드라이아이스, 탄산음료의 재료로 이용된다. • 자동 ★팽창식 구명조끼에 이용된다.
헬륨	• 비행선이나 풍선을 공중에 띄우는 용도로 이용된다.
네온	• 가게를 홍보하는 네온 광고에 네온을 넣어 이용한다.
수소	• ★청정 연료로 전기를 만드는 데 이용되고, 수소 자동차, 수소 자전거에도 이용된다.

거품이 오래가는 목욕제 만들기

(1) 이산화 탄소 거품이 생기는 목욕제 만들기

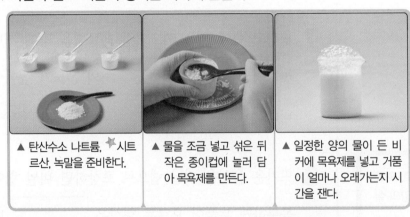

▲ 탄산수소 나트륨, ★시트르산, 녹말을 준비한다.　▲ 물을 조금 넣고 섞은 뒤 작은 종이컵에 눌러 담아 목욕제를 만든다.　▲ 일정한 양의 물이 든 비커에 목욕제를 넣고 거품이 얼마나 오래가는지 시간을 잰다.

(2) 우리 모둠과 다른 모둠의 결과를 비교해 보고 보완할 점 생각하기 `예`

① 시트르산의 양을 탄산수소 나트륨과 비슷하게 합니다. → 탄산수소 나트륨, 시트르산, 녹말의 양을 달리하여 가장 거품이 오래가는 목욕제를 만듭니다.

② 적당한 굳기가 되도록 물의 양을 잘 조절합니다.

`탐구1` 공기 중에 포함되어 있는 여러 가지 기체

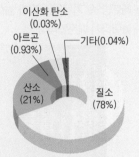

이산화 탄소 (0.03%)
아르곤 (0.93%)
기타(0.04%)
산소 (21%)
질소 (78%)

▲ 공기를 구성하는 여러 가지 기체

`탐구2` 여러 가지 기체의 이용

▲ 질소 충전 포장

▲ 수소 자동차

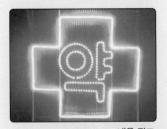

▲ 네온 광고

▲ 헬륨 풍선

지구 온난화와 이산화 탄소

• 지구 온난화는 지구의 평균 기온이 올라가는 현상
  입니다.
• 지구 온난화는 이산화 탄소가 주된 원인이며 그 밖
  에 프레온, 오존 등이 원인이 됩니다.
• 지구 온난화가 지속되면 해수면이 상승하여 기상
  현상에 변화가 생깁니다.
• 지구 온난화를 막을 수 있는 방법은 나무를 많이
  심고 녹색 식물을 많이 키우며 자동차의 매연 배
  출을 줄이는 것입니다.

탄산수소 나트륨

• 탄산수소 나트륨은 베이킹 소다의 주성분입니다.
• 탄산수소 나트륨은 물에 잘 녹지 않지만 녹으면
  염기성 물질이 됩니다.
• 가열하거나 산성 물질을 가하면 이산화 탄소가 발
  생합니다.
• 기름기를 잘 닦아 낼 수 있어서 천연 세제로 많이
  이용됩니다.

개념을 확인해요

1 공기는 여러 가지 ☐☐ 가 섞여 있는 혼합
물입니다.

2 공기의 대부분은 ☐☐ 와 산소로 이루어
져 있습니다.

3 식품을 포장하고 신선하게 보관하는 데 이용되는
기체는 ☐☐ 입니다.

4 다른 물질이 타는 것을 돕고 호흡 장치에 이용되
는 기체는 ☐☐ 입니다.

5 ☐☐ 은 공기보다 가벼워서 풍선 속에 넣
어 풍선을 공중에 띄울 때 사용합니다.

6 청정 연료로 전기를 만드는 데 이용되는 기체는
☐☐ 입니다.

7 조명 기구나 네온 광고에 주로 이용되는 기체는
☐☐ 입니다.

8 이산화 탄소 거품이 생기는 목욕제를 만들 때 탄
산수소 나트륨, ☐☐☐☐, 녹말이
필요합니다.

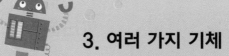
핵심 1

기체 발생 장치를 꾸미고 이산화 망가니즈에 묽은 과산화 수소 수를 흘려 보내면 기포가 발생하면서 집기병에 산소가 모입니다.

[1~3] 산소를 발생시키기 위한 기체 발생 장치입니다.

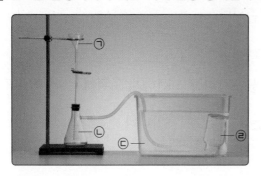

1 위 실험 장치에서 산소가 모아지는 곳은 어디인지 기호를 쓰시오.

( )

2 위 실험 장치를 이용하여 산소를 모을 때 필요한 물질 두 가지를 고르시오. (,)

① 묽은 염산
② 탄산 칼슘
③ 이산화 망가니즈
④ 묽은 과산화 수소수
⑤ 아이오딘-아이오딘화 칼륨 용액

3 위 실험 장치 중 ㉠의 이름은 무엇입니까?
( )

① 깔때기
② 집기병
③ 고무마개
④ 핀치 집게
⑤ 가지 달린 삼각 플라스크

핵심 2

산소는 색깔과 냄새가 없으며 다른 물질이 타는 것을 도와주고 금속을 녹슬게 합니다. 산소는 잠수부나 소방관의 압축 공기통, 응급 환자의 산소 호흡 장치, 산소 캔 등에 이용됩니다.

4 집기병에 모은 산소의 성질을 알아보려고 합니다. 산소의 색깔을 알아보는 방법으로 바른 것은 무엇입니까? ( )

① 흔들어 본다.
② 향불을 넣어 본다.
③ 손전등을 비춰 본다.
④ 석회수를 넣어 본다.
⑤ 흰 종이를 대어 본다.

5 산소의 성질로 바른 것은 무엇입니까? ( )

① 파란색을 띤다.
② 석회수를 뿌옇게 만든다.
③ 금속이 녹스는 것을 방지한다.
④ 향불을 넣으면 불꽃이 꺼진다.
⑤ 다른 물질이 타는 것을 돕는다.

6 산소가 이용되는 예가 <u>아닌</u> 것의 기호를 쓰시오.

㉠ 불을 끄는 데 이용된다.
㉡ 소방관의 압축 공기통에 이용된다.
㉢ 응급 환자의 호흡 장치에 이용된다.
㉣ 금속을 자르거나 붙일 때 이용된다.

( )

기체 발생 장치에서 진한 식초와 탄산수소 나트륨이 만나면 이산화 탄소가 발생합니다. 집기병 속 물의 높이가 낮아지는 것으로 보아 이산화 탄소가 발생한다는 것을 알 수 있습니다.

[7~9] 진한 식초와 탄산수소 나트륨으로 기체를 발생시키는 장치입니다.

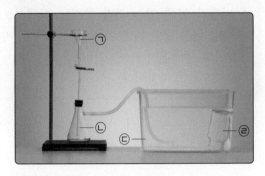

7 위에서 발생하는 기체는 무엇입니까? ( )

① 산소   ② 질소
③ 헬륨   ④ 수소
⑤ 이산화 탄소

8 위의 장치에서 기체가 발생하는 곳과 기체가 모아지는 곳은 각각 어디인지 기호를 쓰시오.

(1) 기체가 발생하는 곳: ( )
(2) 기체가 모아지는 곳: ( )

9 위의 장치에서 기체가 모아지는 것을 알 수 있는 방법은 무엇입니까? ( )

① 깔때기에서 거품이 난다.
② 집기병이 점점 떠오른다.
③ 집기병 속 물이 내려간다.
④ 수조 속 물의 색깔이 변한다.
⑤ 집기병 안이 점점 뿌옇게 흐려진다.

이산화 탄소는 색깔과 냄새가 없으며 물질이 타는 것을 막고, 석회수를 뿌옇게 만듭니다. 이산화 탄소는 소화기, 드라이아이스, 탄산음료의 재료로 이용됩니다.

10 이산화 탄소가 든 집기병에 석회수를 넣고 흔들었을 때 결과를 바르게 관찰한 것은 무엇입니까?
( )

① 거품이 난다.
② 붉은색으로 변한다.
③ 석회수가 뿌옇게 된다.
④ 서서히 온도가 올라간다.
⑤ 집기병 주변에 물방울이 맺힌다.

11 소화기는 이산화 탄소의 어떤 성질을 이용한 것입니까? ( )

① 주변의 온도를 낮추는 성질
② 톡 쏘는 기체를 만드는 성질
③ 물질이 타는 것을 막는 성질
④ 다른 물질이 타는 것을 돕는 성질
⑤ 주변의 물질을 뿌옇게 흐려지게 하는 성질

12 우리 생활에서 이산화 탄소가 이용되는 예는 어느 것입니까? ( )

① 네온 광고   ② 드라이아이스
③ 환자의 호흡 장치   ④ 우주선 추진 연료
⑤ 잠수부 압축 공기통

13 이산화 탄소에 대한 설명으로 바르지 않은 것은 무엇입니까? ( )

① 색깔이 없다.
② 식초와 같은 냄새가 난다.
③ 동물이 숨을 내쉴 때 나온다.
④ 드라이아이스를 만들 수 있다.
⑤ 식물이 광합성을 할 때 이용된다.

3 단원

핵심 5

기체에 압력을 약하게 가하면 부피가 조금 작아지고, 세게 가하면 많이 작아집니다. 액체에 압력을 가하면 세기에 관계 없이 부피에 변화가 없습니다.

[14~16] 주사기에 같은 양의 공기와 물을 각각 넣은 후 주사기 입구를 손가락으로 막고 피스톤을 눌러 보았습니다.

(가)

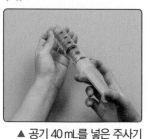

▲ 공기 40 mL를 넣은 주사기

(나)

▲ 물 40 mL를 넣은 주사기

14 위 실험에서 공기가 들어 있는 피스톤을 눌렀을 때의 변화로 바른 것은 무엇입니까? (   )

① 아무런 변화가 없다.
② 피스톤이 밖으로 밀려 나간다.
③ 피스톤이 안으로 조금 들어간다.
④ 피스톤 밖으로 바람이 빠져나간다.
⑤ 피스톤이 밖으로 밀려 나가다가 안으로 들어간다.

15 두 주사기 중 피스톤을 세게 눌렀을 때 부피 변화가 없는 것의 기호를 쓰시오.

(   )

16 위의 실험을 통해 알 수 있는 것은 무엇입니까?

(   )

① 액체가 기체보다 무겁다.
② 기체의 모양은 항상 일정하다.
③ 액체에 압력을 가하면 부피가 늘어난다.
④ 기체에 압력을 가하면 부피가 줄어든다.
⑤ 기체와 액체는 압력을 가해도 부피가 변하지 않는다.

핵심 6

비행기 안에 있는 과자 봉지는 땅에서보다 하늘을 나는 동안 더 많이 부풀어 오릅니다. 깊은 바닷속에서 잠수부의 날숨으로 생긴 공기 방울은 물 표면으로 올라갈수록 더 크게 부풀어 오릅니다.

17 (   ) 안에 알맞은 말을 각각 쓰시오.

비행기 안에 있는 과자 봉지는 땅에서보다 하늘을 나는 동안 더 많이 부풀어 오른다. 비행기 안의 압력은 (㉠   )보다 (㉡   )에서 더 낮기 때문이다.

㉠: (   )
㉡: (   )

18 깊은 바닷속에서 잠수부의 날숨으로 생긴 공기 방울의 모습을 바르게 관찰한 것은 어느 것입니까?

(   )

① 물방울의 크기가 일정하다.
② 아래쪽에 물방울이 더 많다.
③ 위로 갈수록 물방울이 더 많아진다.
④ 물방울의 크기가 아래쪽이 더 크다.
⑤ 물방울이 위로 갈수록 크게 부풀어 오른다.

19 생활 속에서 압력의 변화에 따라 기체의 부피가 달라지는 현상을 설명한 것입니다. (   ) 안에 알맞은 말을 쓰시오.

잠수부의 날숨으로 생긴 공기 방울이 물 표면으로 올라갈수록 커지는 것은 주위의 압력이 (   ) 때문이다.

(   )

핵심 7

기체는 온도에 따라 부피가 달라집니다.
온도가 높아지면 기체의 부피는 커지고, 온도가 낮아지면 기체의 부피는 작아집니다.

20 삼각 플라스크 입구에 고무풍선을 씌운 뒤 삼각 플라스크를 뜨거운 물과 얼음물이 든 비커에 각각 넣었을 때 풍선이 부풀어 오르는 것은 어느 물에 넣은 것인지 쓰시오.

( )

[21~22] 붉은색 물방울이 든 플라스틱 스포이트를 뒤집어서 뜨거운 물과 얼음물이 든 비커에 각각 넣고 변화를 관찰하였습니다.

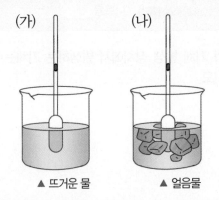

▲ 뜨거운 물   ▲ 얼음물

21 스포이트 속 물방울이 처음보다 위로 이동하는 것의 기호를 쓰시오.

( )

22 위 실험 결과로 알 수 있는 것은 무엇입니까?

( )

① 기체의 부피는 압력의 영향을 받는다.
② 기체의 부피는 온도가 높아지면 커진다.
③ 기체의 부피는 압력이 약해지면 작아진다.
④ 기체의 부피는 온도가 높아지면 작아진다.
⑤ 기체의 부피는 온도의 영향을 받지 않는다.

핵심 8

공기는 여러 가지 기체가 섞인 혼합물로 주로 질소와 산소로 이루어져 있습니다. 질소는 식품의 내용물을 보존하는 데 이용되고, 수소는 전기를 만드는 데, 네온은 조명 기구나 네온 광고, 헬륨은 풍선을 공중에 띄우는 용도로 이용됩니다.

23 공기의 대부분을 차지하는 기체 두 가지를 고르시오.

(,)

① 산소   ② 질소
③ 네온   ④ 아르곤
⑤ 이산화 탄소

24 공기 중에 두 번째로 많은 비율을 차지하며 호흡에 이용되는 기체는 무엇인지 쓰시오.

( )

25 식품의 내용물을 보존하거나 신선하게 보관하는 데 이용되는 기체는 무엇입니까? ( )

① 수소   ② 질소
③ 네온   ④ 아르곤
⑤ 이산화 탄소

26 비행선이나 풍선을 공중에 띄우는 용도로 이용하고, 목소리 변조에도 이용되는 기체는 무엇입니까?

( )

① 수소   ② 산소
③ 헬륨   ④ 네온
⑤ 아르곤

3
단원

[1~2] 산소를 발생시키기 위한 기체 발생 장치입니다.

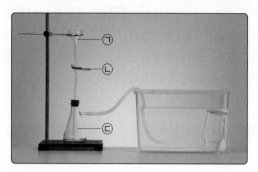

1 위 실험 장치에서 ⓛ 핀치 집게의 역할은 무엇입니까? ( )

① 깔때기를 고정시켜 준다.
② 깔때기의 액체를 조금씩 흘려 보낸다.
③ 집기병의 물이 내려가는 것을 막아 준다.
④ 발생하는 기체가 빠져나가지 않게 해 준다.
⑤ 가지 달린 삼각 플라스크 속 반응이 빠르게 일어나게 해 준다.

2 산소를 발생시키기 위해 묽은 과산화 수소수를 넣어야 하는 곳은 어디인지 기호를 쓰시오.

( )

3 위의 실험에서 산소가 발생할 때 ⓒ에서 관찰할 수 있는 현상으로 바른 것은 무엇입니까? ( )

① 뿌연 연기가 발생한다.
② 하얀색 알갱이가 생긴다.
③ 기포가 발생하면서 따뜻해진다.
④ 삼각 플라스크 표면에 물방울이 맺힌다.
⑤ 거품이 생기면서 점점 파란색으로 변한다.

4 다음은 어떤 기체에 대한 설명인지 쓰시오.

• 금속을 녹슬게 한다.
• 잠수부의 압축 공기통에 이용된다.
• 응급 환자의 호흡 장치에 이용된다.

( )

[5~7] 기체를 발생시키는 실험 장치입니다.

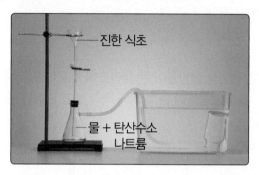

진한 식초

물 + 탄산수소 나트륨

5 위의 기체 발생 장치에서 발생하는 기체는 무엇인지 쓰시오.

( )

서술형

6 위 실험에서 기체가 발생하면 집기병 속에서는 어떤 변화가 나타나는지 쓰시오.

중요

7 위의 장치에서 모은 기체의 성질로 바르지 않은 것은 무엇입니까? ( )

① 색깔이 없다.
② 냄새가 없다.
③ 석회수를 뿌옇게 만든다.
④ 공기 중에 포함되어 있다.
⑤ 다른 물질이 타는 것을 돕는다.

8 이산화 탄소가 이용되는 예가 <u>아닌</u> 것은 어느 것입니까? (　　　　)

① 소화기의 재료로 이용된다.
② 자동 팽창식 구명조끼에 이용된다.
③ 드라이아이스를 만드는 데 이용된다.
④ 잠수부의 압축 공기통에 넣어 이용한다.
⑤ 탄산음료의 톡 쏘는 맛을 내는 데 이용된다.

[9~10] 공기가 든 주사기의 입구를 막고 피스톤을 누르는 모습입니다.

(가)　　　　　　　　　(나)

　　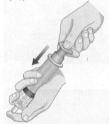

9 위에서 피스톤에 가한 압력이 더 센 것은 어느 것인지 기호를 쓰시오.

(　　　　　　　　　　)

 서술형

10 (가)와 (나) 주사기 속 공기의 부피 변화를 비교하여 쓰시오.

_____

_____

응용

11 주사기 안에 물과 공기를 모두 넣고 주사기의 입구를 막은 다음 피스톤을 눌렀을 때 부피의 변화가 나타나는 것은 물과 공기 중 무엇인지 쓰시오.

(　　　　　　　　　　)

12 다음과 같이 땅과 하늘의 비행기에서 과자 봉지의 부피 변화가 나타나는 까닭은 무엇입니까? (　　　　)

　▲ 땅　　　　　　　　▲ 하늘

① 땅에서 압력이 낮아지기 때문이다.
② 땅에서 온도가 낮아지기 때문이다.
③ 하늘에서 온도가 낮아지기 때문이다.
④ 하늘에서 압력이 낮아지기 때문이다.
⑤ 과자 봉지 안의 과자의 양이 늘어나기 때문이다.

13 설명 중 알맞은 말을 찾아 ○표 하시오.

> 깊은 바닷속에서 잠수부의 날숨으로 생긴 공기 방울은 물 표면으로 올라갈수록 주위의 압력이 (높아지기 , 낮아지기) 때문에 더 크게 부풀어 오른다. 이와 같이 (액체 , 기체)는 압력을 가한 정도에 따라 부피가 달라진다.

중요

14 기체의 부피와 압력과의 관계를 바르게 설명한 것은 어느 것입니까? (　　　　)

① 기체에 압력을 가하면 부피가 커진다.
② 기체에 압력을 가하면 부피가 작아진다.
③ 기체에 압력을 가하면 온도가 낮아진다.
④ 기체에 압력을 가하면 온도가 높아진다.
⑤ 기체에 압력을 가해도 부피 변화가 없다.

3

단원

[15~17] 삼각 플라스크 입구에 고무풍선을 씌운 뒤 뜨거운 물과 얼음물이 든 비커에 각각 넣었습니다.

(가)  (나)

15 위 실험 결과 고무풍선의 변화를 바르게 설명한 것은 무엇입니까? (   )

① (가)는 얼음물에 넣었을 때의 모습이다.
② (나)는 뜨거운 물에 넣었을 때의 모습이다.
③ (가)와 (나) 모두 고무풍선이 부풀어 오른다.
④ (가)는 고무풍선이 부풀어 오르고, (나)는 고무풍선이 오그라든다.
⑤ (가)의 삼각 플라스크를 (나)의 비커에 넣으면 고무풍선의 크기가 더 커질 것이다.

16 위의 실험을 통해 알 수 있는 사실을 설명한 것입니다. (   ) 안에 들어갈 알맞은 말을 쓰시오.

> (㉠   )에 따라 기체의 (㉡   )(이)가 달라진다.

㉠: (   )
㉡: (   )

17 위 실험 결과로 보아, 온도에 따른 기체의 부피 변화를 설명하시오.

_____

_____

18 물이 조금 담긴 페트병을 마개로 막아 냉장고에 넣어 두었을 때 페트병의 변화를 바르게 설명한 것은 무엇입니까? (   )

① 페트병이 찌그러진다.
② 페트병 안의 물이 언다.
③ 페트병이 부풀어 오른다.
④ 페트병 속 물의 부피가 늘어난다.
⑤ 페트병 속 공기의 부피가 늘어난다.

중요

19 우리 생활에서 네온이 이용되는 경우는 어느 것입니까? (   )

①
▲ 풍선

②
▲ 뷰테인 가스

③
▲ 금속 자르기

④
▲ 광고

⑤
▲ 자동차

20 다음에서 설명하고 있는 물질은 무엇입니까?
(   )

> 거품이 나는 목욕제를 만들 때, 이산화 탄소 거품을 발생시키기 위해 탄산수소 나트륨과 섞는 물질이며, 신맛이 나는 과일에 많이 들어 있다.

① 녹말
② 시트르산
③ 탄산 칼슘
④ 이산화 망가니즈
⑤ 묽은 과산화 수소수

1 기체 발생 장치를 꾸미고 기체를 모을 때 ㄱ 자 유리관을 집기병 입구에 두는 모습입니다. 바르게 장치를 꾸민 모습은 어느 것인지 ○표 하시오.

(가)   (나)

(   )   (   )

주의
2 기체 발생 장치로 산소를 발생시킬 때 산소를 물속에서 모으는 까닭은 무엇입니까? (   )

① 산소가 물에 잘 녹기 때문에
② 물속에서 산소가 더 많이 발생하므로
③ 산소가 모아지는 양을 쉽게 알 수 있기 때문에
④ 발생하는 산소의 색깔을 쉽게 알아볼 수 있기 때문에
⑤ 산소를 공기 중에서 모으면 불이 쉽게 붙어 화재의 위험이 있기 때문에

3 산소가 모아진 집기병에 향불을 넣으면 어떤 변화가 나타납니까? (   )

① 향불이 꺼진다.
② 향에서 연기만 난다.
③ 아무런 변화가 없다.
④ 향불이 더 잘 타오른다.
⑤ 향불이 꺼지면서 냄새가 강해진다.

4 보기 에서 산소가 우리 생활에 이용되는 경우는 어느 것인지 기호를 모두 쓰시오.

보기
㉠ 소화기	㉡ 파티용 풍선
㉢ 호흡 장치	㉣ 소방관 압축 공기통

(   )

[5~6] 이산화 탄소를 발생시키는 기체 실험 장치입니다.

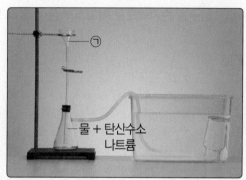

물 + 탄산수소 나트륨

응용
5 위 실험에서 ㉠에 넣는 물질은 산성과 염기성 중 어떤 성질의 물질인지 쓰시오.

(   )

6 위의 기체 발생 장치로 모은 기체의 성질을 알아보는 방법으로 바른 것을 모두 골라 기호를 쓰시오.

㉠ 석회수를 넣어 변화를 관찰한다.
㉡ 향불을 넣어 불꽃의 변화를 관찰한다.
㉢ 집기병에 코를 직접 대고 냄새를 맡는다.
㉣ 집기병 뒤에 손전등을 비춰 색깔을 관찰한다.

(   )

3
단원

서술형

7 소화기는 이산화 탄소의 어떤 성질을 이용한 것인지 쓰시오.

_____

8 석회수에 숨을 불어 넣었더니 석회수가 뿌옇게 흐려졌습니다. 이것으로 알 수 있는 날숨에 들어 있는 기체를 쓰시오.

( )

[9~10] 주사기 두 개에 각각 공기 40 mL와 물 40 mL를 넣은 후 주사기 입구를 손가락으로 막고 피스톤을 눌러 보았습니다.

(가)   (나)

▲ 공기를 넣은 주사기   ▲ 물을 넣은 주사기

9 (가)와 (나) 중 주사기의 피스톤이 안으로 들어가는 경우는 무엇인지 기호를 쓰시오.

( )

10 위의 실험 결과로 알 수 있는 것은 무엇입니까?

( )

① 압력을 가하면 기체의 부피는 커진다.
② 압력을 가하면 액체의 부피는 작아진다.
③ 압력을 가하면 기체보다 액체의 부피가 더 많이 작아진다.
④ 압력을 가하면 액체보다 기체의 부피가 더 많이 작아진다.
⑤ 압력의 세기와 관계없이 액체와 기체의 부피는 달라지지 않는다.

11 주사기 안에 다음 물질들을 각각 넣고 주사기 입구를 막은 후 피스톤을 같은 힘의 크기로 눌렀을 때, 피스톤이 가장 많이 들어가는 경우는 어떤 물질을 넣은 것입니까? ( )

① 물   ② 공기
③ 주스   ④ 모래
⑤ 사이다

12 따뜻한 젤리 액이 담긴 컵을 비닐 랩으로 씌워 냉장고에서 굳힌 뒤 살펴보니 비닐 랩이 오목하게 들어갔습니다. 비닐 랩이 오목하게 들어간 까닭을 알맞게 설명한 것의 기호를 쓰시오.

> (가) 온도가 높아지면서 기체의 부피가 커졌기 때문에
> (나) 온도가 낮아지면서 기체의 부피가 작아졌기 때문에
> (다) 압력이 낮아지면서 기체의 부피가 커졌기 때문에
> (라) 압력이 높아지면서 기체의 부피가 작아졌기 때문에

( )

13 삼각 플라스크 입구에 고무풍선을 씌운 뒤 삼각 플라스크를 뜨거운 물에 넣었을 때의 변화입니다. 이 실험에서 고무풍선의 크기를 변하게 한 가장 중요한 요인은 무엇입니까? ( )

① 물의 양   ② 물의 온도
③ 물의 압력   ④ 풍선의 무게
⑤ 비커의 크기

[14~15] 플라스틱 스포이트 관 가운데에 붉은색 물방울을 넣고, 스포이트를 뒤집어서 뜨거운 물과 얼음물이 담긴 비커에 각각 넣었습니다.

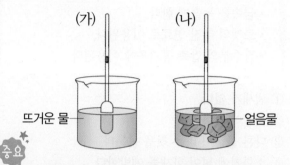

(가)　　(나)

뜨거운 물　　　　　　　　얼음물

중요

14 위 실험은 무엇을 알아보기 위한 것입니까?
(　　)

① 압력에 따른 액체의 부피 변화
② 압력에 따른 기체의 부피 변화
③ 온도에 따른 액체의 부피 변화
④ 온도에 따른 기체의 부피 변화
⑤ 압력에 따른 기체의 온도 변화

15 위 실험 결과에 알맞은 기호를 각각 쓰시오.

(1) 물방울이 처음보다 내려간다. (　　)
(2) 물방울이 처음보다 올라간다. (　　)

주의

16 온도에 따라 기체의 부피가 변하는 예가 <u>아닌</u> 것은 무엇입니까? (　　)

① 고무풍선이 하늘로 올라가면서 크기가 커졌다.
② 냉장고 속에 있던 그릇의 뚜껑이 잘 열리지 않는다.
③ 냉장고 속에 있던 물이 조금 담긴 페트병이 찌그러졌다.
④ 같은 타이어에 여름철과 겨울철에 넣는 공기의 양이 다르다.
⑤ 뜨거운 국물이 든 그릇을 비닐 랩으로 싸면 랩이 부풀어 오른다.

서술형

17 어느 여름날 오후에 햇볕이 내리쬐는 주차장에 차를 주차하고 한 시간 뒤 돌아왔더니 진아가 두고 내린 과자 봉지가 팽팽하게 부풀어 있었습니다. 그렇게 된 까닭을 온도와 기체와의 관계를 생각하여 설명하시오.

_____

_____

18 식품의 내용물을 보존하거나 신선하게 보관하는 데 이용되는 기체에 대한 설명으로 바른 것은 무엇입니까? (　　)

① 물을 증발시켜 얻는다.
② 공기에서 가장 많은 비율을 차지한다.
③ 친환경 에너지로 자동차 연료로 이용된다.
④ 거품을 많이 내어 목욕제 재료로 이용된다.
⑤ 물질이 타는 것을 막는 성질이 있어 소화기에 이용된다.

19 공기를 이루는 기체와 기체의 쓰임새를 바르게 짝 지은 것은 무엇입니까? (　　)

① 산소 – 전기를 만든다.
② 수소 – 비행선을 띄운다.
③ 질소 – 호흡 장치에 이용된다.
④ 헬륨 – 탄산음료의 재료가 된다.
⑤ 네온 – 조명 기구나 광고에 이용된다.

20 거품이 오래가는 목욕제를 만드는 데 필요한 재료끼리 바르게 짝 지은 것은 무엇입니까? (　　)

① 시트르산, 묽은 염산, 녹말
② 시트르산, 탄산수소 나트륨, 녹말
③ 탄산 칼슘, 탄수수소 나트륨, 녹말
④ 묽은 염산, 이산화 망가니즈, 녹말
⑤ 묽은 염산, 묽은 과산화 수소수, 녹말

[1~2] 기체 발생 장치입니다.

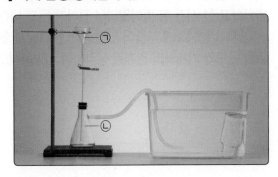

1 위 장치에서 산소를 발생시키기 위해 ㉠과 ㉡에 넣어야 하는 물질을 각각 쓰시오.

㉠: (   )

㉡: 물+(   )

2 위 실험 장치에서 ㉡에 물과 함께 넣는 물질에 대한 설명으로 바른 것은 무엇입니까? (   )

① 산소가 물에 녹는 것을 도와준다.
② 물과 반응하여 산소를 발생시킨다.
③ 산소 발생을 도와주는 역할을 한다.
④ 온도를 높여 반응이 잘 일어나게 한다.
⑤ 묽은 과산화 수소수와 직접 반응하여 기체를 발생시킨다.

3 위 기체 발생 장치에서 산소가 발생할 때 나타나는 현상으로 바른 것은 무엇입니까? (   )

① ㉡에서 기포가 발생한다.
② ㉡에서 물이 기체로 변한다.
③ 삼각 플라스크의 온도가 내려간다.
④ 집기병의 산소가 ㉡으로 이동한다.
⑤ 집기병 속 물의 높이가 점점 높아진다.

4 다음과 같은 특징을 가진 기체에 대한 설명으로 바르지 <u>않은</u> 것은 무엇입니까? (   )

• 금속을 녹슬게 한다.
• 로켓의 추진 연료로 이용된다.
• 잠수부의 압축 공기통에 이용된다.

① 냄새가 없다.
② 색깔이 없다.
③ 다른 물질이 타는 것을 돕는다.
④ 소화기에 넣어 화재를 예방한다.
⑤ 물에 잘 녹지 않아 물속에서 기체를 모은다.

[5~6] 기체 발생 장치를 꾸미고, 기체를 발생시키는 실험을 했습니다.

진한 식초
물 + 탄산수소 나트륨

5 위 장치의 집기병에 모이는 기체는 무엇인지 쓰시오.

(   )

서술형

6 위의 기체 발생 장치로 기체를 모을 때 물속에서 모으는 까닭을 한 가지 쓰시오.

_____

_____

7 집기병에 모인 이산화 탄소 기체를 확인하기 위해 가장 적당한 것은 무엇입니까? (   )

① 물
② 식초
③ 석회수
④ 드라이아이스
⑤ 이산화 망가니즈

8 이산화 탄소 기체를 모을 때 진한 식초 대신 사용할 수 있는 액체는 무엇입니까? (   )

① 레몬즙
② 석회수
③ 비눗물
④ 탄산 칼슘
⑤ 묽은 과산화 수소수

[9~11] 같은 양의 공기와 물을 각각 주사기에 넣고 주사기 입구를 손가락으로 막은 후 피스톤을 눌러 보았습니다.

(가)

▲ 공기를 넣은 주사기

(나)

▲ 물을 넣은 주사기

9 주사기 피스톤을 눌렀을 때 피스톤이 들어가는 것은 어느 것인지 기호를 쓰시오.

(   )

10 위 9번에서 피스톤이 안으로 들어가는 까닭은 무엇입니까? (   )

① 주사기 안으로 물이 들어가기 때문에
② 주사기의 피스톤이 헐거워졌기 때문에
③ 주사기 안 공기의 부피가 늘어났기 때문에
④ 주사기 안 공기의 부피가 줄어들었기 때문에
⑤ 주사기 안에서 공기가 밖으로 빠져나갔기 때문에

서술형

11 앞의 9번 실험을 통해 알 수 있는 압력과 기체의 부피와의 관계를 쓰시오.

_____

_____

12 압력을 가했을 때 부피가 달라지는 것은 어느 것입니까? (   )

① 물
② 산소
③ 사과즙
④ 포도 주스
⑤ 오렌지 주스

13 높은 산에서 빈 페트병을 마개로 닫고, 산 아래로 내려오면 페트병이 찌그러져 있는 것을 볼 수 있습니다. 그 까닭을 바르게 설명한 것은 무엇입니까?

(   )

① 산 아래의 압력이 낮기 때문에
② 높은 산 위의 압력이 낮기 때문에
③ 높은 산과 산 아래는 온도가 다르기 때문에
④ 페트병 안의 기체는 높은 산 위에서 얼기 때문에
⑤ 산 아래에서 페트병 속 공기의 부피가 커졌기 때문에

14 찌그러진 탁구공을 뜨거운 물에 넣었을 때의 변화로 예상할 수 있는 것을 두 가지 고르시오. (,   )

① 탁구공 속 공기의 부피가 커진다.
② 탁구공의 찌그러진 부분이 펴진다.
③ 탁구공 속 공기의 부피가 작아진다.
④ 탁구공 속으로 뜨거운 물이 들어간다.
⑤ 탁구공 밖의 물의 부피가 커지면서 더 찌그러진다.

3
단원

15 삼각 플라스크 입구에 고무풍선을 씌운 뒤 뜨거운 물이 든 비커에 넣었을 때 나타나는 변화와 같은 원리를 모두 골라 기호를 쓰시오.

> ㉠ 하늘을 나는 비행기 안에서 과자 봉지가 부풀어 오른다.
> ㉡ 난로 주변에 있는 풍선이 더 부풀어 오른다.
> ㉢ 에어 농구화는 점프하고 내려올 때 충격이 덜 하다.
> ㉣ 뜨거운 음식을 비닐 랩으로 포장하면 비닐 랩이 볼록하게 부풀어 오른다.

(   )

16 오른쪽과 같이 빨간색 물방울이 들어 있는 플라스틱 스포이트를 뒤집어 얼음물이 든 비커에 넣었을 때 일어나는 변화를 두 가지 고르시오.
(,   )

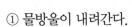

① 물방울이 내려간다.
② 물방울이 올라간다.
③ 스포이트 속 기체의 부피가 커진다.
④ 스포이트 속 기체의 부피가 작아진다.
⑤ 스포이트 안으로 물이 들어가서 물방울을 밀어낸다.

17 위 **16**번 실험을 통해 알게 된 사실을 정리한 것입니다. ( ) 안에 들어갈 알맞은 말을 각각 쓰시오.

> 온도가 높아지면 기체의 부피는 (㉠),
> 온도가 낮아지면 기체의 부피는 (㉡).

㉠: (   )
㉡: (   )

18 공기보다 가벼워서 비행선이나 놀이 공원의 풍선 안에 넣어 공기 중으로 띄울 때 주로 사용하는 기체는 무엇인지 쓰시오.

(   )

19 과자 봉지에 질소 대신 산소를 채웠을 때 일어날 수 있는 현상을 모두 고르시오.

> ㉠ 벌레가 생기기 쉽다.
> ㉡ 미생물이 생길 수 있다.
> ㉢ 과자가 더 빨리 상할 수 있다.
> ㉣ 영양소가 더욱 풍부해질 것이다.
> ㉤ 과자 봉지가 더 부풀어 오를 것이다.

(   )

20 여러 가지 기체를 우리 생활에 이용한 경우입니다. 바르게 이용한 것은 무엇입니까? (   )

① 질소 – 전기를 만든다.
② 산소 – 탄산음료에 이용된다.
③ 네온 – 네온 광고에 이용된다.
④ 헬륨 – 호흡 장치에 이용된다.
⑤ 이산화 탄소 – 비행선을 띄우는 용도로 이용된다.

[1~3] 기체 발생 장치를 이용하여 산소를 발생시키는 실험입니다.

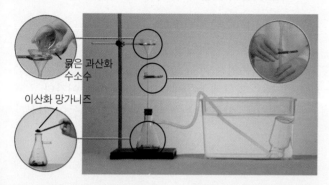

묽은 과산화 수소수

이산화 망가니즈

1 위와 같은 실험 장치를 꾸밀 때 필요한 준비물이 **아닌** 것은 무엇입니까? (   )

① 수조　　　　　　② 비커
③ 깔때기　　　　　④ 집기병
⑤ 가지 달린 삼각 플라스크

2 위 장치를 꾸밀 때 주의해야 할 점을 바르게 말한 친구는 누구인지 쓰시오.

- 지우: ㄱ자 유리관을 집기병 속으로 너무 깊이 넣지 않아야 해.
- 준하: 수조에 물을 가득 채워서 덮어야 해.
- 한결: 가지 달린 삼각 플라스크의 가지 부분에 고무관을 끼우고 깔때기를 연결해.
- 민찬: 핀치 집게는 집기병 안에 넣어 물이 넘치지 않도록 하는 기구야.

(   )

3 위 실험에서 모아진 기체의 여러 가지 특징을 알아보려고 합니다. 바른 설명은 어느 것입니까? (   )

① 물을 섞어 맛을 본다.
② 냄새는 직접 맡아야 정확하게 알 수 있다.
③ 색깔은 집기병 뒤에 흰 종이를 대고 관찰한다.
④ 집기병을 물속에서 꺼낸 후 공기 중에서 유리판을 덮는다.
⑤ 순수한 산소를 얻기 위해서는 물속에 오랫동안 집기병을 담가 두어야 한다.

4 산소가 든 집기병에 향불을 넣었더니 불꽃이 더 커지며 잘 탔습니다. 이것으로 알 수 있는 산소의 성질을 쓰시오.

_____

5 기체 발생 장치를 이용하여 이산화 탄소를 발생시킬 때 필요한 물질을 두 가지 고르시오. (,   )

① 사이다　　　　　② 진한 식초
③ 석회수　　　　　④ 이산화 망가니즈
⑤ 탄산수소 나트륨

3
단원

6 이산화 탄소를 물속에서 모으는 까닭입니다. (   ) 안에 들어갈 알맞은 말에 ○표 하시오.

이산화 탄소가 모아질수록 집기병 속의 물이 점점 (올라가므로, 내려가므로) 모아진 이산화 탄소의 (양, 색깔)을 쉽게 확인할 수 있다.

7 보기 중 기체 발생 장치로 모은 기체가 산소인지, 이산화 탄소인지 구별할 수 있는 방법을 모두 골라 기호를 쓰시오.

보기
㉠ 향불을 넣어 본다.
㉡ 기체가 들어 있는 집기병에 석회수를 넣고 흔든다.
㉢ 흰 종이를 대고 색깔을 관찰한다.
㉣ 손으로 바람을 일으켜 냄새를 맡아 본다.

(   )

8 이산화 탄소가 이용되는 예가 <u>아닌</u> 것의 기호를 쓰시오.

> ㉠ 소화기
> ㉡ 탄산음료
> ㉢ 드라이아이스
> ㉣ 응급 환자 호흡 장치

( )

9 생활 속에서 이산화 탄소 기체를 모을 수 있는 경우가 <u>아닌</u> 것의 기호를 쓰시오.

> (가) 드라이아이스를 이용하여 모은다.
> (나) 탄산음료를 흔들어 기체를 모은다.
> (다) 레몬즙과 탄산수소 나트륨을 반응시킨다.
> (라) 묽은 과산화 수소수와 아이오딘화 칼륨을 반응시킨다.

( )

[10~12] 주사기에 같은 양의 공기와 물을 넣은 다음, 주사기 입구를 막고 피스톤을 누르면서 변화를 관찰하였습니다.

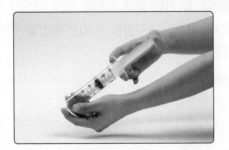

10 공기와 물 중 주사기 안의 부피가 작아지는 것은 무엇을 넣었을 때인지 쓰시오.

( )

11 앞의 10번 실험에서 피스톤을 세게 누를 때의 변화로 바른 것은 무엇입니까? ( )

① 피스톤이 튕겨 나온다.
② 피스톤의 움직임이 없다.
③ 피스톤이 끝까지 들어간다.
④ 물은 약하게 누를 때보다 더 많이 들어간다.
⑤ 공기는 약하게 누를 때보다 더 많이 들어간다.

12 위 11번 같은 현상이 일어나는 까닭은 무엇입니까?

( )

① 액체는 기체보다 무겁기 때문에
② 기체는 무게를 가지고 있기 때문에
③ 기체에 압력을 가하면 무게가 변하기 때문에
④ 기체에 압력을 가하면 부피가 변하기 때문에
⑤ 기체에 압력을 가하면 온도가 변하기 때문에

서술형

13 오른쪽과 같이 공기와 물을 함께 넣은 플라스틱 스포이트의 끝부분을 막고 스포이트 머리 부분을 누르면 공기의 부피는 어떻게 달라지는지 쓰시오.

14 기체의 부피와 압력과의 관계를 바르게 설명한 것에 ○표 하시오.

(1) 물은 압력을 가해도 부피가 달라지지 않지만 공기는 압력을 가하면 부피가 달라집니다. ( )
(2) 잠수부의 날숨으로 생긴 공기 방울은 물 표면으로 올라갈수록 압력이 높아져서 더 크게 부풀어 오릅니다. ( )
(3) 하늘을 나는 비행기 안의 압력은 땅보다 더 낮기 때문에 과자 봉지가 더 부풀어 오릅니다. ( )

[15~17] 삼각 플라스크 입구에 고무풍선을 씌운 뒤 삼각 플라스크를 뜨거운 물과 얼음물이 든 비커에 각각 넣었습니다.

▲ 뜨거운 물

▲ 얼음물

15 위 실험에서 고무풍선 속 공기의 부피에 영향을 주는 요인은 무엇입니까? (   )

① 압력　　　　　② 온도
③ 무게　　　　　④ 물의 양
⑤ 삼각 플라스크 모양

서술형

16 위 실험에서 뜨거운 물이 든 비커에 넣은 삼각 플라스크의 고무풍선이 부풀어 오른 까닭을 쓰시오.

_____

_____

17 위 실험에서 얼음물이 든 비커에 넣은 삼각 플라스크의 고무풍선과 같은 원리로 기체의 부피가 달라지는 경우는 어느 것입니까? (   )

① 여름철에는 타이어에 공기를 적게 넣는다.
② 찌그러진 탁구공을 따뜻한 물에 넣으면 펴진다.
③ 난로 주변에 풍선을 두면 풍선이 부풀어 오른다.
④ 냉장고에 있던 찌그러진 페트병을 밖으로 꺼내면 다시 펴진다.
⑤ 따뜻한 밥을 담은 도시락이 식으면 뚜껑이 잘 열리지 않는다.

18 보기 는 공기에 대한 설명입니다. 바르게 설명한 것을 골라 기호를 쓰시오.

보기
㉠ 여러 가지 기체가 섞인 혼합물이다.
㉡ 대부분 수소와 산소로 이루어져 있다.
㉢ 공기는 하나의 기체로 이루어지며 생물의 호흡에 이용된다.

(   )

19 우리 생활에서 질소가 이용되는 경우는 어느 것입니까? (   )

① 　　②

③ 　　④

⑤

20 친환경 청정 연료로, 전기를 만드는 데 이용되는 기체는 무엇입니까? (   )

① 산소　　　　　② 수소
③ 네온　　　　　④ 아르곤
⑤ 이산화 탄소

1 기체 발생 장치에서 발생하는 기체는 무엇인지 쓰고, 기체가 모아지는 것을 확인할 수 있는 방법을 쓰시오.

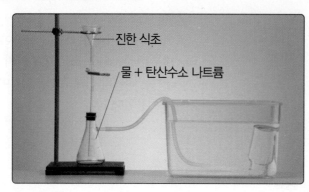

진한 식초

물 + 탄산수소 나트륨

(1) 발생하는 기체: (   )

(2) 기체가 모아지는 것을 확인할 수 있는 방법: _____

_____

이산화 탄소 발생시키기

• 진한 식초와 탄산수소 나트륨이 반응하면 이산화 탄소가 발생합니다.

• 이산화 탄소는 가지 달린 삼각 플라스크에서 발생하며, 집기병으로 모아집니다.

• 집기병에 기체가 모아지면서 집기병 속 물이 점점 아래로 내려가고, 수조의 물은 점점 올라갑니다.

2 산소와 이산화 탄소가 모아진 각각의 집기병에 향불을 넣어 불꽃의 변화를 관찰하려고 합니다. 향불을 이용해 각각의 기체를 구별할 수 있는 방법을 쓰시오.

_____

_____

산소와 이산화 탄소의 성질 비교

• 산소는 다른 물질이 타는 것을 돕는 성질이 있어서 금속을 자르거나 붙일 때, 소방관이 사용하는 압축 공기통 등에 이용됩니다.

• 이산화 탄소는 물질이 타는 것을 막는 성질이 있어서 소화기에 이용됩니다.

3 주사기 두 개에 각각 공기 40 mL, 물 40 mL를 넣고 주사기 입구를 손가락으로 막은 다음 피스톤을 눌러 보았습니다. 피스톤이 들어가는 것은 무엇을 넣은 것인지 쓰고, 압력을 가할 때 액체와 기체의 부피 변화에 대해 설명하시오.

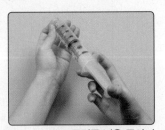

▲ 공기를 넣은 주사기

▲ 물을 넣은 주사기

(1) 피스톤이 들어가는 것: _____

_____

(2) 압력을 가할 때 액체와 기체의 부피 변화: _____

_____

_____

압력에 따른 기체의 부피 변화

• 기체는 압력에 따라 부피가 변합니다.
• 압력을 세게 가하면 기체의 부피는 많이 작아지고, 압력을 약하게 가하면 기체의 부피는 조금 작아집니다.
• 액체는 압력을 가해도 부피의 변화가 없습니다.

3 단원

4 냉장고 안에서 찌그러져 있던 페트병을 냉장고 밖으로 꺼내 놓았을 때 어떻게 되는지 쓰고 그 까닭을 설명하시오.

▲ 냉장고 속

▲ 냉장고 밖

_____

_____

온도에 따른 기체의 부피 변화

• 기체는 온도에 따라 부피가 변합니다.
• 온도가 높아지면 기체의 부피는 커지고, 온도가 낮아지면 기체의 부피는 작아집니다.

4. 식물의 구조와 기능

식물의 생김새를 몸으로 표현하기

(1) 뿌리, 줄기, 잎 놀이하기: 뿌리, 줄기, 잎을 나타내는 동작과 놀이 규칙 정하기 → 두 사람이 짝이 되어 놀이하기 → 식물 각 부분의 생김새를 나타내는 동작과 놀이 규칙을 바꿔가며 놀이하기

(2) 뿌리, 줄기, 잎 놀이의 규칙 → 가위바위보를 하고 이긴 사람이 먼저 공격합니다.

① 공격하는 사람과 방어하는 사람은 "뿌리 줄기 잎"을 외치며 뿌리, 줄기, 잎 동작 중 한 가지 동작을 합니다.

② 방어하는 사람이 공격하는 사람과 같은 동작을 할 때까지 공격을 계속합니다.

③ 더 적은 횟수로 공격에 성공한 사람이 승리합니다.

→ 모든 세포가 크기가 작은 것은 아닙니다. 개구리알, 달걀, 타조알 등은 크기가 큰 세포에 속합니다.

식물을 ✱이루는 세포는 어떻게 생겼을까요?

(1) 식물 세포 관찰하기

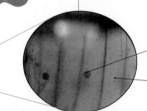

→ 양파 표피 세포는 벽돌이 쌓여 있는 것처럼 보입니다.

✱핵은 둥근 모양이며 염색 되어 붉게 보입니다.

각 세포별로 모양이 다릅니다.

▲ 양파 ✱표피 세포

구조	역할
핵	유전 정보를 포함하고 있으며 생명 활동을 조절한다.
세포막	세포 내부와 외부를 드나드는 물질의 출입을 조절한다.
세포벽	세포의 모양을 일정하게 유지시키고 세포를 보호한다.

(2) 식물 세포와 동물 세포의 공통점과 차이점

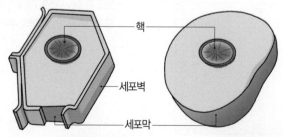

핵
세포벽
세포막

▲ 식물 세포　　　　▲ 동물 세포

공통점	• 핵과 세포막이 있다. • 크기가 매우 작아 맨눈으로 관찰하기 어렵다.
차이점	• 식물 세포에는 세포벽이 있고 동물 세포에는 세포벽이 없다.

→ 식물 세포는 세포벽, 세포막, 핵으로 이루어져 있다.

▲ 양파 비늘잎 안쪽에 면도칼로 칼금 을 긋고 핀셋으로 표피를 벗겨 냅 니다.

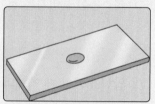

▲ 받침 유리 위에 표피를 올리고 물 을 한 방울 떨어뜨립니다.

▲ 덮개 유리를 덮습니다.

▲ 덮개 유리 속으로 염색액을 흘려 보냅니다.

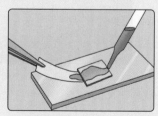

▲ 반대쪽에서 거름종이로 염색액을 흡수합니다.

광학 현미경

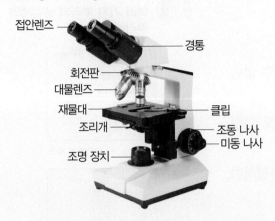

- 접안렌즈
- 경통
- 회전판
- 대물렌즈
- 재물대
- 클립
- 조리개
- 조동 나사
- 미동 나사
- 조명 장치

- 두 눈 사이의 거리에 맞게 접안렌즈의 간격을 맞춥니다.
- 상을 보면서 조동 나사와 미동 나사를 돌려 초점을 맞춥니다.

식물 세포의 구조

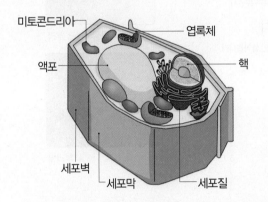

- 미토콘드리아
- 엽록체
- 액포
- 핵
- 세포벽
- 세포막
- 세포질

- 식물 세포는 세포벽과 세포막, 핵 외에도 엽록체, 미토콘드리아, 액포 등 다양한 기관들로 이루어져 있습니다.
- 특히 식물 세포에는 동물 세포에 없는 엽록체와 액포, 세포벽이 있습니다.

용어풀이

- ✹ 세포 생명을 이루는 기본 단위로 모든 생물은 세포로 이루어짐.
- ✹ 핵 유전적인 정보를 가지고 있으며 생명 유지를 위한 활동을 조절하는 곳
- ✹ 표피 동물이나 식물 각 부분의 표면을 덮는 세포층

개념을 확인해요

1 모든 생물은 ☐☐로 이루어져 있습니다.

2 세포는 크기와 ☐☐이 다양하고 그에 따라 하는 일도 다릅니다.

3 세포는 크기가 매우 작아 광학 ☐☐☐으로 관찰합니다.

4 양파의 ☐☐ 세포는 벽돌이 쌓여 있는 것처럼 보입니다.

5 양파의 표피 세포 가운데에는 ☐이 있습니다.

6 식물 세포와 동물 세포에는 모두 ☐☐ ☐과 핵이 있습니다.

7 식물 세포에서 세포 모양을 유지하고 세포를 보호하는 역할을 하는 것은 ☐☐☐입니다.

8 ☐☐ 세포에는 세포벽이 있고, ☐☐ 세포에는 세포벽이 없습니다.

4. 식물의 구조와 기능

뿌리의 생김새와 하는 일을 알아볼까요?

(1) 식물의 뿌리 [탐구1]

① 식물은 대부분 뿌리, 줄기, 잎으로 이루어져 있습니다.

② 뿌리는 주로 땅속으로 자라기 때문에 눈으로 쉽게 관찰할 수 없습니다.

③ 고추나 민들레처럼 굵고 곧은 뿌리에 가는 뿌리들이 난 것도 있습니다.

④ 파나 강아지풀처럼 굵기가 비슷한 뿌리가 여러 가닥으로 수염처럼 난 것도 있습니다.

⑤ 뿌리에는 솜털처럼 가는 뿌리털이 나 있습니다.

(2) 뿌리의 흡수 기능 알아보기

① 실험 방법

• 새 뿌리가 자란 양파 한 개는 뿌리를 자르고 다른 한 개는 그대로 둡니다.

• 크기가 같은 비커 두 개에 같은 양의 물을 담아 양파의 밑부분이 물에 닿도록 각각 올려놓은 뒤 빛이 잘 드는 곳에 놓아둡니다.

└ 약 2~3일 동안 놓아둡니다.

② 실험 결과

구분	뿌리를 자르지 않은 양파	뿌리를 자른 양파
관찰 모습		
결과	물이 많이 줄어들었다.	물이 조금 줄어들었다.

• 두 비커에서 줄어든 물의 양이 다른 까닭: 뿌리를 자르지 않은 양파는 물을 흡수했지만 뿌리를 자른 양파는 물을 거의 흡수하지 못했기 때문입니다.

• 실험으로 알게 된 뿌리의 기능: 뿌리는 물을 흡수하는 역할을 합니다.

(3) 뿌리의 기능 [탐구2]

┌ • 식물이 강한 바람에도 잘 쓰러지지 않습니다.

① 뿌리는 땅속으로 뻗어 물을 흡수하고 식물을 지지합니다.

② 뿌리털은 물을 더 잘 흡수하도록 해 줍니다.

③ 무, 당근 고구마처럼 양분을 뿌리에 저장하는 식물도 있습니다.

└ • 양분을 저장하기 때문에 뿌리가 굵고 단맛이 납니다.

탐구1 여러 가지 뿌리의 생김새와 뿌리털

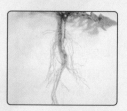

▲ 민들레 뿌리

▲ 파 뿌리

▲ 담쟁이덩굴 뿌리

▲ 뿌리털

탐구2 뿌리의 저장 기능

▲ 당근 뿌리

▲ 고구마 뿌리

뿌리의 구조

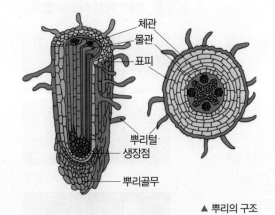

▲ 뿌리의 구조

· 체관: 잎에서 만든 양분이 이동합니다.
· 물관: 뿌리에서 흡수한 물이 이동합니다.
· 표피: 뿌리 내부를 보호합니다.
· 뿌리털: 흙에서 물을 흡수합니다.
· 생장점: 뿌리를 길게 자라게 합니다.
· 뿌리골무: 생장점을 보호합니다.

개념을 확인해요

1 식물은 대부분 ☐☐, 줄기, 잎으로 이루어져 있습니다.

2 식물 뿌리에는 솜털처럼 가는 ☐☐☐이 있습니다.

3 뿌리털은 ☐을 흡수하는 역할을 합니다.

4 뿌리가 있는 양파와 뿌리를 자른 양파를 같은 양의 물이 담긴 비커에 올려놓고 2~3일 후 물의 양을 비교하는 실험은 뿌리의 ☐☐ 기능을 알아보기 위한 것입니다.

5 ☐☐를 자른 양파는 물을 거의 흡수하지 못하고, 자르지 않은 양파는 물을 흡수합니다.

6 식물의 뿌리는 ☐을 흡수하는 역할을 합니다.

7 식물의 ☐☐는 식물이 쓰러지지 않게 지지하는 역할을 합니다.

8 고구마와 당근은 뿌리에 ☐☐을 저장하므로 굵고 단맛이 납니다.

4

단원

4. 식물의 구조와 기능

교과서
78~79쪽

줄기의 생김새와 하는 일을 알아볼까요?

(1) 식물의 줄기

① 식물의 줄기에는 땅속으로 뻗은 뿌리가 이어져 있고 햇빛을 향해 펼쳐진 잎도 나 있습니다.

② 식물의 종류에 따라 줄기의 생김새가 매우 다양합니다.

(2) 줄기의 생김새 탐구1

① 곧은줄기: 굵고 곧게 자랍니다.(예 소나무) → 나무줄기의 껍질에는 두껍고 특이한 무늬가 있습니다.

② 기는줄기: 가늘고 길어 땅 위를 기는 듯이 뻗어 자랍니다.(예 고구마)

③ 감는줄기: 다른 물체를 감아 올라가면서 자랍니다.(예 나팔꽃)

④ 줄기는 햇빛을 많이 받기 위해 다른 식물을 감거나 기대는 등 높이 올라갈 수 있는 특별한 방법을 가집니다.

⑤ 줄기의 겉은 꺼칠꺼칠하거나 매끈한 껍질로 싸여 있습니다.

⑥ 식물 줄기의 껍질은 해충이나 세균 등의 침입을 막고, 추위와 더위로부터 식물을 보호합니다.

(3) 줄기에서 물의 이동 알아보기 실험1

① 붉은 색소 물에 넣어 둔 백합 줄기의 단면 → 백합꽃이 붉게 물들고 가장자리가 진하게 물듭니다.

▲ 백합 줄기의 가로 단면   ▲ 백합 줄기의 세로 단면

② 가로로 잘랐을 때: 붉은색으로 물든 부분이 줄기에 퍼져 있습니다.

③ 세로로 잘랐을 때: 붉은색으로 물든 선이 세로로 여러 개 나타났습니다.

④ 백합 줄기의 단면에서 색소 물이 든 부분으로 알 수 있는 것: 뿌리에서 흡수한 물이 줄기를 지나 잎으로 이동한 것을 알 수 있습니다.

⑤ 실험으로 알게 된 줄기의 하는 일: 줄기는 물이 이동하는 통로 역할을 합니다.

(4) 줄기의 하는 일

① 줄기는 식물을 지지하고 양분을 저장합니다.

② 뿌리에서 흡수한 물이 이동하는 통로 역할을 합니다.

③ 뿌리에서 흡수한 물이 줄기의 통로를 거쳐 식물 전체로 이동합니다.

탐구 탐구1 **여러 가지 식물의 줄기**

▲ 소나무(곧은줄기)

▲ 고구마(기는줄기)

▲ 나팔꽃(감는줄기)

실험1 **줄기에서 물의 이동 알아보는 실험**

붉은 색소 물에 넣어 둔 백합 줄기를 가로, 세로로 잘라 단면을 관찰합니다.

줄기의 구조와 기능

- 식물의 줄기는 다양한 겉모양을 가진 껍질로 싸여 있습니다.
- 껍질은 외부의 침입을 막아 주면서 추위와 더위로부터 식물을 보호합니다.
- 식물 줄기 속에는 물이 이동하는 통로인 물관이 있습니다.
- 뿌리에서 흡수한 물은 줄기 속 물관을 통하여 잎까지 이동합니다.
- 식물을 지탱해 주면서 잎이 붙어 있도록 합니다.
- 뿌리와 잎을 연결해 줍니다.
- 양분을 저장합니다.

▲ 감자의 알줄기

개념을 확인해요

1 식물의 ☐☐에는 뿌리와 잎이 연결되어 있습니다.

2 줄기는 식물의 종류에 따라 ☐☐☐가 다양합니다.

3 소나무와 나팔꽃 중 줄기가 굵고 곧은 것은 ☐☐☐입니다.

4 식물 줄기의 겉은 꺼칠꺼칠하거나 매끈한 ☐☐이 있어 식물을 보호합니다.

5 붉은 색소 물에 넣어 둔 백합 줄기를 가로로 자르면 ☐☐색으로 물든 부분이 줄기에 퍼져 있습니다.

6 식물의 줄기는 ☐이 이동하는 통로 역할을 합니다.

7 뿌리에서 흡수한 물은 ☐☐를 통해 식물 전체로 이동합니다.

8 감자는 줄기에 ☐☐을 저장합니다.

4
단원

4. 식물의 구조와 기능

잎이 하는 일을 알아볼까요?

(1) 식물이 양분을 얻는 방법

① 식물은 빛을 이용해 스스로 필요한 양분을 만듭니다.

② 식물은 잎에서 빛, 물, ★이산화 탄소를 이용해 양분을 만듭니다.

(2) 잎에서 만든 양분 확인하기 실험1

① 실험 방법

• 크기가 비슷한 ★모종 두 개를 빛이 잘 드는 곳에 둡니다.

• 모종 한 개에는 어둠상자를 씌우고, 다른 한 개에는 씌우지 않습니다. → 하나의 모종에만 어둠상자를 씌운 까닭은 빛을 받은 잎과 받지 않은 잎으로 구분하여 차이를 비교하기 위해서입니다.

• 다음 날 오후 각각의 모종에서 잎을 땁니다.

• 큰 비커에 뜨거운 물을 담고 알코올이 든 작은 비커에는 각 모종에서 딴 잎을 넣습니다.

• 작은 비커를 뜨거운 물이 들어 있는 큰 비커에 넣은 뒤 유리판으로 덮습니다.

• 작은 비커에서 꺼낸 잎을 따뜻한 물로 헹군 뒤 페트리 접시에 놓고 아이오딘-아이오딘화 칼륨 용액을 떨어뜨려 색깔 변화를 관찰합니다. → 아이오딘-아이오딘화 칼륨 용액은 녹말과 반응하면 청람색으로 변합니다. 따라서 감자, 밥 등에서도 색깔 변화를 볼 수 있습니다.

② 실험 결과

구분	빛을 받지 못한 잎	빛을 받은 잎
실험 결과	색깔 변화가 없다.	청람색으로 변했다.

• 햇빛을 받은 잎에서 만들어진 양분은 ★녹말이라는 것을 알 수 있습니다.

• 실험으로 알게 된 사실: 빛을 받은 잎에서만 녹말이 만들어졌다는 것을 알 수 있습니다.

(3) 잎이 하는 일

① 잎은 ★광합성을 통해 녹말을 만듭니다.

② 광합성: 식물이 빛과 이산화 탄소, 뿌리에서 흡수한 물을 이용하여 스스로 양분을 만드는 과정으로, 주로 잎에서 이루어집니다.

③ 잎에서 만들어진 양분은 줄기를 거쳐 뿌리, 줄기, 열매 등 필요한 부분으로 운반되어 사용되거나 저장됩니다.

④ 잎 모양이 대부분 납작한 까닭: 양분을 만들 때 필요한 빛을 더 많이 받기 위해서입니다. → 잎이 납작하면 양분을 만들 때 필요한 빛을 더 많이 받을 수 있습니다.

실험1 **녹말 확인하기**

• 빛을 받은 잎의 엽록소를 제거한 후 아이오딘 – 아이오딘화 칼륨 용액을 떨어뜨리면 잎이 청람색으로 변합니다.

• 빛을 받은 잎에 녹말이 들어 있다는 것을 알 수 있습니다.

광합성과 양분의 이동

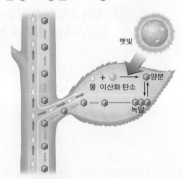

- 잎에서 광합성을 통해 녹말을 만듭니다.
- 잎에서 만든 양분은 줄기를 거쳐 필요한 부분으로 운반되어 사용되거나 저장됩니다.

아이오딘-아이오딘화 칼륨 용액

아이오딘-아이오딘화 칼륨 용액은 녹말과 반응하여 청람색으로 변하는 특징이 있습니다. 따라서 녹말이 들어 있는 감자, 밥 등에 이 용액을 떨어뜨리면 청람색으로 변합니다.

▲ 아이오딘-아이오딘화 칼륨 용액을 떨어뜨린 감자

용어풀이

- ✦이산화 탄소 탄소와 산소로 이루어진 기체로 공기 중에 포함되어 있음.
- ✦모종 옮겨 심어서 크게 키우기 위해 가꾼 어린 식물
- ✦녹말 녹색 식물의 엽록체에서 광합성에 의해 만들어진 탄수화물
- ✦광합성 식물이 빛, 이산화 탄소, 물을 이용해 스스로 양분을 만드는 과정

개념을 확인해요

1 식물은 빛을 이용해 필요한 ☐☐을 스스로 만듭니다.

2 어둠상자를 씌우지 않았던 모종에서 잎을 딴 후 엽록소를 제거하고 아이오딘-아이오딘화 칼륨 용액을 떨어뜨리면 색깔이 ☐☐☐으로 변합니다.

3 식물이 빛, 이산화 탄소, 물을 이용하여 스스로 양분을 만드는 것을 ☐☐☐이라고 합니다.

4 광합성은 주로 ☐에서 일어납니다.

5 광합성으로 만들어진 양분은 ☐☐입니다.

6 광합성을 하기 위해서는 ☐, 물, 이산화 탄소가 필요합니다.

7 ☐에서 만든 양분은 줄기를 거쳐 뿌리, 줄기, 열매 등 필요한 부분으로 운반되어 사용되거나 저장됩니다.

8 잎의 모양이 대부분 납작한 까닭은 양분을 만들 때 필요한 ☐을 더 많이 받기 위해서입니다.

4. 식물의 구조와 기능

◎ 잎에 도달한 물은 어떻게 될까요?

(1) 잎에 도달한 물의 이동 알아보기

① 나뭇가지에 비닐봉지를 씌워 두면 비닐봉지 안에 물방울이 생기는데, 그 까닭을 확인하기 위한 실험을 계획합니다.

② 실험 방법

- 모종 한 개는 잎을 남겨 두고, 다른 한 개는 잎을 모두 없앱니다.
- 두 모종을 각각 물이 담긴 삼각 플라스크에 넣고 삼각 플라스크 입구와 줄기 사이에 탈지면을 넣어 물이 증발하지 않도록 합니다.
- 각 모종에 비닐봉지를 씌운 다음 공기가 통하지 않도록 묶고 햇빛이 잘 드는 곳에 1~2일 동안 놓아둡니다.

③ 실험 ★조건: 모종이 잎이 있는 것과 없는 것만 다르게 하고 나머지 조건은 모두 같게 합니다.

④ 실험 결과

구분	잎이 있는 모종	잎이 없는 모종
삼각 플라스크의 물의 양	많이 줄어들었다.	거의 변화가 없다.
비닐봉지 안의 모습	비닐봉지 안에 물방울이 생겼다.	비닐봉지 안에 물방울이 생기지 않았다.

- 잎이 있는 모종의 비닐봉지 안에 물방울이 생긴 까닭: 잎에 도달한 물이 식물 밖으로 빠져나갔기 때문입니다.
- 잎이 없는 모종에서는 물이 식물 밖으로 빠져나가지 않았기 때문에 비닐봉지에 물방울이 생기지 않았습니다. →잎을 통해 물이 빠져나가지 않기 때문에 뿌리에서 흡수하는 물의 양도 적습니다.
- 뿌리에서 흡수한 물이 잎을 통해 식물 밖으로 빠져나갔다는 것을 알 수 있습니다.

(2) 식물의 증산 작용

① 잎의 표면에는 눈이 보이지 않는 작은 구멍인 ★기공이 있습니다.

② 잎에 도달한 물이 기공을 통해 식물 밖으로 빠져나가는 것을 ★증산 작용이라고 합니다.

③ 증산 작용은 뿌리에서 흡수한 물을 식물의 꼭대기까지 끌어 올릴 수 있도록 돕고, 식물의 온도를 조절하는 역할을 합니다.

④ 증산 작용이 일어나는 까닭: 잎에 도달한 물이 식물 안에 머무르면 뿌리는 더 이상 물을 흡수할 수 없고 물과 함께 양분도 얻지 못하기 때문입니다.

▲ 잎을 없앤 모종

▲ 잎을 그대로 둔 모종

- 뿌리에서 흡수한 물이 잎을 통해 식물 밖으로 빠져나갔기 때문에 비닐봉지 안에 물방울이 생깁니다.
- 비닐봉지를 씌운 모종을 햇빛이 잘 드는 곳에 놓아두는 까닭: 햇빛을 받아야 잎에 도달한 물이 잎 밖으로 잘 빠져나가기 때문입니다.

탐구 1 · 잎의 기공

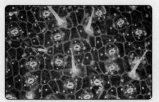

▲ 감자 잎의 기공

주로 잎의 뒷면에 있지만 수련과 같이 물에 떠서 사는 식물은 기공이 잎의 앞면에 있습니다.

식물의 증산 작용이 잘 일어나는 조건

▲ 바람의 세기를 다르게 한 경우

▲ 햇빛의 양을 다르게 한 경우

- 바람이 잘 불 때
- 햇빛이 강할 때
- 온도가 높을 때
- 습도가 낮을 때
- 식물체 안에 물이 많을 때

개념을 확인해요

1 잎이 있는 모종을 넣은 삼각 플라스크의 [ ]은 잎이 없는 모종을 넣은 삼각 플라스크의 [ ]보다 더 많이 줄어들었습니다.

2 잎이 있는 모종을 물이 담긴 삼각 플라스크에 넣고 비닐봉지를 씌우면 비닐봉지 안에 [ ] [ ] [ ]이 생깁니다.

3 뿌리에서 흡수한 물이 [ ]을 통해 식물 밖으로 빠져 나갑니다.

4 뿌리에서 흡수한 물이 잎의 표면에 있는 작은 구멍인 [ ] [ ]을 통해 빠져나갑니다.

5 뿌리에서 흡수한 물이 잎에 도달해 기공을 통해 빠져나가는 현상을 [ ] [ ] [ ] [ ]이라고 합니다.

6 증산 작용은 뿌리에서 흡수한 [ ]을 식물의 꼭대기까지 끌어 올릴 수 있도록 돕습니다.

7 증산 작용은 식물의 [ ] [ ]를 조절하는 역할을 합니다.

8 잎에 도달한 물이 식물 안에 머무르면 뿌리는 더 이상 물을 흡수할 수 없고 물과 함께 [ ] [ ]도 얻지 못합니다.

4. 식물의 구조와 기능

꽃의 생김새와 하는 일을 알아볼까요?

(1) 꽃의 구조와 하는 일 탐구1

① 꽃은 식물의 종류에 따라 크기, 모양, 색깔 등이 서로 다르지만 기본 구조는 비슷합니다.

② 꽃은 대부분 암술, 수술, 꽃잎, 꽃받침으로 이루어져 있지만 수세미오이꽃처럼 암술, 수술, 꽃잎, 꽃받침 중 일부가 없는 것도 있습니다.

③ 꿀이 있는 것도 있고 향기가 나는 것도 있습니다.

④ 꽃은 씨를 만드는 일을 합니다. → 꽃의 크기와 생김새는 식물의 종류에 따라 다양하지만 하는 일은 비슷합니다.

▲ 사과꽃의 구조

꽃의 구조	역할
꽃잎	암술과 수술을 보호하고, 곤충이나 새를 유인한다.
꽃받침	꽃잎을 보호한다.
암술	꽃가루받이를 거쳐 씨를 만든다.
수술	꽃가루를 만든다.

(2) 꽃가루받이 탐구2

① 꽃가루받이: 씨를 만들기 위해 수술에서 만든 꽃가루를 암술로 옮기는 것을 말하며, 수분이라고 합니다.

② 식물은 스스로 꽃가루받이를 못 하기 때문에 꽃가루받이는 곤충, 새, 바람, 물 등의 도움으로 이루어집니다.

③ 다양한 꽃가루받이 방법

구분	방법	종류
곤충 (충매화)	꽃가루가 벌, 나비, 파리 등 곤충에 의해 암술로 옮겨진다.	코스모스, 매실나무, 사과나무, 연꽃 등
새 (조매화)	꽃가루가 새에 의해 암술로 옮겨진다.	동백나무, 바나나 등
바람 (풍매화)	꽃가루가 바람에 날려 암술로 이동한다.	소나무, 옥수수, 부들, 벼 등
물 (수매화)	꽃가루가 물에 의해 암술로 이동한다.	검정말, 나사말, 물수세미 등

④ 꽃에 있는 꿀이 하는 일: 곤충이나 새 등 꽃가루받이를 돕는 동물을 불러들입니다. → 충매화는 곤충을 유인하기 위해 꽃이 화려하고 향기가 있으며 꿀샘이 발달해 있습니다.

⑤ 꽃가루받이를 돕는 곤충이 없어진다면 식물이 꽃가루받이를 제대로 하지 못해 씨와 열매가 만들어지는 양이 줄어들 것입니다.

탐구

탐구1 꽃의 구조

• 수세미오이꽃이나 호박꽃처럼 꽃잎, 꽃받침, 암술, 수술 중 일부가 없는 꽃도 있습니다.

• 수세미오이꽃이나 호박꽃의 암꽃에는 수술이 없고 수꽃에는 암술이 없습니다.

▲ 수세미오이꽃

▲ 호박꽃

탐구2 꽃가루받이

꽃이 씨를 만들기 위해 수술에서 만든 꽃가루를 암술로 옮기는 것을 꽃가루받이 (수분)라고 합니다.

개념을 확인해요

1 꽃은 대부분 ☐☐, 수술, 꽃잎, 꽃받침으로 이루어져 있습니다.

2 꽃을 이루는 부분 중 꽃잎을 받치고 보호하는 역할을 하는 것은 ☐☐☐ 입니다.

3 꽃을 이루는 부분 중 ☐☐ 은 꽃가루를 만듭니다.

4 암술은 꽃가루받이를 거쳐 ☐ 를 만듭니다.

5 꽃가루받이는 수술에서 만든 꽃가루가 ☐ 로 옮겨지는 것을 말합니다.

6 ☐☐ 은 꽃가루받이를 스스로 못 하기 때문에 곤충, 새, 바람, 물 등의 도움을 받습니다.

7 코스모스, 사과나무 등은 꽃가루가 ☐☐ 에 의해 암술로 옮겨지는 꽃입니다.

8 꽃에 있는 꿀이 하는 일은 곤충이나 새와 같이 ☐☐☐☐☐ 를 돕는 동물을 불러들이는 일입니다.

4. 식물의 구조와 기능

교과서 86~87쪽

열매의 생김새와 하는 일을 알아볼까요?

(1) 열매가 자라는 과정 탐구1 탐구2

① 꽃가루받이가 된 암술 속에서는 씨가 생겨 자랍니다.

② 씨가 자라는 동안 씨를 싸고 있는 암술이나 꽃받침 등이 함께 자라서 열매가 됩니다. → 꽃가루받이가 이루어지고 나면 꽃이 지고 열매가 만들어집니다.

(2) 식물이 씨를 퍼뜨리는 방법

씨를 퍼뜨리는 방법	가벼운 ✽솜털이 있어 바람에 날려서 퍼진다.	날개가 있어 빙글빙글 돌며 날아간다.
식물의 예	▲ 박주가리	▲ 가죽나무
씨를 퍼뜨리는 방법	열매 껍질이 터지며 씨가 튀어 나간다.	✽갈고리가 있어 동물의 털이나 사람의 옷에 붙어서 퍼진다.
식물의 예	▲ 제비꽃	▲ 우엉
씨를 퍼뜨리는 방법	동물에게 먹힌 뒤 씨가 똥으로 나와 퍼진다.	물에 떠서 이동한다.
식물의 예	▲ 벚나무	▲ 검정말

식물 연극 공연하기

① 연극에서 내가 맡을 식물의 부분을 정합니다.

② 구체적인 상황을 정한 뒤 그 상황에서 식물의 각 부분이 하는 일을 이야기해 보고 연극 대본을 만듭니다.

③ 역할 머리띠를 만들어 연극을 합니다.

 탐구1 사과 열매가 자라는 과정

▲ 꽃가루받이가 이루어집니다.

▲ 씨가 생겨 자랍니다.

▲ 암술이나 꽃받침이 함께 자랍니다.

씨

껍질

▲ 열매가 됩니다.

탐구2 열매의 생김새와 하는 일

• 열매는 씨와 씨를 둘러싼 껍질 부분으로 되어 있습니다.

• 우리가 먹는 과일은 대부분 열매에 양분이 많이 저장된 것입니다.

• 열매는 어린 씨를 보호하며, 씨가 익으면 멀리 퍼뜨리는 역할을 합니다.

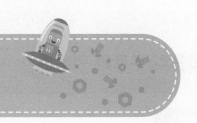

🪐 열매의 생김새나 씨가 퍼지는 방법을 응용한 발명품

① 벨크로는 도꼬마리 열매에 있는 갈고리 모양의 가시가 동물의 털에 붙으면 잘 떨어지지 않는 특징을 이용하여 만들었습니다.

▲ 도꼬마리 열매

▲ 찍찍이 테이프

② 벚나무 열매의 씨가 동물의 몸속에서 똥과 함께 밖으로 나와도 제 기능을 할 수 있는 성질을 이용하여 캡슐 ⭐내시경을 발명하였습니다.

▲ 벚나무 열매

초소형 렌즈
건전지
▲ 캡슐 내시경

개념을 확인해요

1 꽃가루받이가 된 암술 속에서는 ☐ 가 생겨 자랍니다.

2 열매는 ☐ 이 지고 난 후에 생깁니다.

3 우리가 먹는 사과는 씨와 껍질 사이에 양분이 저장되어 있는 ☐☐ 입니다.

4 열매는 씨와 씨를 둘러싼 ☐☐ 로 이루어져 있습니다.

5 ☐☐ 는 씨를 보호하고, 씨를 퍼뜨리는 역할을 합니다.

6 민들레는 가벼운 솜털이 있어 ☐☐ 에 날려서 씨가 퍼집니다.

7 도꼬마리 열매는 갈고리가 있어 ☐☐ 의 털이나 사람의 옷에 붙어서 씨가 퍼집니다.

8 단풍나무의 열매는 ☐☐ 가 있어 빙글빙글 돌며 날아갑니다.

4 단원

핵심 1

식물 세포는 세포벽과 세포막으로 둘러싸여 있고 그 안에 핵이 있습니다. 식물 세포에는 세포벽이 있고 동물 세포에는 세포벽이 없습니다.

1 양파의 표피 세포에 대한 설명으로 바르지 않은 것은 무엇입니까? (   )

① 크기가 매우 작다.
② 맨눈으로도 관찰이 가능하다.
③ 광학 현미경으로 관찰해야 한다.
④ 벽돌이 쌓여 있는 것처럼 보인다.
⑤ 세포벽, 세포막, 핵으로 이루어져 있다.

2 식물 세포에는 있지만, 동물 세포에는 없는 것에 ○표 하시오.

핵	세포막	세포벽

3 동물 세포에 대한 설명으로 바른 것을 모두 골라 기호를 쓰시오.

> ㉠ 동물도 세포로 이루어져 있다.
> ㉡ 세포벽이 있어서 세포의 모양을 일정하게 유지한다.
> ㉢ 핵 속에는 각종 유전 정보를 포함하고 있다.
> ㉣ 식물과 다르게 동물 세포는 세포막이 없다.

(   )

핵심 2

식물의 뿌리는 물을 흡수하는 흡수 작용, 식물이 쓰러지지 않게 하는 지지 작용을 하며 무, 당근, 고구마처럼 양분을 뿌리에 저장하기도 합니다.

[4~5] 양파 한 개는 뿌리를 자르고 다른 한 개는 그대로 두고 같은 양의 물이 든 비커에 올려 놓았습니다.

(가)

▲ 뿌리를 자르지 않은 양파

(나)

▲ 뿌리를 자른 양파

4 2~3일 후에 비커의 물이 더 많이 줄어든 것의 기호를 쓰시오.

(   )

5 위 실험으로 알 수 있는 뿌리의 기능을 바르게 설명한 것에 ○표 하시오.

(1) 뿌리는 물을 흡수합니다. (   )
(2) 뿌리는 양분을 저장합니다. (   )
(3) 뿌리는 식물을 지지합니다. (   )

6 식물이 강한 바람에도 잘 쓰러지지 않고 견딜 수 있는 것과 관련 있는 뿌리의 기능은 무엇입니까?
(   )

① 흡수 작용
② 지지 작용
③ 저장 작용
④ 이동 작용
⑤ 증산 작용

식물의 줄기는 뿌리와 이어져 있고 생김새는 곧은줄기, 감는줄기, 기는줄기 등 다양합니다. 줄기에는 잎이 나 있고 겉은 꺼칠꺼칠하거나 매끈한 껍질로 싸여 있습니다.

7 다음 설명에 해당하는 식물의 구조는 무엇입니까?
(   )

- 굵고 곧은 것도 있고, 다른 물체를 감거나 땅 위를 기는 듯이 뻗는 것도 있다.
- 꺼칠꺼칠하거나 매끈한 껍질로 싸여 있다.

① 잎　　　　　　　　② 꽃
③ 뿌리　　　　　　　④ 줄기
⑤ 열매

8 (   ) 안에 알맞은 말을 각각 쓰시오.

식물의 줄기는 땅속으로 뻗은 (   )가 이어져 있고 햇빛을 향해 펼쳐진 (   ) 도 나 있다.

9 다른 물체를 감는 모양으로 뻗는 줄기를 가진 식물은 무엇입니까? (   )

① 감자　　　　　　　② 나팔꽃
③ 소나무　　　　　　④ 고구마
⑤ 느티나무

10 식물 줄기에 대한 설명으로 바르지 않은 것은 무엇입니까? (   )

① 줄기에는 잎이 나 있다.
② 뿌리와 줄기를 구분하기 매우 어렵다.
③ 줄기는 햇빛을 잘 받기 위해 높이 올라간다.
④ 줄기의 겉은 꺼칠꺼칠한 것도 있고 매끈한 것도 있다.
⑤ 나무 줄기의 껍질은 두껍고 특이한 무늬가 있는 것도 있다.

붉은 색소 물에 넣어 둔 백합 줄기를 자르면 붉게 물든 부분을 볼 수 있으며 이 부분이 물이 이동하는 통로입니다.
줄기는 식물을 지지하고 양분을 저장하기도 합니다.

[11~12] 붉은 색소 물에 넣어 두었던 백합 줄기를 가로와 세로로 자른 모습입니다.

▲ 가로로 자른 모습　　　　▲ 세로로 자른 모습

11 가로로 자른 단면에서 관찰할 수 있는 것은 무엇입니까? (   )

① 줄기 단면 전체가 붉게 물들었다.
② 줄기 전체에 검은색이 퍼져 있다.
③ 색소 물에 넣기 전과 변화가 없다.
④ 가늘고 긴 붉은색 선을 볼 수 있다.
⑤ 붉은색으로 물든 부분을 볼 수 있다.

12 위의 실험으로 알 수 있는 것은 무엇입니까?
(   )

① 줄기 속에는 붉은 부분이 있다.
② 물이 이동하는 통로가 한 개 있다.
③ 뿌리에서 흡수한 물은 줄기를 통해 이동한다.
④ 식물의 뿌리에는 물이 이동하는 통로가 있다.
⑤ 식물 줄기에는 붉은 양분을 만드는 곳이 있다.

13 다음 중 식물의 줄기가 하는 일이 아닌 것은 무엇입니까? (   )

① 양분을 저장하는 일
② 식물을 지지하는 일
③ 식물을 보호하는 일
④ 양분을 만들어 식물에 전달하는 일
⑤ 뿌리에서 흡수한 물을 이동시키는 일

4 단원

핵심 5

어둠상자를 씌우지 않은 잎은 아이오딘-아이오딘화 칼륨 용액과 반응하여 청람색으로 변하므로 광합성 결과 만들어진 양분은 녹말이라는 것을 알 수 있습니다. 식물이 빛, 이산화 탄소, 물을 이용해 스스로 양분을 만드는 것을 광합성이라고 합니다.

[14~15] 크기가 비슷한 모종 두 개를 빛이 잘 드는 곳에 두고 한 개에는 어둠상자를 씌워 두었다가 다음날 오후 각각의 모종에서 잎을 땄습니다.

▲ 어둠상자를 씌운 모종

▲ 어둠상자를 씌우지 않은 모종

14 위 과정을 거친 후 어둠상자를 씌운 잎과 씌우지 않은 잎 중 아이오딘-아이오딘화 칼륨 용액을 떨어뜨렸을 때 색깔이 변하는 잎은 어느 것인지 쓰시오.

( )

15 아이오딘-아이오딘화 칼륨 용액을 떨어뜨렸을 때 위 **14**번 실험 결과와 같은 색깔 변화가 나타나는 것은 무엇입니까? ( )

① 밥 ② 사과
③ 소고기 ④ 오렌지
⑤ 돼지고기

16 보기 에서 설명하는 것은 무엇입니까? ( )

보기

식물이 빛과 이산화 탄소, 뿌리에서 흡수한 물을 이용하여 스스로 양분을 만드는 과정이다.

① 광합성 ② 증산 작용
③ 저장 작용 ④ 지지 작용
⑤ 흡수 작용

핵심 6

뿌리에서 흡수한 물이 식물의 기공을 통해 빠져나가는 현상을 증산 작용이라고 하며, 증산 작용은 뿌리에서 흡수한 물을 식물의 꼭대기까지 끌어 올릴 수 있도록 돕고, 식물의 온도를 조절합니다.

[17~18] 잎이 있는 모종과 잎이 없는 모종을 물이 담긴 삼각 플라스크에 넣은 뒤 비닐봉지를 씌워 햇빛이 잘 드는 곳에 두었습니다.

(가)    (나)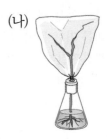

17 위 실험 결과 비닐봉지 안에 물방울이 생기는 것은 어느 것인지 기호를 쓰시오.

( )

18 위 실험을 통해 알 수 있는 사실은 어느 것입니까? ( )

① 식물의 줄기에서 물이 증발한다.
② 비닐봉지는 물이 증발되지 않도록 돕는다.
③ 식물의 잎을 통해 물이 밖으로 빠져나간다.
④ 햇빛은 잎에서 물이 밖으로 빠져나가는 것을 막는다.
⑤ 삼각 플라스크 안의 물이 많을수록 잎을 통해 물이 더 많이 빠져나간다.

19 ( ) 안에 알맞은 말을 쓰시오.

잎에 도달한 물이 기공을 통해 식물 밖으로 빠져나가는 것을 ( )이라고 한다.

( )

핵심 7

꽃은 대부분 암술, 수술, 꽃잎, 꽃받침으로 이루어져 있고, 수술에서 만들어진 꽃가루가 암술로 옮겨지는 것을 꽃가루받이라고 합니다. 꽃가루받이는 곤충, 새, 바람, 물 등의 도움으로 이루어집니다.

핵심 8

열매는 씨와 씨를 둘러싼 껍질로 이루어져 있으며, 씨를 보호하고, 씨를 멀리 퍼뜨리는 역할을 합니다. 씨는 바람에 의해, 동물에게 먹혀서, 동물의 털에 붙어서, 열매 껍질이 터져서, 물에 떠서 퍼집니다.

20 꽃의 기본 구조에 해당하지 <u>않는</u> 것은 무엇입니까?

(   )

① 꽃잎   ② 암술
③ 수술   ④ 열매
⑤ 꽃받침

24 꽃가루받이가 이루어진 후 꽃이 지고 나서 생기는 것은 무엇입니까? (   )

① 꽃잎   ② 암술
③ 수술   ④ 열매
⑤ 꽃받침

21 꽃의 구조 중 꽃잎을 보호하는 역할을 하는 곳의 기호를 쓰시오.

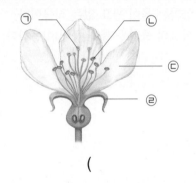

(   )

25 사과 열매가 자라는 과정을 순서대로 기호를 쓰시오.

> ㉠ 양분이 저장되면서 열매가 된다.
> ㉡ 꽃가루받이가 이루어진 후 씨가 만들어진다.
> ㉢ 씨를 싸고 있던 암술이나 꽃받침이 함께 자란다.

(   )

22 수술에서 만들어진 꽃가루가 암술로 옮겨지는 것을 무엇이라고 하는지 쓰시오.

(   )

26 오른쪽 식물은 어떤 방법으로 씨를 퍼뜨립니까?

(   )

▲ 봉숭아

① 바람에 날려서 퍼진다.
② 날개가 있어 빙글빙글 돌아서 퍼진다.
③ 동물에게 먹힌 뒤 씨가 똥으로 나와 퍼진다.
④ 열매껍질이 터지며 씨가 튀어 나가서 퍼진다.
⑤ 갈고리가 있어서 동물의 털이나 사람의 옷에 붙어서 퍼진다.

23 식물의 꽃가루받이가 이루어지는 데 도움을 주는 것이 <u>아닌</u> 것은 무엇입니까? (   )

① 새   ② 물
③ 바람   ④ 곤충
⑤ 햇빛

1 보기 에서 설명하는 '이것'은 무엇인지 쓰시오.

> 보기
>
> 모든 생물은 '이것'으로 이루어져 있으며, '이 것'은 대부분 크기가 매우 작아 맨눈으로 볼 수 없기 때문에 현미경을 사용하여 관찰한다.

(   )

2 오른쪽은 식물 세포와 동물 세포 중 어떤 세포의 모습 인지 쓰시오.

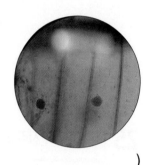

(   )

[3~4] 비커 두 개에 같은 양의 물을 담아 양파의 밑부분이 물에 닿도록 각각 올려놓은 뒤 빛이 잘 드는 곳에 2~3일 동 안 두었습니다.

(가)    (나)

3 위 실험에서 다르게 한 조건은 무엇입니까?

(   )

① 식물의 종류
② 비커의 크기
③ 햇빛에 두는 시간
④ 비커에 담긴 물의 양
⑤ 뿌리를 자르거나 자르지 않은 점

4 앞의 3번 실험에서 두 비커를 햇빛이 잘 드는 곳에 2~3일 놓아두었을 때 비커의 물이 더 많이 줄어든 것 의 기호를 쓰시오.

(   )

중요

5 위 4번 실험 결과로 알 수 있는 것은 무엇입니까?

(   )

① 식물의 잎에서 물이 증발한다.
② 식물의 뿌리는 물을 흡수한다.
③ 양파는 뿌리에 양분을 저장한다.
④ 양파는 물이 필요 없는 식물이다.
⑤ 식물의 줄기를 통해 물이 이동한다.

응용

6 붉은 색소 물에 넣어 두었던 백합 줄기를 잘라 관찰한 것입니다. 붉게 물든 부분이 의미하는 것은 무엇입니 까? (   )

① 줄기의 상한 부분
② 물이 이동한 통로
③ 물이 빠져나간 위치
④ 양분이 이동한 통로
⑤ 양분이 저장된 위치

7 식물의 줄기가 하는 일을 한 가지 쓰시오.

_____

11 광합성에 대한 설명 중 바른 것은 어느 것인지 기호를 쓰시오.

> (가) 광합성은 잎에서만 일어난다.
> (나) 광합성 과정에는 빛과 물, 산소가 필요하다.
> (다) 식물이 스스로 양분을 만드는 과정이 광합성이다.

(   )

[8~10] 다음은 잎에서 만들어지는 양분을 확인하기 위한 실험입니다.

> ㉠ 크기가 비슷한 고추 모종 두 개를 빛이 잘 드는 곳에 둔다.
> ㉡ 고추 모종 한 개에는 어둠상자를 씌우고, 다른 한 개에는 씌우지 않는다.
> ㉢ 아이오딘–아이오딘화 칼륨 용액으로 잎에서 만든 양분을 확인한다.

8 위 실험에서 모종 한 개에는 어둠상자를 씌우는 까닭은 무엇입니까? (   )

① 공기를 차단하기 위해
② 물의 증발을 막기 위해
③ 물이 묻지 않게 하기 위해
④ 빛을 받지 못하게 하기 위해
⑤ 곤충이 날아드는 것을 막기 위해

[12~14] 크기가 비슷한 모종에 비닐봉지를 씌워 두면 비닐봉지 안에 물방울이 생기는 까닭을 알아보기 위한 실험을 하였습니다.

12 위 실험에서 비닐봉지 안에 물방울이 생기는 것은 어느 것인지 기호를 쓰시오.

(   )

9 위 실험에서 아이오딘–아이오딘화 칼륨 용액에 의해 색깔이 청람색으로 변하는 것은 어느 것인지 ○표 하시오.

빛을 받지 못한 잎	빛을 받은 잎

13 위 실험 결과를 보고 모종에 씌운 비닐봉지 안에 물방울이 생기는 까닭을 쓰시오.

_____

_____

10 위 9번 결과로 보아 빛을 받아 잎에서 만들어지는 양분은 무엇인지 쓰시오.

(   )

14 위와 같이 식물의 잎에서 기공을 통해 물이 공기 중으로 빠져나가는 현상을 무엇이라고 하는지 쓰시오.

(   )

15 꽃의 구조에 대한 설명으로 바르지 <u>않은</u> 것은 무엇입니까? (   )

① 암술은 씨를 만든다.
② 수술은 꽃가루를 만든다.
③ 꽃받침은 꽃잎을 보호한다.
④ 꽃잎은 암술과 수술을 보호한다.
⑤ 수술에서 꽃가루받이가 이루어진다.

16 (   ) 안에 들어갈 말이 바르게 짝 지어진 것은 무엇입니까? (   )

> 씨를 만들기 위해서는 수술에서 만든 (㉠)(를)을 (㉡)(으)로 옮겨야 한다.

	㉠	㉡
①	밑씨	열매
②	밑씨	꽃잎
③	열매	잎
④	꽃가루	암술
⑤	열매	암술

17 식물과 식물의 꽃가루받이가 이루어지는 방법을 바르게 선으로 연결하시오.

(1) 옥수수 ·   · (가) 바람에 의해 이루어진다.

(2) 나사말 ·   · (나) 곤충에 의해 이루어진다.

(3) 연꽃 ·   · (다) 물에 의해 이루어진다.

18 사과꽃과 열매의 구조에 대한 설명으로 바른 것은 어느 것입니까? (   )

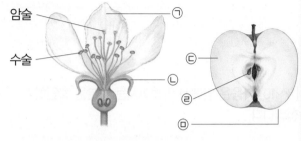

① ㉠은 열매 껍질이 된다.
② ㉣은 수술이 자라서 된 것이다.
③ ㉤은 꽃잎이 자라서 된 것이다.
④ ㉢, ㉣, ㉤을 합쳐서 열매라고 한다.
⑤ ㉤에는 영양분을 많이 포함하고 있다.

19 식물의 열매가 하는 일을 두 가지 고르시오.
(,   )

① 씨를 보호한다.
② 씨를 멀리 퍼뜨린다.
③ 씨가 많이 생기게 한다.
④ 암술과 수술을 보호한다.
⑤ 꽃가루받이가 잘 이루어지도록 한다.

20 오른쪽 단풍나무 열매는 어떤 방법으로 씨를 멀리 퍼뜨리는지 쓰시오.

1 세포를 관찰할 때 사용하는 오른쪽 도구의 이름을 쓰시오.

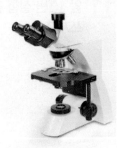

(   )

2 오른쪽은 양파 표피 세포를 현미경으로 관찰한 모습입니다. ㉠의 이름을 쓰시오.

(   )

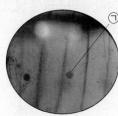

3 식물 뿌리에 대한 설명으로 바르지 <u>않은</u> 것은 무엇입니까? (   )

① 물을 흡수한다.
② 식물을 지지한다.
③ 양분을 저장하기도 한다.
④ 굵고 곧은 뿌리에 가는 뿌리가 난 것도 있다.
⑤ 뿌리털은 수염 모양의 뿌리에서만 볼 수 있다.

4 식물의 뿌리를 통해 흡수되는 것은 무엇입니까?

(   )

① 물   ② 흙
③ 빛   ④ 산소
⑤ 이산화 탄소

5 ( ) 안에 들어갈 알맞은 말을 쓰시오.

- 식물 줄기의 겉은 꺼칠꺼칠하거나 매끄러운 (㉠)(으)로 싸여 있으며 식물을 보호해 준다.
- 식물 줄기는 뿌리와 이어져 있고 (㉡)도 나 있다.

㉠: (   )
㉡: (   )

[6~7] 붉은 색소 물에 넣어 둔 백합 줄기를 가로와 세로로 잘라 단면을 관찰하였습니다.

▲ 가로로 자른 모습   ▲ 세로로 자른 모습

6 위 줄기의 단면을 바르게 관찰한 것은 무엇입니까?

(   )

① 붉은 색 줄무늬가 한 개 있다.
② 백합 줄기의 전체가 붉은색으로 물들었다.
③ 붉은색으로 물든 부분은 양분이 이동했기 때문이다.
④ 줄기의 위로 올라갈수록 붉게 물든 부분이 많아진다.
⑤ 붉은색 대신 파란색 색소 물에 넣었다면 파란색으로 물들었을 것이다.

7 위 실험으로 알 수 있는 줄기의 하는 일은 무엇입니까? (   )

① 물을 흡수한다.
② 양분을 저장한다.
③ 식물을 지지한다.
④ 잎과 뿌리를 연결한다.
⑤ 물이 이동하는 통로이다.

8 식물의 뿌리와 줄기에 대한 설명으로 바르지 <u>않은</u> 것은 무엇입니까? (   )

① 줄기에는 잎이 나 있다.
② 뿌리에는 뿌리털이 있다.
③ 뿌리는 대부분 땅속에 있다.
④ 줄기는 물의 이동 통로이다.
⑤ 뿌리와 줄기는 서로 분리되어 있다.

[9~11] 다음은 식물의 잎에서 만들어진 양분을 확인하는 실험입니다.

> ㉠ 크기가 비슷한 모종 두 개를 빛이 잘 드는 곳에 두고 모종 한 개에는 어둠상자를 씌우고 다른 한 개에는 씌우지 않는다.
> ㉡ 작은 비커를 뜨거운 물이 들어 있는 큰 비커에 넣은 뒤 유리판으로 덮는다.
> ㉢ 각각의 잎을 꺼낸 후 아이오딘-아이오딘화 칼륨 용액을 떨어뜨려 색깔 변화를 관찰한다.
> ㉣ 큰 비커에 뜨거운 물을 담고 알코올이 든 작은 비커에는 각 모종에서 딴 잎을 넣는다.

9 위 실험 순서에 맞게 기호를 쓰시오.

(   )→(   )→(   )→(   )

10 위 실험에서 ㉢ 단계의 결과에 대한 설명으로 바른 것은 무엇입니까? (   )

① 어둠상자를 씌운 잎은 청람색으로 변했다.
② 어둠상자를 씌운 잎은 노란색으로 변했다.
③ 어둠상자를 씌우지 않은 잎은 청람색으로 변했다.
④ 어둠상자를 씌우지 않은 잎은 아무런 변화가 없었다.
⑤ 어둠상자를 씌운 잎과 씌우지 않은 잎 모두 청람색으로 변했다.

서술형

11 앞 10번 실험 결과를 통해 알 수 있는 사실을 한 가지 쓰시오.

_____

_____

[12~13] 나뭇가지에 씌워 둔 비닐봉지 안에 물방울이 생기는 까닭을 알아보기 위해 크기가 비슷한 모종 두 개를 각각 삼각 플라스크에 넣고 비닐봉지를 씌워 햇빛이 잘 드는 곳에 두었습니다.

12 위 실험으로 알 수 있는 사실을 설명한 것입니다. (   ) 안에 공통으로 들어갈 알맞은 말을 쓰시오.

> • (   )의 기공을 통해 물이 식물 밖으로 빠져나가는 것을 증산 작용이라고 한다.
> • 뿌리에서 흡수한 물이 줄기를 통해 올라오면 (   )을 통해 밖으로 빠져나간다.

(   )

중요

13 위 실험에서 다르게 한 조건은 무엇입니까?
(   )

① 잎의 개수
② 모종의 크기
③ 비닐봉지의 크기
④ 비닐봉지의 종류
⑤ 삼각 플라스크 속 물의 양

4

단원

서술형

14 증산 작용의 역할을 두 가지 쓰시오.

_____

_____

서술형

18 다음 식물들이 씨를 퍼뜨리는 방법을 쓰시오.

▲ 도깨비바늘   ▲ 도꼬마리

_____

_____

[15~17] 꽃의 구조입니다.

15 각 부분의 명칭을 바르게 짝 지은 것은 어느 것입니까? (   )

① ㉠-수술   ② ㉡-암술
③ ㉢-꽃잎   ④ ㉣-열매
⑤ ㉤-밑씨

주의

16 꽃가루가 만들어지는 곳은 어디인지 기호를 쓰시오.

(   )

17 ㉡이 하는 일에 대해 바르게 설명한 것은 무엇인지 ○표 하시오.

(1) 씨를 멀리 퍼뜨립니다.   (   )
(2) 암술과 수술을 보호합니다.   (   )
(3) 꽃가루받이를 거쳐 씨를 만듭니다. (   )

19 식물을 이루고 있는 각 부분과 하는 일에 대한 설명으로 바른 것은 어느 것입니까? (   )

① 줄기는 물을 흡수한다.
② 증산 작용은 주로 뿌리에서 일어난다.
③ 잎은 식물을 지지하고 양분을 저장한다.
④ 곤충, 바람, 물, 새 등에 의해 꽃가루받이가 일어난다.
⑤ 꽃은 어린 씨를 보호하고 씨가 익으면 멀리 퍼뜨린다.

응용

20 가뭄이 계속되는 상황에서 식물의 각 부분들이 하는 일을 바르게 설명한 것을 모두 고르시오.

(,   )

① 가능한 빨리 꽃을 피운다.
② 잎은 광합성을 많이 한다.
③ 잎은 증산 작용을 활발히 한다.
④ 열매는 씨가 마르지 않도록 보호한다.
⑤ 뿌리는 땅속 깊이 뻗어 물을 찾아 흡수한다.

1 보기 에서 세포에 대한 설명으로 바른 것을 모두 고른 것은 어느 것입니까? (   )

> **보기**
> ㉠ 세포는 크기와 모양이 다양하다.
> ㉡ 대부분 세포는 크기가 매우 작다.
> ㉢ 모든 생물은 세포로 이루어져 있다.
> ㉣ 대부분 세포는 맨눈으로 관찰할 수 없다.
> ㉤ 식물 세포에는 세포벽이 없고 세포막과 핵만 있다.

① ㉠, ㉡
② ㉢, ㉣
③ ㉡, ㉢, ㉣
④ ㉠, ㉡, ㉢, ㉣
⑤ ㉠, ㉡, ㉢, ㉣, ㉤

2 식물 세포는 어느 것인지 ○표 하시오.

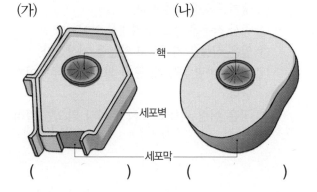

(가)   (나)

핵
세포벽
세포막

(   )   (   )

3 무와 고구마의 뿌리가 다른 식물에 비해 크고 굵은 까닭은 무엇입니까? (   )

① 물을 흡수하기 때문에
② 물을 저장하기 때문에
③ 양분을 만들기 때문에
④ 양분을 저장하기 때문에
⑤ 다른 식물에 비해 뿌리털이 많기 때문에

[4~5] 크기가 비슷한 양파 두 개를 한 개는 뿌리를 자르고 다른 하나는 그대로 둔 다음, 같은 양의 물이 담긴 비커에 2~3일 동안 놓아두었습니다.

(가)   (나)

4 (가)와 (나) 중 물의 양이 더 줄어든 것은 어느 것인지 기호를 쓰시오.

(   )

5 위 실험 결과로 알 수 있는 뿌리의 기능은 무엇입니까? (   )

① 흡수 작용
② 지지 작용
③ 저장 작용
④ 이동 작용
⑤ 증산 작용

서술형

6 태풍이 불 때 나무가 쉽게 쓰러지지 않는 까닭을 뿌리의 역할과 관련하여 쓰시오.

_____

_____

7 식물의 줄기가 하는 일을 모두 고르시오.

(,   )

① 양분을 만든다.
② 물을 흡수한다.
③ 양분을 흡수한다.
④ 물의 이동 통로이다.
⑤ 뿌리와 잎을 연결한다.

8 식물의 각 부분과 주로 하는 일을 바르게 선으로 연결하시오.

(1) 줄기 •

(2) 뿌리 •

(3) 잎 •

• (가) 물이 이동하는 통로 역할을 한다.

• (나) 양분을 만드는 역할을 한다.

• (다) 물을 흡수하는 역할을 한다.

9 식물이 빛, 이산화 탄소, 물을 이용하여 만드는 양분과 관련된 설명입니다. 바른 내용에 모두 ○표 하시오.

(1) 밥, 감자 등에도 들어 있는 성분입니다.

( )

(2) 식물의 줄기에서 광합성 작용으로 만들어집니다.

( )

(3) 아이오딘-아이오딘 칼륨 용액과 반응하여 청람색으로 변합니다. ( )

10 식물의 광합성에 대한 설명으로 바른 것은 무엇입니까? ( )

① 광합성은 주로 줄기에서 일어난다.
② 식물은 광합성을 통해 녹말을 만든다.
③ 식물은 광합성을 통해 지방을 만든다.
④ 광합성을 통해 물이 식물 밖으로 빠져나간다.
⑤ 식물이 광합성을 하기 위해서는 산소가 꼭 필요하다.

11 식물의 잎 모양이 대부분 납작한 까닭을 바르게 설명한 것의 기호를 쓰시오.

(가) 물을 더 많이 흡수하기 위해서
(나) 녹말을 더 많이 저장하기 위해서
(다) 필요한 빛을 더 많이 받기 위해서

( )

서술형

12 나뭇가지에 비닐봉지를 씌워 두면 비닐봉지 안에 물방울이 생기는데 그 까닭은 무엇인지 가설을 세워 쓰시오.

_____

_____

13 위 **12**번 가설을 확인하기 위해 모종 한 개는 잎을 남겨 두고, 다른 한 개는 잎을 모두 없앤 다음 물이 담긴 삼각 플라스크에 넣어 햇빛이 잘 드는 곳에 두었습니다. 실험에서 확인해야 할 것은 무엇인지 모두 고르시오. (,)

① 비닐봉지의 크기 변화
② 비닐봉지 안과 밖의 온도 차이
③ 모종에서 새로 나는 잎의 개수
④ 비닐봉지 안에 생긴 물방울의 정도
⑤ 삼각 플라스크에서 줄어든 물의 양

14 잎에 도달한 물의 이동을 설명한 것입니다. ( ) 안에 들어갈 알맞은 말을 쓰시오.

식물의 뿌리에서 흡수한 물은 줄기를 통해 잎까지 이동한 후, 잎의 ( )을 통해 밖으로 빠져나간다.

( )

4
단원

15 꽃의 구조에 대한 설명으로 바르지 <u>않은</u> 것은 어느 것입니까? (   )

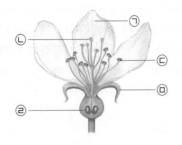

① ㉠은 곤충을 유인한다.
② ㉣은 암술과 수술을 보호한다.
③ ㉡에서 꽃가루받이가 이루어진다.
④ ㉢은 꽃가루가 만들어지는 곳이다.
⑤ ㉤은 꽃을 받치고 꽃잎을 보호한다.

서술형

16 식물에서 꽃이 하는 중요한 일은 무엇인지 한 가지 쓰시오.

_____

_____

17 다음 식물은 무엇에 의해 꽃가루받이가 이루어집니까? (   )

▲ 옥수수

① 물   ② 새
③ 바람   ④ 곤충
⑤ 사람

서술형

18 꽃의 색깔은 화려한 반면, 잎의 색깔은 초록색으로 서로 색깔이 뚜렷하게 구분됩니다. 그 까닭은 무엇인지 꽃가루받이와 관련하여 쓰시오.

_____

_____

19 열매에 대한 설명으로 바른 것은 무엇입니까?
(   )

① 열매는 어린 암술을 보호한다.
② 씨는 꽃가루가 자라서 만들어진다.
③ 씨를 둘러싼 껍질은 양분이 가장 풍부하다.
④ 열매는 씨와 씨를 둘러싼 껍질로 이루어져 있다.
⑤ 우리가 먹는 과일은 씨와 씨방 사이에 있는 부분이다.

20 식물이 씨를 퍼뜨리는 방법이 바르게 짝 지어지지 <u>않은</u> 것은 무엇입니까? (   )

① 수련 – 물에 떠서
② 제비꽃 – 바람에 날려서
③ 봉선화 – 열매껍질이 터져서
④ 가죽나무 – 빙글빙글 돌며 날아가서
⑤ 감 – 동물에게 먹힌 뒤 똥으로 나와서

4회 단원 평가

1 세포에 대한 설명으로 바르지 <u>않은</u> 것은 무엇입니까?
( )

① 세포마다 하는 일이 다르다.
② 대부분 세포의 크기는 매우 작다.
③ 모든 생물은 세포로 이루어져 있다.
④ 세포의 모양과 크기는 대체로 비슷하다.
⑤ 동물과 식물은 모두 세포로 이루어져 있다.

2 식물 세포와 동물 세포의 차이점은 무엇입니까?
( )

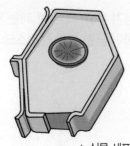 

▲ 식물 세포   ▲ 동물 세포

① 핵의 유무   ② 세포의 크기
③ 세포막의 유무   ④ 세포벽의 유무
⑤ 세포가 하는 일

3 ( ) 안에 들어갈 알맞은 말을 쓰시오.

식물 뿌리에는 솜털처럼 가는 ( )(이)
가 나 있어서 물을 더 잘 흡수하도록 해 준다.

( )

4 ( ) 안에 들어갈 알맞은 말을 각각 쓰시오.

식물의 뿌리는 식물을 지지하는 (㉠)
작용, 물을 흡수하는 (㉡) 작용, 양분을
저장하는 (㉢) 작용을 한다.

㉠: ( )
㉡: ( )
㉢: ( )

[5~6] 양파 한 개는 뿌리를 자르고 다른 한 개는 그대로 둔
양파를 비커에 올려놓고 빛이 잘 드는 곳에 2~3일 동안 놓
아두었습니다.

5 위 실험 결과에 대한 설명 중 알맞은 말은 무엇인지
○표 하시오.

뿌리를 그대로 둔 양파를 올려놓은 비커 물
의 양이 뿌리를 자른 양파를 올려놓은 비커의
물의 양보다 (조금, 많이) 줄어들었다.

서술형

6 위 실험 결과를 통해 알 수 있는 식물 뿌리의 기능을
쓰시오.

_____

_____

7 오른쪽은 붉은색 색소를 탄 물
에 백합을 넣어 둔 후 줄기를
가로로 자른 단면입니다. 붉게
물든 부분에 대한 설명으로 바
른 것은 무엇입니까?
( )

① 물이 이동하는 통로이다.
② 양분이 이동하는 통로이다.
③ 녹말이 만들어지는 곳이다.
④ 줄기의 껍질에서 볼 수 있다.
⑤ 양분이 저장되어 색이 변한 것이다.

단원 **4**

8 식물의 잎에서 만든 양분과 뿌리에서 흡수한 물이 이동하는 통로 역할을 하는 곳은 어디입니까?

( )

① 꽃   ② 잎
③ 뿌리   ④ 줄기
⑤ 열매

[9~10] 어둠상자를 씌운 모종과 씌우지 않은 모종을 빛이 잘 드는 곳에 둔 후, 다음 날 오후에 각각의 잎을 따서 엽록소를 제거하고 다음과 같이 색깔 변화를 관찰하였습니다.

빛을 받지 못한 잎   빛을 받은 잎

9 위 실험을 통해 알아보고자 하는 것은 무엇입니까?

( )

① 잎에서 만든 양분은 무엇일까?
② 잎에 도달한 물은 어떻게 될까?
③ 잎의 광합성 작용은 언제 잘 일어날까?
④ 알코올은 광합성 작용에 어떤 영향을 줄까?
⑤ 아이오딘-아이오딘화 칼륨 용액의 색깔은 무엇일까?

10 위 실험 결과 빛을 받은 식물의 잎에서 만들어진 양분은 무엇인지 쓰시오.

( )

서술형
11 잎의 모양이 납작한 까닭을 다음 용어를 모두 사용하여 설명하시오.

> 잎, 빛, 광합성

_____

_____

[12~13] 모종 한 개는 잎을 남겨 두고, 다른 한 개는 잎을 모두 없앤 뒤, 각각 같은 양의 물이 담긴 삼각 플라스크에 넣고 비닐봉지를 씌워 두었습니다.

(가)    (나)

12 (가)와 (나)에서 일어난 변화에 대해 바르게 설명한 것은 어느 것입니까? ( )

① (가)와 (나) 모두 증산 작용이 일어난다.
② (가)보다 (나) 비닐봉지에 더 많은 물방울이 생겼다.
③ 식물의 줄기가 굵을수록 증산 작용이 활발히 일어난다.
④ (나)보다 (가) 삼각 플라스크 속 물의 양이 더 많이 줄어들었다.
⑤ 삼각 플라스크 속 물의 양이 줄어든 것으로 보아, 물이 햇빛에 의해 증발한 것을 알 수 있다.

서술형
13 위 실험에서 비닐봉지 안에 물방울이 생긴 까닭을 쓰시오.

_____

_____

14 뿌리에서 흡수한 물이 키가 큰 나무 꼭대기까지 올라갈 수 있도록 돕는 것은 무엇입니까? (   )

① 잎의 광합성
② 잎의 증산 작용
③ 잎의 저장 작용
④ 줄기의 지지 작용
⑤ 뿌리의 지지 작용

15 꽃의 구조 중 다음의 설명에 해당하는 것의 기호와 이름을 바르게 짝 지은 것은 무엇입니까? (   )

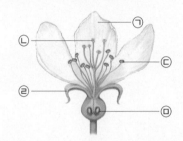

• 꽃가루가 옮겨져서 꽃가루받이가 이루어진다.

① ㉠-꽃잎
② ㉡-암술
③ ㉤-밑씨
④ ㉢-수술
⑤ ㉣-꽃받침

16 꽃잎의 색깔이 화려하고, 꽃에 꿀이 있는 까닭은 무엇입니까? (   )

① 햇빛을 최대한 많이 받기 위해서
② 동물로부터 씨를 보호하기 위해서
③ 광합성 작용을 활발히 하기 위해서
④ 뿌리에서 물을 더 많이 흡수하기 위해서
⑤ 꽃가루받이를 돕는 동물을 불러들이기 위해서

17 다양한 꽃가루받이 방법과 식물을 바르게 연결한 것은 어느 것입니까? (   )

① 부들-물
② 검정말-바람
③ 연꽃-바람
④ 옥수수-곤충
⑤ 동백나무-새

18 식물의 열매가 하는 일을 바르게 설명한 것은 무엇입니까? (   )

① 광합성을 한다.
② 양분을 만든다.
③ 꿀을 많이 만든다.
④ 씨를 멀리 퍼뜨린다.
⑤ 꽃가루받이가 잘 이루어지게 한다.

서술형

19 감의 경우 초록색을 띠고 있던 열매는 점점 익어가면서 빨간색, 주황색 등으로 바뀌고 향도 좋아집니다. 그 까닭을 다음 단어를 사용하여 설명하시오.

> 열매, 씨, 동물, 똥

_____

_____

_____

응용

20 식물 연극 공연을 하면서 식물의 어떤 부분이 하는 일을 찾아 표현한 것인지 쓰시오. ____

> 나는 빛과 이산화 탄소, 물을 이용하여 양분을 만들어. 또 사용하고 남은 물을 몸 밖으로 내보내는 일도 해.

(   )

1 한 개는 뿌리를 자르고 다른 한 개는 그대로 둔 양파를 같은 양의 물이 든 비커에 올려놓고 빛이 잘 드는 곳에 2~3일 동안 놓아두었습니다. 실험 결과 뿌리를 자르지 않은 양파를 올려놓은 비커의 물이 더 많이 줄어들었습니다. 이것으로 알 수 있는 뿌리의 기능은 무엇인지 쓰시오.

▲ 뿌리를 자른 양파

▲ 뿌리를 자르지 않은 양파

_____

뿌리의 흡수 작용

• 식물 뿌리는 물을 흡수하는 역할을 합니다.

• 뿌리를 자르거나 자르지 않은 것에 따라 비커 속 물의 양이 다르게 줄어든 까닭은 양파 뿌리가 비커의 물을 흡수하였기 때문입니다.

2 크기가 비슷한 식물 모종 두 개 중 하나에만 어둠상자를 씌운 채 햇빛에 두었다가, 다음 날 오후에 각각의 모종에서 잎을 딴 후 아이오딘–아이오딘화 칼륨 용액을 떨어뜨렸을 때 빛을 받은 잎에서만 색깔 변화가 나타났습니다. 실험으로 알게 된 사실과 식물이 양분을 만드는 과정을 쓰시오.

▲ 큰 비커에 뜨거운 물을 담고 알코올이 담긴 작은 비커에 잎 넣기

▲ 작은 비커를 뜨거운 물이 든 큰 비커에 넣기

▲ 작은 비커에서 꺼낸 잎을 물로 헹군 뒤 색깔 변화 관찰하기

(1) 실험에서 알게 된 사실: _____

_____

(2) 식물이 양분을 만드는 과정: _____

_____

식물의 광합성

• 아이오딘–아이오딘화 칼륨 용액은 녹말과 만났을 때 청람색으로 변합니다.

• 식물이 빛과 이산화 탄소, 뿌리에서 흡수한 물을 이용하여 스스로 양분을 만드는 것을 광합성이라고 합니다.

• 광합성은 주로 잎에서 일어나며 잎에서 만든 양분은 줄기를 통해 필요한 곳으로 이동하고 저장됩니다.

3 크기가 비슷한 모종 두 개 중 하나는 잎을 제거하고, 다른 하나는 그대로 둔 채 각각 비닐봉지를 씌워 햇빛이 잘 드는 곳에 두었습니다. 1~2일 뒤에 비닐봉지를 관찰한 결과, 비닐봉지 안에 생기는 변화는 무엇이며 그와 같은 결과가 나타난 까닭을 쓰시오.

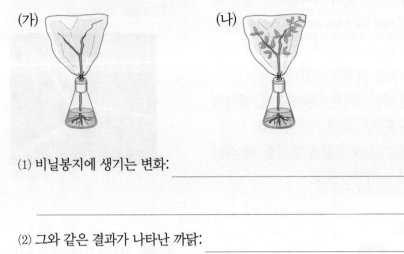

(가) (나)

(1) 비닐봉지에 생기는 변화: _____

_____

(2) 그와 같은 결과가 나타난 까닭: _____

_____

식물의 증산 작용

• 잎에 도달한 물이 보이지 않는 구멍인 기공을 통해 밖으로 빠져나갑니다.

• 증산 작용은 뿌리에서 흡수한 물을 식물의 꼭대기까지 끌어 올릴 수 있도록 돕고, 식물의 온도를 조절하는 역할을 합니다.

4 단원

4 꽃의 구조를 나타낸 것입니다. 각 부분의 명칭을 쓰고, 꽃이 하는 일을 쓰시오.

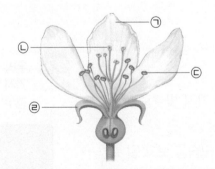

(1)

㉠	㉡	㉢	㉣

(2) 꽃이 하는 일: _____

꽃의 구조와 하는 일

• 대부분 꽃은 암술, 수술, 꽃잎, 꽃받침으로 이루어져 있습니다.

– 꽃잎: 암술과 수술을 보호합니다.

– 암술: 꽃가루받이를 거쳐 씨를 만듭니다.

– 수술: 꽃가루를 만듭니다.

– 꽃받침: 꽃잎을 보호합니다.

5. 빛과 렌즈

교과서 94~99쪽

빛과 렌즈로 놀이하기

(1) 빛이 닿는 위치 바꾸기 놀이하기

　① 볼록 렌즈를 이용하면 ✱레이저 지시기의 빛이 나아가는 방향을 바꿀 수 있습니다. → 볼록 렌즈의 양쪽 가장자리, 가운데 부분 등 여러 곳에 레이저 지시기의 빛을 비추었을 때 빛이 렌즈를 통과하여 어떻게 나아가는지 살펴봅니다.

　② 레이저 지시기와 스크린 사이에 있는 볼록 렌즈의 위치에 따라 스크린에 나타나는 레이저 지시기의 빛은 위치가 바뀝니다.

　③ 레이저 지시기의 빛이 볼록 렌즈의 가장자리를 ✱통과할 때, 레이저 지시기의 빛은 볼록 렌즈의 두꺼운 쪽으로 꺾여 나아갑니다.

　④ 레이저 지시기의 빛이 볼록 렌즈의 가운데 부분을 통과할 때 레이저 지시기의 빛은 꺾이지 않고 그대로 나아갑니다. → 볼록 렌즈는 가운데 부분이 두껍기 때문에 가운데 부분으로 빛이 꺾여 나아갑니다.

햇빛이 프리즘을 통과하면 어떻게 될까요?

(1) 프리즘을 통과한 햇빛 관찰하기

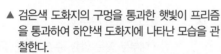
▲ 검은색 도화지의 구멍을 통과한 햇빛이 프리즘을 통과하여 하얀색 도화지에 나타난 모습을 관찰한다.

▲ 프리즘을 통과한 햇빛이 하얀색 도화지에 나타난 모습

　① 하얀색 도화지에 여러 가지 ✱빛깔로 나타납니다.

　② 여러 가지 빛깔이 연속해서 나타납니다.

(2) 프리즘으로 알 수 있는 햇빛의 특징

　① 햇빛은 프리즘을 통과하면 하얀색 도화지에 여러 가지 빛깔로 나타납니다.

　② 프리즘을 통과한 햇빛이 하얀색 도화지에 나타난 모습을 보고 알 수 있는 햇빛의 특징: 햇빛은 여러 가지 빛깔로 이루어진 것을 알 수 있습니다.

　③ 우리 생활에서 햇빛이 여러 가지 빛깔로 나뉘어 보이는 예

　　• 유리의 비스듬하게 잘린 부분을 통과한 햇빛이 만든 무지개

　　• 비가 내린 뒤 볼 수 있는 무지개

　　• 건물 천장의 프리즘을 통과한 햇빛이 벽에 나타낸 여러 가지 빛깔

 탐구 1　프리즘

유리나 플라스틱으로 만든 투명한 삼각기둥 모양의 기구입니다.

▲ 프리즘

실험 1　햇빛을 프리즘에 통과시키기

• 운동장에 나가 햇빛의 방향을 생각하며 손잡이가 있는 프리즘을 스탠드에 고정합니다.

• 검은색 도화지의 긴 구멍을 통과한 햇빛이 프리즘을 통과할 수 있도록 프리즘의 위치를 조절합니다.

• 프리즘을 통과한 햇빛이 닿는 곳에 하얀색 도화지를 놓습니다.

• 햇빛을 프리즘에 통과시키면 햇빛이 하얀색 도화지에 어떤 모습으로 나타나는지 관찰합니다.

 탐구 2　우리 생활에서 햇빛이 여러 가지 빛깔로 나뉘어 보이는 경우

▲ 비가 내린 뒤 볼 수 있는 무지개

볼록 렌즈를 통과하는 빛의 모습

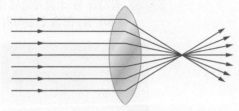

▲ 볼록 렌즈를 통과하는 빛

빛은 직진하다가 볼록 렌즈를 통과하면서 볼록 렌즈의 두꺼운 쪽으로 꺾입니다.

빛의 분산

• 햇빛이나 전등과 같은 빛은 모든 파장의 빛을 전부 포함하며 우리 눈에 색깔이 없는 것처럼 보이기 때문에 백색광이라고 합니다.
• 백색광이 프리즘을 통과하면서 굴절되면 각각의 파장에 따라 굴절되는 정도가 달라서 빨강, 주황, 노랑, 초록, 파랑, 남색, 보라색의 띠로 분리되는데 이러한 현상을 빛의 분산이라고 합니다.

용어풀이

✦ 레이저 빛이 강하게 퍼지지 않고 멀리 전달되는 특징이 있어 멀리 있는 물체를 가리키는 도구에 사용되기도 함.
✦ 통과 어떤 곳이나 때를 멈추지 않고 그냥 지나감.
✦ 빛깔 물체가 빛을 받을 때 빛의 파장에 따라 나타나는 특유한 빛

개념을 확인해요

1 볼록 렌즈를 이용하면 레이저 지시기의 빛이 나아가는 ☐☐ 을 바꿀 수 있습니다.

2 빛은 볼록 렌즈의 ☐☐☐ 쪽으로 꺾여 나아갑니다.

3 빛이 볼록 렌즈의 ☐☐☐ 부분을 통과할 때 빛은 꺾이지 않고 나아갑니다.

4 ☐☐☐ 은 유리나 플라스틱으로 만든 투명한 삼각기둥 모양의 기구입니다.

5 ☐☐ 을 프리즘에 통과시키면 여러 가지 빛깔로 나타납니다.

6 유리의 비스듬하게 잘린 부분을 통과한 햇빛도 여러 가지 ☐☐ 로 나타납니다.

7 비가 내린 뒤 볼 수 있는 ☐☐☐ 는 햇빛이 여러 가지 빛깔로 이루어져 있기 때문에 나타나는 현상입니다.

8 프리즘을 통과한 햇빛의 모습을 보고 햇빛은 여러 가지 ☐☐ 로 이루어져 있음을 알 수 있습니다.

5 단원

5. 빛과 렌즈

교과서
100~101쪽

🔵 빛은 공기와 물의 ★경계에서 어떻게 나아갈까요?

(1) 공기와 물의 경계에서 빛이 나아가는 모습 관찰하기

① 실험 방법

• 투명한 사각 수조에 물을 $\frac{1}{2}$ 정도 높이까지 채우고, 우유를 네다섯 방울 떨어뜨린 다음 유리 막대로 젓습니다.

• 향을 피워 ★수면 근처에 가져간 뒤, 투명한 아크릴판으로 덮어 수조에 향 연기를 채웁니다.

• 레이저 지시기의 빛을 수조 위쪽에서 아래쪽으로, 아래쪽에서 위쪽으로 여러 각도에서 비추어 빛이 나아가는 모습을 관찰합니다.

② 실험 결과

▲ 수조 위쪽에서 아래쪽으로 레이저 지시기의 빛을 비춘 모습

▲ 수조 아래쪽에서 위쪽으로 레이저 지시기의 빛을 비춘 모습

(2) 빛이 서로 다른 물질의 경계에서 나아가는 모습

빛을 수면에 비스듬하게 비출 때	공기와 물의 경계에서 빛이 꺾여 나아간다.
빛을 수면에 ★수직으로 비출 때	공기와 물의 경계에서 꺾이지 않고 그대로 나아간다.

① 빛의 ★굴절: 빛이 서로 다른 물질의 경계에서 꺾여 나아가는 현상

② 빛은 공기 중에서 물로 비스듬히 나아갈 때 공기와 물의 경계에서 꺾입니다.

③ 빛은 공기 중에서 물로 비스듬히 나아갈 때뿐만 아니라 물에서 공기 중으로 비스듬히 나아갈 때에도 굴절합니다.

④ 빛은 공기와 유리가 만나는 경계에서도 굴절합니다.

⑤ 빛은 공기와 유리, 공기와 기름 등과 같이 공기와 다른 물질이 만나는 경계에서 굴절합니다.

실험 1 공기와 물의 경계에서 빛이 나아가는 모습 관찰하기

▲ 물이 든 투명한 사각 수조에 우유 떨어뜨리기

▲ 향을 피워 수면 근처에 가져가기

▲ 위쪽에서 아래쪽으로 레이저 지시기의 빛 비추기

▲ 아래쪽에서 위쪽으로 레이저 지시기의 빛 비추기

프리즘에 레이저 지시기의 빛을 비추었을 때 빛의 굴절

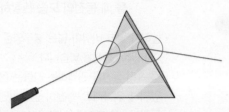

레이저 지시기의 빛이 공기 중에서 나아가다가 프리즘을 만나면 공기와 프리즘의 경계에서 진행 방향이 꺾일뿐만 아니라 프리즘에서 공기 중으로 나아갈 때에도 프리즘과 공기의 경계에서 꺾입니다.

빛이 굴절하는 까닭

물질에 따라 빛의 진행 속력이 다르기 때문에 굴절이 나타납니다. 일정한 속력으로 가던 자동차가 포장도로와 잔디의 경계에서 비스듬히 나아가면 잔디에 먼저 닿는 바퀴가 포장도로 쪽 바퀴보다 속력이 느려져 자동차의 진행 방향이 꺾이는 것과 같은 원리입니다.

개념을 확인해요

1 공기와 물이 만나는 경계에서 [ ]이 나아가는 모습을 잘 관찰하기 위해 향을 피워 수면 근처에 가져갑니다.

2 빛이 공기 중에서 물로 비스듬히 나아갈 때 [ ] [ ] 에서 빛이 꺾여 나아갑니다.

3 빛이 서로 다른 물질의 경계에서 꺾여 나아가는 현상을 빛의 [ ][ ] 이라고 합니다.

4 빛을 수면에 [ ][ ]으로 비추면 공기와 물의 경계에서 꺾이지 않고 그대로 나아갑니다.

5 공기와 기름의 경계에서 빛은 [ ][ ] 합니다.

6 프리즘에 레이저 지시기의 빛을 비추면 경계에서 빛이 [ ][ ] 합니다.

7 레이저 지시기의 빛은 유리에서 공기 중으로 나아갈 때도 유리와 공기의 [ ][ ] 부분에서 꺾여 나아갑니다.

8 빛은 공기와 유리, 공기와 기름 같이 [ ][ ] 와 다른 물질이 만나는 경계에서 굴절합니다.

5. 빛과 렌즈

물속에 있는 물체는 어떻게 보일까요?

(1) 물속에 있는 물체의 모습 관찰하기

① 동전이 들어 있는 컵에 물을 부었을 때 동전의 모습 관찰하기

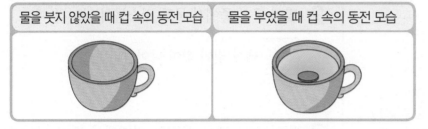

물을 붓지 않았을 때 컵 속의 동전 모습	물을 부었을 때 컵 속의 동전 모습

② 젓가락이 들어 있는 컵에 물을 부었을 때 젓가락의 모습 관찰하기

물을 붓지 않았을 때 컵 속의 젓가락 모습	물을 부었을 때 컵 속의 젓가락 모습

③ 물속에 있는 물체의 모습이 실제 모습과 다르게 보이는 까닭: 공기와 물의 경계에서 빛이 굴절하기 때문입니다.

④ 물속의 물고기가 실제 ✦위치보다 떠올라 있는 것처럼 보이는 현상

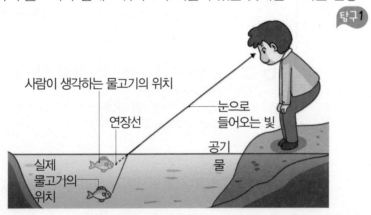

- 물고기에 닿아 ✦반사된 빛은 물속에서 공기 중으로 나올 때 물과 공기의 경계에서 굴절해 사람의 눈으로 들어오는데, 사람은 눈으로 들어온 빛의 ✦연장선에 물고기가 있다고 생각합니다.
- 사람은 빛이 물 표면에서 굴절된 것을 알지 못하고 곧바로 눈에 도달하는 것으로 생각하지만, 실제 물고기의 위치는 사람이 생각하는 물고기의 위치보다 더 아래쪽에 있습니다.
- 공기와 물의 경계에서 빛이 굴절하기 때문에 물속에 있는 물체의 모습이 실제 모습과 다르게 보입니다.

실험1 동전을 넣은 컵에 물을 부었을 때 동전의 모습 관찰하기

- 높이가 낮고 바닥이 넓은 불투명한 컵의 바닥에 동전을 넣습니다.
- 컵 속의 동전을 관찰하는 사람은 몸을 앞뒤나 위아래로 천천히 움직이면서 동전이 보이다가 보이지 않는 위치에서 멈추고 컵 속을 바라봅니다.
- 한 사람이 천천히 컵에 물을 부으면 다른 사람은 컵 속의 동전 모습을 관찰해 봅니다.

탐구1 물속에 있는 물체가 실제 모습과 다르게 보이는 예

- 깊은 개울물이 얕아 보입니다.
- 물속에서 다리가 짧아 보입니다.
- 물에 잠긴 젓가락이 꺾여 보입니다.
- 물속의 물고기가 보이는 곳보다 더 깊은 곳에 있습니다.
- 개울에서 눈에 보이는 다슬기를 한 번에 잡을 수 없습니다.

📡 컵에 물을 부으면 컵 속의 동전이 보이는 까닭

• 컵에 물을 붓지 않으면 동전에서 반사된 빛이 눈에 도달하지 않기 때문에 컵 속의 동전을 볼 수 없습니다.

▲ 물을 붓지 않았을 때

• 컵에 물을 부으면 동전에서 반사된 빛의 일부가 물속에서 공기 중으로 나올 때 물과 공기의 경계에서 굴절되어 사람의 눈으로 들어오기 때문에 동전이 보입니다.

▲ 물을 부었을 때

1 컵 속의 동전이 보이지 않다가 　　　을 부으면 동전이 보입니다.

2 컵에 젓가락을 넣고 　　　을 부으면 젓가락이 꺾여 보입니다.

3 물속에 있는 물체는 실제와 다른 　　　　에 있는 것처럼 보입니다.

4 컵 속의 동전이 물을 붓지 않았을 때 보이지 않다가 물을 부었을 때 보이는 까닭은 빛이 　　　　하기 때문입니다.

5 공기와 　　　의 경계에서 빛이 굴절하기 때문에 물속에 있는 물체의 모습이 실제 모습과 다르게 보입니다.

6 물속에 있는 물고기에 닿아 반사된 빛은 물속에서 공기 중으로 나올 때 물과 공기의 경계에서 　　　　해 사람의 눈으로 들어옵니다.

7 물속에 있는 실제 물고기의 위치는 사람이 생각하는 물고기의 위치보다 더 　　　　쪽에 있습니다.

8 물속의 물고기가 실제 위치와 다른 위치에 있는 것처럼 보이는 까닭은 빛이 공기와 물의 경계에서 　　　　하기 때문입니다.

5

단원

💿 **볼록 렌즈에는 어떤 특징이 있을까요?**

(1) 볼록 렌즈의 특징 관찰하기

모양	특징
	• 대부분 동그란 모양이다. • 투명한 물질로 만들어져 있다. • 가운데 부분이 ★가장자리보다 두껍다.

(2) 볼록 렌즈로 주위의 여러 가지 물체 관찰하기

① 볼록 렌즈와 가까이 있는 물체는 실제 물체보다 크게 보입니다.

② 볼록 렌즈와 멀리 있는 물체: 실제 물체보다 작게 보이고, 상하좌우 가 바뀌어 보입니다. →눈과 볼록 렌즈 사이의 거리를 멀리 두고 멀리 있는 물체를 보면 물체가 거꾸로 보입니다.

③ 볼록 렌즈로 멀리 있는 물체를 보면 눈과 볼록 렌즈 사이의 거리에 따라 물체의 크기가 다르게 보이거나 물체가 거꾸로 보입니다.

(3) 볼록 렌즈에 레이저 지시기의 빛 통과시키기 탐구1

① 실험 방법: 볼록 렌즈에 레이저 지시기의 빛을 비추고 볼록 렌즈 의 양쪽 빈 공간에 ★분무기로 물을 뿌려 빛이 나아가는 모습을 관찰합니다.

② 실험 결과 →렌즈의 두꺼운 쪽으로 빛이 꺾여 나아갑니다.

• 곧게 나아가던 레이저 지시기의 빛이 볼록 렌즈의 가장자리를 통 과하면 빛은 두꺼운 가운데 부분으로 꺾여 나아갑니다.

• 곧게 나아가던 레이저 지시기의 빛이 볼록 렌즈의 가운데 부분을 통과하면 빛은 꺾이지 않고 그대로 나아갑니다.

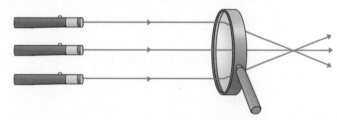

(4) 우리 생활에서 볼록 렌즈의 ★구실을 하는 물체 탐구2

① 볼록 렌즈 구실을 하는 물체: 물방울, 유리 막대, 물이 담긴 둥근 어 항, 물이 담긴 둥근 유리잔, 물이 담긴 투명 지퍼 백 등

② 볼록 렌즈 구실을 하는 물체의 특징

• 빛을 통과시킬 수 있습니다.

• 가운데 부분이 가장자리보다 두껍습니다.

탐구1 **볼록 렌즈에 레이저 지시기 의 빛 비추기**

▲ 볼록 렌즈에 레이저 지시기의 빛을 비추고 볼록 렌즈의 양쪽 빈 공간에 분무기로 물을 뿌려 빛이 나아가는 모습 관찰하기

탐구2 **볼록 렌즈 구실을 하는 물체**

래서 아무 일도 없었던 듯이 병
은 세 번째 아이를 만날 수 있게
구두를 확인해 보지 않은 것이 두
그를 차갑게 일깨워 준 것이
구두의 손질의 정도에 따라 그
는 생각이 드는 것이었다. 구두

▲ 물방울

공기와 물의 경계에서 어떻게 나아갈까요?

공기 중에서 물로 비스듬히 나아갈 때 공기와

빛은 공기 중에서 물로 비스듬히 나아갈 때
비스듬히 나아갈 때에도 굴절합니다. 또 빛은 공
굴절합니다.

▲ 유리 막대

▲ 물이 담긴 둥근 어항

여러 가지 볼록 렌즈 모양

▲ 평면 볼록 렌즈

▲ 양면 볼록 렌즈

▲ 오목 볼록 렌즈

- 볼록 렌즈를 앞에서 보면 둥글고 옆에서 보면 가장 자리보다 가운데 부분이 두껍습니다.
- 볼록 렌즈를 만져 보면 가운데 부분이 더 두껍습니다.
- 오목 볼록 렌즈도 가운데 부분이 가장자리 부분보다 더 두껍기 때문에 볼록 렌즈입니다.

개념을 확인해요

1 ☐☐ 렌즈는 가운데 부분이 가장자리보다 두껍습니다.

2 돋보기안경은 ☐☐ 렌즈로 만듭니다.

3 볼록 렌즈로 멀리 있는 물체를 관찰하면 실제 물체보다 작게 보이고, ☐☐☐☐ 가 바뀌어 보입니다.

4 볼록 렌즈에 레이저 지시기의 빛을 비출 때, 분무기로 ☐ 을 뿌리는 까닭은 빛이 나아가는 모습을 잘 관찰하기 위해서입니다.

5 레이저 지시기의 빛이 곧게 나아가다가 볼록 렌즈의 가장자리를 통과하면 ☐☐☐ 부분으로 꺾여 나아갑니다.

6 유리 막대, 물방울은 ☐☐ 렌즈 구실을 합니다.

7 볼록 렌즈 구실을 하는 물체는 가운데 부분이 가장자리보다 ☐☐☐ 특징이 있습니다.

8 물방울, 물이 담긴 둥근 어항, 물이 담긴 둥근 유리잔 등은 ☐☐ 렌즈 구실을 하는 물체들입니다.

5. 빛과 렌즈

교과서
106~107쪽

볼록 렌즈를 통과한 햇빛은 어떻게 될까요?

(1) 볼록 렌즈를 통과한 햇빛 관찰하기

① 운동장에서 태양, 볼록 렌즈, 하얀색 *도화지가 *일직선이 되게 합니다.

② 볼록 렌즈에 가까이 있던 하얀색 도화지를 점점 멀리할 때, 하얀색 도화지에 햇빛이 만든 원의 크기가 어떻게 달라지는지 관찰합니다.

③ 볼록 렌즈와 하얀색 도화지 사이의 거리를 약 25 cm로 했을 때, 하얀색 도화지에 햇빛이 만든 원의 밝기를 관찰합니다.

④ 볼록 렌즈와 하얀색 도화지 사이의 거리를 약 25 cm로 했을 때, 하얀색 도화지에 햇빛이 만든 원 안의 온도와 원 밖의 온도를 측정하고 비교합니다.

(2) 볼록 렌즈와 *평면 유리를 통과한 햇빛이 하얀색 도화지에 만든 원의 크기

구분	볼록 렌즈, 평면 유리와 하얀색 도화지 사이의 거리		
	가까울 때(5 cm)	중간일 때(25 cm)	멀 때(45 cm)
볼록 렌즈	◯	●	◯
평면 유리	◯	◯	◯

① 볼록 렌즈는 햇빛을 굴절시켜 한곳으로 모을 수 있습니다.

② 볼록 렌즈와 하얀색 도화지 사이의 거리가 중간일 때 빛을 한 곳으로 모을 수 있습니다. → 평면 유리는 빛을 한 곳으로 모을 수 없습니다.

(3) 볼록 렌즈와 평면 유리를 통과한 햇빛이 하얀색 도화지에 만든 원 안의 밝기와 온도 탐구2

구분	볼록 렌즈를 통과한 햇빛이 만든 원 안		평면 유리를 통과한 햇빛이 만든 원 안	
밝기	주변보다 밝다.		주변보다 어둡다.	
온도 (℃)	원 안	원 밖	원 안	원 밖
	50.0	25.0	24.5	25.0

① 볼록 렌즈로 햇빛을 모았을 때 하얀색 도화지에 만든 원 안의 빛의 밝기가 평면 유리가 만든 원 안의 밝기보다 더 밝습니다.

② 볼록 렌즈로 햇빛을 모은 곳의 온도는 평면 유리가 하얀색 도화지에 만든 원 안의 온도보다 더 높습니다.
→ 볼록 렌즈로 모은 빛이 모인 지점은 온도가 높아지므로 검은색 종이나 검은색 부분을 태울 수 있습니다.

탐구1 볼록 렌즈로 햇빛 모으기

볼록 렌즈로 햇빛을 모은 곳은 밝기가 밝고 온도가 높습니다.

탐구2 볼록 렌즈와 평면 유리를 통과한 햇빛이 만든 원의 밝기와 온도 차이

• 평면 유리와 달리 볼록 렌즈는 햇빛을 모을 수 있습니다.

• 볼록 렌즈로 햇빛을 모은 곳은 밝기가 더 밝습니다.

• 볼록 렌즈로 햇빛을 모아 만든 원 안의 온도는 평면 유리를 통과한 햇빛이 만든 원 안의 온도보다 더 높습니다.

• 볼록 렌즈를 이용해 햇빛을 모으면 온도가 높기 때문에 종이의 검은색 부분을 태워 그림을 그릴 수 있습니다.

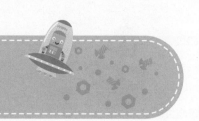

볼록 렌즈를 이용하여 그림 그리기

- 볼록 렌즈의 빛을 모으는 특징을 이용하여 그림을 그릴 수 있습니다.
- 볼록 렌즈를 이용해 햇빛을 모으면 온도가 높기 때문에 종이의 검은색 부분을 태워 그림을 그릴 수 있습니다.

▲ 하얀색 도화지에 검은색 사인펜으로 그림을 그린 다음 볼록 렌즈로 햇빛을 모아 검은색 부분을 태웁니다.

▲ 볼록 렌즈로 햇빛을 모아 검은색 종이를 직접 태웁니다.

개념을 확인해요

1 볼록 렌즈를 통과한 햇빛을 관찰하기 위해서는 태양, 볼록 렌즈, 하얀색 도화지를 □ □ □으로 놓아야 합니다.

2 볼록 렌즈를 통과한 햇빛은 □ □ 됩니다.

3 볼록 렌즈와 평면 유리 중 빛을 모을 수 있는 것은 □ □ □ □ 입니다.

4 볼록 렌즈와 하얀색 도화지 사이를 가까이했다가 멀리하면서 햇빛을 통과시키면, 햇빛이 모아졌다가 다시 □ □ □ □.

5 볼록 렌즈를 통과한 햇빛이 하얀색 도화지에 만든 원 안의 밝기는 평면 유리를 통과한 햇빛이 만든 원 안의 밝기보다 더 □ □ □ □.

6 볼록 렌즈로 햇빛을 모은 원 안의 온도는 평면 유리가 하얀색 도화지에 만든 원 안의 온도보다 더 □ □ □ □.

7 위 **6**번에서 원 안의 온도를 잴 때 알맞은 것은 □ □ □ 온도계입니다.

8 볼록 렌즈와 평면 유리 중 종이의 검은색 부분을 태워 그림을 그릴 수 있는 것은 □ □ □ 입니다.

5
단원

5. 빛과 렌즈

간이 사진기로 물체를 보면 어떻게 보일까요?

(1) 간이 사진기를 만들어 물체 관찰하기 탐구1

① 간이 사진기: 물체에서 반사된 빛을 겉 상자에 있는 볼록 렌즈로 모아 물체의 모습이 속 상자의 기름종이에 나타나게 하는 간단한 사진기입니다.

② 간이 사진기 만드는 과정

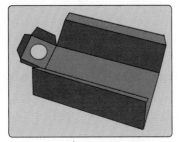

❶ 간이 사진기 ★전개도로 겉 상자를 만든다.

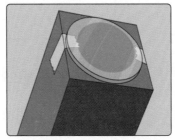

❷ 겉 상자의 동그란 구멍이 뚫린 부분에 셀로판테이프로 볼록 렌즈를 붙인다.

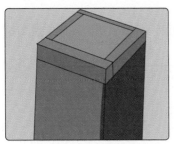

❸ 간이 사진기 전개도로 속 상자를 만들고 한쪽 끝에 기름종이를 붙인다.

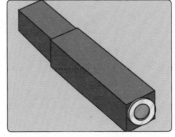

❹ 겉 상자에 속 상자를 넣어 간이 사진기를 완성한다.

(2) 간이 사진기로 물체 관찰하기

실제 모습	간이 사진기로 관찰한 모습
ㄱ	ㄴ

① 간이 사진기로 물체를 보면 실제 모습과 다르게 보입니다.

② 간이 사진기로 물체를 보면 물체의 ★상하좌우가 바뀌어 보입니다.

(3) 간이 사진기로 본 물체의 모습 탐구2

① 간이 사진기로 물체를 보면 속 상자에 붙인 기름종이에서 상하좌우가 바뀐 물체의 모습을 볼 수 있습니다.

② 간이 사진기로 본 물체의 모습이 실제 모습과 다른 까닭: 간이 사진기에 있는 볼록 렌즈가 빛을 굴절시켜 기름종이에 상하좌우가 다른 물체의 모습을 만들기 때문입니다.

탐구1 **간이 사진기**

· 겉 상자에 속 상자를 넣고, 속 상자나 겉 상자를 움직여 물체의 모습을 관찰할 수 있는 간단한 사진기입니다.

· 겉 상자에 난 큰 구멍에 볼록 렌즈가 붙어 있고, 속 상자에 ★스크린 역할을 할 수 있는 기름종이가 붙어 있습니다.

탐구2 **간이 사진기로 먼 곳의 물체를 관찰한 모습**

▲ 실제 모습

▲ 간이 사진기로 본 모습

간이 사진기로 가까이 있는 물체와 멀리 있는 물체 관찰하기

- 기름종이에 물체의 모습이 선명하게 나타나게 하기 위해서는 볼록 렌즈와 기름종이 사이의 거리를 조절하여야 합니다.
- 가까이 있는 물체를 관찰할 때: 볼록 렌즈와 기름 사이의 거리를 멀게 해야 합니다.
- 멀리 있는 물체를 관찰할 때: 볼록 렌즈와 기름종이 사이의 거리를 가깝게 해야 합니다.

간이 사진기로 관찰한 모습 그려보기

실제 모습	간이 사진기로 본 모습
↖	↘

▲ 간이 사진기로 물체를 보면 물체의 모습이 상하좌우가 바뀌어 보입니다.

용어풀이

- ✦ 전개도   입체도형의 표면을 잘라서 평면 위에 펼쳐 놓은 도형
- ✦ 상하좌우   위와 아래, 왼쪽과 오른쪽을 아울러 이르는 말
- ✦ 스크린   영화나 그림자 등을 보기 위해 모습을 비추는 흰색의 천으로 된 막

개념을 확인해요

1 사진기에는 □□ 렌즈가 들어 있습니다.

2 간이 사진기의 겉 상자에 있는 동그란 구멍에는 □□□□ 를 붙입니다.

3 간이 사진기의 속 상자 한쪽 끝에는 □□ □□ 를 붙입니다.

4 간이 사진기에서 물체의 모습을 볼 수 있는 곳은 □□□□ 입니다.

5 간이 사진기로 물체를 보면 실제 모습과 □ □□ 보입니다.

6 간이 사진기로 물체를 보면 물체의 □□ □□ 가 바뀌어 보입니다.

7 간이 사진기에 있는 볼록 렌즈는 빛을 □ □ 시킵니다.

8 간이 사진기의 볼록 렌즈가 빛을 굴절시켜 □ □□□ 에 위치가 바뀐 물체의 모습을 만듭니다.

5. 빛과 렌즈

우리 생활에서 볼록 렌즈는 어디에 이용될까요?

(1) 볼록 렌즈를 이용한 기구 조사하기 〔탐구1〕

① 볼록 렌즈를 이용해 만든 기구: 현미경, 망원경, 쌍안경, 사진기, 휴대 전화 사진기 등

② 볼록 렌즈를 이용해 만든 기구의 이름과 ✱쓰임새

기구의 이름	현미경	망원경	사진기	휴대 전화	의료용 장비
쓰임새	작은 물체 ✱확대	멀리 있는 물체 확대	빛을 모아 사진 촬영	빛을 모아 사진 및 영상 촬영	물체 확대

(2) 우리 생활에서 볼록 렌즈를 사용했을 때 좋은 점

① 시력을 교정하는 데 도움을 줍니다. ㅡ먼 곳은 잘 보이지만 가까운 곳은 잘 보이지 않을 때 돋보기 안경으로 시력을 교정합니다.

② 물체의 모습을 확대해서 볼 수 있으므로 섬세한 작업을 할 때 도움이 되고 작은 물체나 멀리 있는 물체를 자세히 관찰할 수 있습니다.

(3) 현미경의 기능과 특징

① 현미경의 ✱대물렌즈는 작은 물체에서 온 빛을 모이게 하여 물체의 모습을 거꾸로 크게 맺히게 합니다. ·빛을 모으는 볼록 렌즈의 성질을 이용합니다.

② 현미경의 ✱접안렌즈는 맺힌 물체의 모습을 더 크게 보이게 합니다.

③ 현미경은 볼록 렌즈인 대물렌즈와 접안렌즈를 이용하여 작은 물체의 모습을 확대해서 볼 수 있게 만든 기구입니다.

우리가 찾은 볼록 렌즈로 세상 보기

(1) 볼록 렌즈의 구실을 하는 물체

① 볼록 렌즈의 구실을 할 수 있는 것: 유리 막대, 물방울이 맺힌 유리판, 물이 담긴 유리컵, 물이 담긴 투명한 일회용 장갑 등

② 볼록 렌즈의 구실을 할 수 있는 것으로 본 물체의 모습: 물체의 모습이 실제와 다르게 보입니다.

(2) '우리가 찾은 볼록 렌즈로 세상 보기' 영상 만들기

① '우리가 찾은 볼록 렌즈로 세상 보기'를 주제로 영상을 만들 계획을 세우고 필요한 재료를 준비합니다.

② 볼록 렌즈로 본 여러 가지 물체의 재미있는 모습을 스마트폰 등의 기기로 촬영합니다.

③ 영상 편집 프로그램을 이용해 '우리가 찾은 볼록 렌즈로 세상 보기' 영상을 제작합니다.

〔탐구1〕 볼록 렌즈가 쓰인 곳

▲ 망원경

▲ 사진기

▲ 현미경

▲ 쌍안경

볼록 렌즈를 이용한 기구

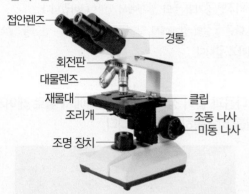

접안렌즈
경통
회전판
대물렌즈
재물대
조리개
조명 장치
클립
조동 나사
미동 나사

▲ 광학 현미경

보조 망원경
경통
가대
접안렌즈
삼각대

▲ 망원경

▲ 사진기

용어풀이

✦ 쓰임새　물건이 실제로 사용되는 곳
✦ 확대　사물의 모양이나 현상의 크기나 범위 등을 더 크게 함.
✦ 대물렌즈　현미경, 망원경 등의 장치에서 물체와 가까운 쪽에 있는 렌즈
✦ 접안렌즈　현미경, 망원경 등의 장치에서 눈에 가까운 쪽에 있는 렌즈

개념을 확인해요

1 ☐ 을 모으는 볼록 렌즈의 성질을 이용해 여러 가지 기구를 만들어 사용합니다.

2 돋보기, 현미경, 망원경 등은 ☐☐ 렌즈를 이용해 만든 기구입니다.

3 ☐☐☐ 은 볼록 렌즈를 이용하여 작은 물체의 모습을 확대해서 볼 수 있게 만든 기구입니다.

4 현미경은 볼록 렌즈인 ☐☐ 렌즈와 접안렌즈를 이용하여 만든 기구입니다.

5 ☐☐☐ 은 볼록 렌즈를 이용하여 멀리 있는 물체를 확대해서 볼 수 있게 만든 기구입니다.

6 현미경, 망원경, 쌍안경 등은 물체를 ☐☐ 하기 위해 볼록 렌즈를 이용한 기구입니다.

7 물이 담긴 유리컵, 유리 막대, 물방울이 맺힌 유리판 등은 우리 생활에서 ☐☐☐☐ 의 구실을 하는 물체입니다.

8 볼록 렌즈와 같은 구실을 하는 것으로 물체를 보면 물체의 모습이 ☐☐☐ 보입니다.

5
단원

핵심 1

햇빛이 프리즘을 통과하면 하얀색 도화지에 여러 가지 빛깔로 나타납니다. 유리의 비스듬하게 잘린 부분을 통과한 햇빛이 만든 무지개, 비가 내린 뒤에 볼 수 있는 무지개 등은 햇빛이 여러 빛깔로 이루어져 있기 때문에 나타나는 현상입니다.

1 오른쪽 기구의 이름을 쓰시오.

( )

2 햇빛이 프리즘을 통과했을 때 하얀색 도화지에 나타나는 현상을 바르게 관찰한 것은 어느 것입니까?
( )

① 어두운 그림자가 나타난다.
② 빨간색 색깔의 빛만 보인다.
③ 한 가지 색깔의 빛만 보인다.
④ 여러 가지 색깔의 빛이 보인다.
⑤ 흰색과 검은색 빛깔만 나타난다.

3 비가 내린 뒤 볼 수 있는 무지개를 통해 알 수 있는 사실을 설명한 것입니다. ( ) 안에 알맞은 말을 쓰시오.

( )은 여러 빛깔로 이루어져 있다.

( )

핵심 2

레이저 지시기의 빛을 공기 중에서 물로 또는 물에서 공기로 비스듬히 비추면 공기와 물의 경계에서 꺾여 나아갑니다.
서로 다른 물질의 경계에서 빛이 꺾여 나아가는 현상을 빛의 굴절이라고 합니다.

[4~5] 다음과 같이 장치를 하고 공기에서 물로 레이저 지시기의 빛을 비스듬히 비추었습니다.

4 위의 실험 결과를 바르게 말한 것은 무엇입니까?
( )

① 빛이 그대로 직진한다.
② 물의 표면을 따라 빛이 퍼진다.
③ 물속으로 들어간 빛은 물속에서 사라진다.
④ 공기와 물의 경계에서 빛이 꺾여 나아간다.
⑤ 레이저 지시기에서 나온 빛은 여러 빛깔로 나뉘어진다.

5 위 실험에서 레이저 지시기의 빛이 나아가는 모습을 그리시오.

6 ( ) 안에 들어갈 알맞은 말을 쓰시오.

빛이 서로 다른 물질의 경계에서 꺾여 나아가는 현상을 빛의 ( )이라고 한다.

( )

핵심 3

컵 속에 넣은 동전은 물을 붓지 않았을 때 보이지 않다가 물을 부었을 때 보입니다.

물을 부었을 때 컵 속의 동전이 보이는 까닭은 빛이 굴절하기 때문입니다.

[7~9] 컵 속에 동전을 넣고 모습을 관찰하였습니다.

(가)

(나)

7 컵에 물을 붓고 동전을 본 경우는 어느 것인지 기호를 쓰시오.

(   )

8 위 실험에서 컵에 물을 부었을 때에 대한 설명으로 바른 것은 무엇입니까? (   )

① 동전이 물 위에 뜬다.
② 동전의 크기가 커진다.
③ 보이지 않던 동전이 보인다.
④ 물을 적게 부을수록 동전이 더 잘 보인다.
⑤ 동전이 물속에 가라앉아 더 보이지 않게 된다.

9 위 8번과 같은 현상이 나타나는 까닭과 가장 관계 있는 빛의 성질은 무엇인지 기호를 쓰시오.

| ㉠ 빛의 직진 | ㉡ 빛의 반사 |
| ㉢ 빛의 흡수 | ㉣ 빛의 굴절 |

(   )

핵심 4

젓가락이 들어 있는 컵에 물을 부으면 젓가락이 꺾여 보입니다. 물속에 있는 물체가 실제 모습과 다르게 보이는 까닭은 공기와 물의 경계에서 빛이 굴절하기 때문입니다.

10 젓가락이 들어 있는 컵에 물을 부었을 때 젓가락이 꺾여 보이는 까닭으로 바른 것은 무엇입니까?

(   )

① 젓가락이 실제로 꺾였기 때문에
② 햇빛이 여러 빛깔로 이루어져 있기 때문에
③ 공기와 물의 경계에서 빛이 굴절하기 때문에
④ 물을 넣으면 젓가락이 확대되어 보이기 때문에
⑤ 젓가락은 물을 부으면 물 위로 떠오르기 때문에

11 물속에 있는 물체가 실제 모습과 다르게 보이는 것과 같은 상황은 무엇인지 기호를 쓰시오.

> ㉠ 깊은 개울물이 얕아 보인다.
> ㉡ 프리즘을 통과한 햇빛은 여러 빛깔로 나타난다.
> ㉢ 자동차의 거울로 보이는 뒤쪽의 차가 실제보다 더 가까이에 있다.

(   )

12 물속의 물고기를 관찰하는 모습입니다. 사람이 생각하는 물고기의 위치와 실제 물고기가 있는 위치의 기호를 각각 쓰시오.

(1) 실제 물고기의 위치: (   )
(2) 사람이 생각하는 물고기의 위치: (   )

5 단원

핵심 5

볼록 렌즈는 가운데 부분이 가장자리보다 두꺼운 렌즈입니다. 볼록 렌즈로 물체를 보면 실제 모습과 다르게 보입니다. 물방울, 유리 막대 등은 볼록 렌즈의 구실을 할 수 있습니다.

핵심 6

볼록 렌즈는 햇빛을 굴절시켜 한 곳으로 모을 수 있습니다. 볼록 렌즈로 햇빛을 모은 곳의 밝기는 주변보다 밝고, 온도도 높습니다.

13 보기 에서 설명하는 렌즈의 종류는 무엇인지 쓰시오.

보기
가운데 부분이 가장자리보다 두껍다.

(   )

17 햇빛을 볼록 렌즈에 통과시켰을 때 나타나는 현상은 무엇인지 기호를 쓰시오.

보기
(가) 볼록 렌즈가 햇빛을 흡수한다.
(나) 볼록 렌즈에 햇빛이 닿으면 반사한다.
(다) 볼록 렌즈가 햇빛을 굴절시켜 한 곳으로 모은다.

(   )

14 다음 중 볼록 렌즈인 것에 모두 ○표 하시오.

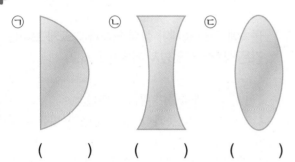

㉠ (   )   ㉡ (   )   ㉢ (   )

15 다음의 물체들은 어떤 렌즈의 구실을 할 수 있는지 쓰시오.

물방울, 유리 막대, 물이 담긴 둥근 어항

(   )

16 (   ) 안에 들어갈 알맞은 말을 쓰시오.

곧게 나아가던 레이저 지시기의 빛이 (   ) 렌즈의 가장자리를 통과하면 가운데 부분으로 꺾여 나아간다.

(   )

18 볼록 렌즈로 햇빛을 한 곳으로 모았을 때 나타나는 현상으로 바른 것은 무엇입니까? (   )

① 햇빛을 모은 곳의 밝기는 밝다.
② 햇빛을 모은 곳의 온도는 낮다.
③ 햇빛을 모으면 그림자가 생긴다.
④ 햇빛을 모은 곳의 원의 크기는 거리에 관계없이 일정하다.
⑤ 햇빛을 모으는 것은 볼록 렌즈가 빛을 흡수하는 특징을 이용한 것이다.

19 오른쪽은 검은색 사인펜으로 그림을 그린 다음 검은색 부분을 태워 만든 작품입니다. 이때 이용되는 기구는 무엇입니까? (   )

① 유리판   ② 프리즘
③ 평면 유리   ④ 볼록 렌즈
⑤ 적외선 온도계

볼록 렌즈를 이용해 만든 간이 사진기로 본 물체는 실제 모습과 다르게 보입니다. 간이 사진기로 본 물체의 모습이 실제 모습과 다른 까닭은 간이 사진기의 볼록 렌즈가 빛을 굴절시켜 기름종이에 물체의 모습을 만들기 때문입니다.

[20~23] 간이 사진기를 만드는 과정입니다.

(가) 겉 상자의 동그란 구멍이 뚫린 부분에 셀로판테이프로 (㉠)를 붙인다.
(나) 간이 사진기 전개도로 속 상자를 만들고 한쪽 끝에 기름종이를 붙인다.
(다) 간이 사진기 전개도로 겉 상자를 만든다.
(라) 겉 상자에 속 상자를 넣어 간이 사진기를 완성한다.

20 간이 사진기를 만드는 과정을 순서대로 기호를 쓰시오.

( )→( )→( )→( )

21 간이 사진기를 만드는 과정에서 ㉠에 들어갈 렌즈의 종류는 무엇인지 쓰시오.

( )

22 위 간이 사진기로 물체를 보았을 때 물체의 모습이 나타나는 곳은 어디인지 쓰시오.

( )

23 간이 사진기로 물체를 볼 때 물체의 모습은 어떻게 보입니까? ( )

① 상하만 바뀌어 보인다.
② 좌우만 바뀌어 보인다.
③ 상하좌우가 바뀌어 보인다.
④ 원래의 모습 그대로 보인다.
⑤ 항상 크게 확대되어 보인다.

볼록 렌즈는 현미경, 망원경, 사진기, 휴대 전화 사진기 등에 이용됩니다. 현미경은 볼록 렌즈인 대물렌즈와 접안렌즈를 이용하여 작은 물체를 확대해서 볼 수 있습니다.

24 다음의 여러 기구에서 렌즈가 사용된 곳에 ○표 하시오.

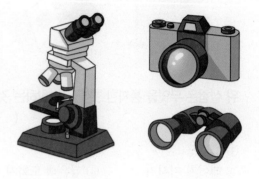

25 위 **24**번의 기구들에 사용한 렌즈의 이름을 쓰시오.

( )

26 볼록 렌즈를 이용한 기구가 <u>아닌</u> 것은 무엇입니까? ( )

① 쌍안경 ② 현미경
③ 사진기 ④ 망원경
⑤ 자동차 후면경

27 볼록 렌즈를 이용하여 만든 기구가 우리 생활에 주는 좋은 점을 두 가지 고르시오. (,)

① 어두운 곳을 밝게 해 준다.
② 시력을 교정하는 데 도움을 준다.
③ 작은 물체를 확대해서 보게 해 준다.
④ 높은 곳에 잘 오르도록 도움을 준다.
⑤ 가까이 있는 물체를 더 작게 보이게 해 준다.

[1~3] 다음과 같이 운동장에서 햇빛을 통과시키는 실험을 하였습니다.

1 위 실험은 무엇을 통과한 햇빛을 관찰하는 것입니까?
( )

① 스탠드 　　　　② 프리즘
③ 레이저 지시기 　④ 검은색 도화지
⑤ 하얀색 도화지

2 위 실험 결과로 바른 것은 무엇입니까? ( )

① 검은색 도화지로 빛이 반사된다.
② 빨간색 빛만 하얀색 도화지에 나타난다.
③ 하얀색 도화지에 한 개의 빛만 나타난다.
④ 하얀색 도화지에 여러 가지 빛깔로 나타난다.
⑤ 프리즘의 그림자가 하얀색 도화지에 나타난다.

3 위 실험 결과로부터 알 수 있는 사실을 정리한 것입니다. ( ) 안에 들어갈 알맞은 말을 쓰시오.

( )은 여러 가지 빛깔로 이루어져 있다.

( )

[4~5] 투명한 사각 수조에 물을 채우고 우유를 떨어뜨린 다음 레이저 지시기로 빛을 비추었습니다.

4 위 실험에서 레이저 지시기의 빛이 위쪽에서 아래쪽으로 비스듬히 나아갈 때 빛이 나아가는 모습을 바르게 나타낸 것은 무엇입니까? ( )

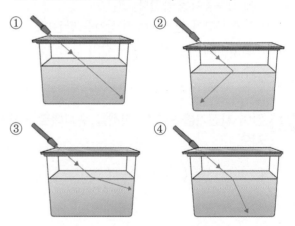

① ② ③ ④

5 위 실험으로 알 수 있는 빛의 성질은 무엇입니까?
( )

① 빛의 직진 　　② 빛의 반사
③ 빛의 산란 　　④ 빛의 굴절
⑤ 빛의 흡수

6 동전이 들어 있는 컵 속에 물을 붓지 않았을 때와 물을 부었을 때 컵 속의 동전을 관찰한 것입니다. 빛이 어떤 물질의 경계에서 굴절한 것인지 쓰시오.

( )

[7~8] 젓가락이 들어 있는 컵에 물을 붓지 않았을 때와 물을 부었을 때의 모습입니다.

(가)
▲ 물을 붓지 않았을 때

(나)
▲ 물을 부었을 때

7 젓가락이 꺾여 보이는 것은 어느 것인지 기호를 쓰시오.

( )

서술형
8 위와 같이 젓가락이 꺾여 보이는 까닭을 쓰시오.

_____

_____

9 보기 에서 설명하는 렌즈는 무엇인지 쓰시오.

> 보기
> 렌즈의 가운데 부분이 가장자리보다 두꺼운 모양이며 유리와 같이 투명한 물질로 만들어졌다.

( )

10 다음 중 볼록 렌즈와 같은 구실을 하는 것은 무엇입니까? ( )

① 거울　　　　② 물방울
③ 프리즘　　　④ 플라스틱 자
⑤ 편평한 유리판

중요
11 가까이 있는 물체를 볼록 렌즈로 본 모습에 ○표 하시오.

(가) 　　(나)

( )　　　　( )

서술형
12 볼록 렌즈의 가장자리 부분을 통과하는 레이저 지시기의 빛을 그림으로 나타낸 것입니다. 레이저 지시기의 빛이 나아가는 모습의 특징을 쓰시오.

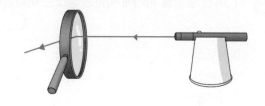

_____

_____

13 볼록 렌즈와 평면 유리 중 어떤 것에 햇빛을 통과시킨 모습인지 쓰시오.

( )

5
단원

14 볼록 렌즈를 통과한 햇빛이 하얀색 도화지에 나타난 모습에 대한 설명으로 바른 것을 보기 에서 골라 기호를 쓰시오.

> 보기
>
> ㉠ 햇빛이 모아진 원 안의 밝기가 밝다.
> ㉡ 볼록 렌즈와 도화지의 거리를 점점 멀리해도 햇빛이 모아진 원의 크기는 일정하다.
> ㉢ 볼록 렌즈와 도화지의 거리를 멀게 할수록 햇빛이 모아진 원 안의 온도가 높아진다.

(   )

15 위 **14**번 실험을 하기에 적합한 장소는 어디입니까?

(   )

① 실험실　　　② 운동장
③ 지하실　　　④ 교실 안
⑤ 나무 그늘

서술형
16 다음은 볼록 렌즈로 종이를 태워 만든 작품들입니다. 볼록 렌즈의 어떤 특징을 이용한 것인지 쓰시오.

_____

_____

17 사진기는 물체에 반사된 빛을 모아 물체의 모습이 스크린에 나타나게 하는 기구입니다. 사진기에 사용되는 렌즈는 무엇인지 쓰시오.

(   )

18 간이 사진기를 만들 때 속 상자에 붙이는 기름종이의 역할은 무엇입니까? (   )

① 빛을 모으는 역할
② 빛을 굴절시키는 역할
③ 빛의 양을 조절하는 역할
④ 물체를 볼 수 있는 스크린 역할
⑤ 빛이 반사되어 맺히게 하는 역할

19 간이 사진기로 본 모습에 대한 설명으로 바른 것은 무엇입니까? (   )

① 상하만 바뀌어 보인다.
② 좌우만 바뀌어 보인다.
③ 상하좌우가 바뀌어 보인다.
④ 실제의 모습 그대로 보인다.
⑤ 여러 모습이 겹쳐서 보인다.

20 망원경에 대한 설명으로 바른 것의 기호를 모두 쓰시오.

> ㉠ 볼록 렌즈를 사용한다.
> ㉡ 멀리 있는 물체를 확대하여 잘 보이게 한다.
> ㉢ 가까이 있는 물체를 축소하여 선명하게 볼 수 있게 한다.

(   )

1 오른쪽 기구는 삼각기둥 모양이며 유리나 플라스틱 등으로 만듭니다. 햇빛을 통과시켜서 햇빛의 특징을 알 수 있는 이 기구의 이름을 쓰시오.

(   )

서술형

2 프리즘을 통과한 햇빛이 닿는 곳에 하얀색 도화지를 놓고 하얀색 도화지에 나타난 모습을 관찰하여 그림으로 나타낸 것입니다. 이것으로 알 수 있는 햇빛의 특징을 쓰시오.

중요

3 햇빛이 여러 가지 빛깔로 이루어진 것을 알 수 있는 현상이 <u>아닌</u> 것은 어느 것인지 기호를 쓰시오.

> (가) 비가 내린 뒤에 볼 수 있는 무지개
> (나) 프리즘을 통과한 햇빛이 도화지에 만든 모습
> (다) 유리의 비스듬하게 잘린 부분을 통과한 햇빛
> (라) 물이 담긴 둥근 어항 속의 물고기가 크게 보이는 모습

(   )

[4~6] 레이저 지시기의 빛이 공기에서 물로 비스듬히 나아가는 모습입니다.

4 빛이 나아가는 모습을 바르게 관찰한 것은 어느 것입니까? (   )

① 빛이 그대로 직진한다.
② 공기와 물의 경계에서 빛이 퍼진다.
③ 공기와 물의 경계에서 빛이 꺾인다.
④ 빛이 물속으로 들어갈수록 밝아진다.
⑤ 빛이 진행하는 반대 방향으로 반사된다.

5 위 실험에서 레이저 지시기의 빛을 아래쪽에서 위쪽으로 비출 때 빛이 나아가는 모습은 어떠합니까?

(   )

① 빛이 점점 흐려진다.
② 빛이 공기 중으로 직진한다.
③ 빛이 여러 개로 나뉘어진다.
④ 공기에서 물로 빛을 비출 때처럼 빛이 꺾인다.
⑤ 공기에서 물로 빛을 비출 때와 다르게 빛이 꺾이지 않고 물에 흡수된다.

주의

6 위 실험에서 빛이 굴절되는 부분에 ○표 하시오.

[7~9] 다음은 승우가 물속의 물고기를 바라보고 있는 모습입니다.

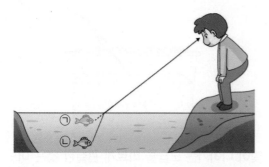

7 위 ㉠과 ㉡ 중 실제 물고기가 있는 위치와 승우가 생각하는 물고기의 위치는 어디인지 기호를 쓰시오.

(1) 실제 물고기의 위치: (　　　　)
(2) 승우가 생각하는 물고기의 위치: (　　　　)

서술형

8 실제 물고기가 있는 위치와 승우가 생각하는 위치가 다른 까닭을 쓰시오.

_____

_____

_____

9 위와 같이 물속에 있는 물체가 실제와 다르게 보이는 예로 알맞지 <u>않은</u> 것은 무엇입니까? (　　　　)

① 개울 물이 얕아 보인다.
② 물속에서 다리가 짧아 보인다.
③ 동전을 물에 넣으면 가라앉는다.
④ 물에 잠긴 젓가락이 꺾여 보인다.
⑤ 물속에 있는 다슬기를 한 번에 잡기 어렵다.

10 오른쪽과 같이 가운데 부분이 가장자리보다 두꺼운 렌즈는 어떤 렌즈인지 쓰시오.

(　　　　　　　　)

11 볼록 렌즈에 레이저 지시기의 빛을 비추었을 때의 모습에 대한 설명으로 바른 것은 어느 것입니까?

(　　　　)

① 빛이 볼록 렌즈를 통과하지 못한다.
② 빛이 볼록 렌즈의 경계에서 반사된다.
③ 볼록 렌즈의 가장자리를 통과하면 빛은 꺾이지 않고 그대로 나아간다.
④ 빛이 공기 중에서 한번 꺾인 후 볼록 렌즈를 통과하면서 다시 한번 꺾인다.
⑤ 빛이 볼록 렌즈의 가운데 부분을 통과하면 빛은 꺾이지 않고 그대로 나아간다.

12 돋보기안경에 사용한 렌즈와 같은 구실을 하는 것은 무엇입니까? (　　　　)

① 유리판 　　　　② 프리즘
③ 유리 막대 　　　④ 빈 페트병
⑤ 투명한 셀로판지

중요

13 볼록 렌즈를 통과한 햇빛이 하얀색 도화지에 만든 원의 크기가 어떻게 달라지는지 나타낸 것입니다. 볼록 렌즈와 하얀색 도화지 사이의 거리가 중간일 때의 모습은 어느 것인지 ○표 하시오.

구분	볼록 렌즈와 하얀색 도화지 사이의 거리		
볼록 렌즈를 통과한 햇빛이 하얀색 도화지에 만든 원의 크기	⃝		⃝

14 볼록 렌즈를 통과한 햇빛이 하얀색 도화지에 원을 만들 때 만든 원의 크기를 가장 작게 모으려면 어떻게 해야 합니까? (   )

① 렌즈를 뒤집는다.
② 렌즈를 평면 유리로 바꾼다.
③ 하얀색 도화지를 검은색으로 바꾼다.
④ 렌즈를 최대한 도화지 쪽으로 가져간다.
⑤ 렌즈와 도화지 사이의 거리를 조절한다.

주의

15 햇빛이 볼록 렌즈를 통과하여 하얀색 도화지에 나타난 모습을 설명한 것입니다. (   ) 안에 알맞은 말을 쓰시오.

> 햇빛을 볼록 렌즈에 통과시켜서 하얀색 도화지에 모으면 햇빛을 모은 곳이 주변보다 밝기가 (   ).

(   )

16 볼록 렌즈와 평면 유리를 통과한 햇빛이 하얀색 도화지에 만든 원 안의 온도를 측정한 결과입니다. 볼록 렌즈를 통과한 햇빛이 만든 원 안의 온도를 나타내는 결과에 ○표 하시오.

원 안의 온도	원 안의 온도
50.0	24.5

17 (   ) 안에 들어갈 알맞은 말을 쓰시오.

> 간이 사진기에 있는 (   ) 렌즈가 빛을 굴절시켜 기름종이에 상하좌우가 바뀐 물체의 모습을 만들게 한다.

(   )

응용

18 간이 사진기로 오른쪽 글자를 본 모습은 어느 것입니까? (   )

가

① 가 ② ㄱ
③ ㄱ ④ ㄴ
⑤ 가

서술형

19 위의 18번 글자처럼 간이 사진기로 본 모습이 실제 모습과 다른 까닭을 쓰시오.

_____

_____

20 다음 기구에 사용된 볼록 렌즈의 용도에 맞도록 선을 연결하시오.

(1) •

• ㉠ 작은 물체를 확대할 때 쓰인다.

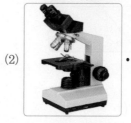

(2) •

• ㉡ 멀리 있는 물체를 확대할 때 쓰인다.

5 단원

[1~3] 햇빛을 투명한 삼각기둥 모양의 기구에 통과시킨 모습을 표현한 것입니다.

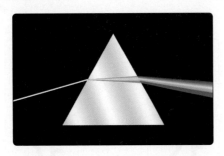

1 유리나 플라스틱 등으로 만든 투명한 삼각기둥 모양의 위 기구의 이름을 쓰시오.

(   )

2 위 실험으로 알 수 있는 것은 무엇입니까?

(   )

① 프리즘을 통과하면 빛이 반사된다.
② 햇빛은 빨간 빛깔로만 이루어져 있다.
③ 햇빛은 여러 가지 빛깔로 이루어져 있다.
④ 햇빛은 눈에 보이지 않는 빛으로 이루어져 있다.
⑤ 프리즘을 통과하면 모든 빛이 여러 빛깔로 나누어진다.

3 빛이 물속에서 공기 중으로 나아갈 때 꺾여 나아가는 현상을 무엇이라고 하는지 쓰시오.

(   )

[4~6] 수조 아래쪽에서 위쪽으로 레이저 지시기의 빛을 비스듬히 비출 때 빛의 모습을 관찰하는 실험입니다.

4 빛의 나아가는 모습을 바르게 예상한 것은 무엇입니까? (   )

① 빛이 물속으로 흡수된다.
② 빛이 물속에서 공기로 직진한다.
③ 빛이 여러 가지 빛깔로 나뉘어진다.
④ 빛이 물과 공기의 경계에서 꺾여 나아간다.
⑤ 빛을 비추는 방향의 반대 방향으로 반사되어 나아간다.

서술형

5 위 실험을 보고 빛은 공기와 물의 경계에서 어떻게 나아가는지 설명하시오.

_____

_____

6 위 실험에서 레이저 지시기의 빛이 물속에서 공기 중으로 나아가는 모습을 화살표로 나타내시오.

[7~9] 동전이 들어 있는 컵에 물을 붓지 않았을 때와 물을 부었을 때 동전의 모습을 관찰한 것입니다.

(가) 　　(나)

7 동전이 들어 있는 컵에 물을 부었을 때 관찰할 수 있는 것은 무엇입니까? (　　　　)

① 아무런 변화가 없다.
② 컵 속의 동전이 사라진다.
③ 보이지 않던 동전이 보인다.
④ 동전에 의해 물 색깔이 변한다.
⑤ 잘 보이던 동전이 보이지 않게 된다.

8 컵에 물을 부으면 위 **7**번과 같은 결과가 나타나는 까닭은 무엇입니까? (　　　　)

① 동전이 가벼워서 물에 뜨기 때문에
② 물을 부으면 동전의 크기가 커지기 때문에
③ 물을 부으면 동전이 확대되어 보이기 때문에
④ 공기와 물의 경계에서 빛이 굴절하기 때문에
⑤ 물을 부으면 빛이 퍼져 동전을 비추기 때문에

9 젓가락이 들어 있는 컵에 물을 부었을 때 컵 속의 젓가락이 보이는 모습을 설명하시오.

_____

_____

10 빛의 굴절과 관계 <u>없는</u> 현상은 무엇입니까? (　　　　)

① 물속에서 다리가 짧아 보인다.
② 실제로 깊은 물이 얕아 보인다.
③ 물속의 물고기가 떠올라 보인다.
④ 물 표면에 주변의 모습이 비친다.
⑤ 물에 잠긴 젓가락이 꺾여 보인다.

11 볼록 렌즈의 가장자리에 레이저 지시기의 빛을 비추었을 때 빛이 나아가는 모습을 나타내고 특징을 쓰시오.

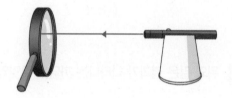

_____

_____

12 물이 들어 있는 둥근 어항과 같은 구실을 하는 것은 무엇인지 [보기]에서 모두 골라 기호를 쓰시오.

보기
㉠ 프리즘　　　　　㉡ 오목 렌즈
㉢ 빈 유리컵　　　　㉣ 볼록 렌즈
㉤ 불투명 유리판　　㉥ 둥근 유리 막대

(　　　　　　　　)

5 단원

[13~15] 볼록 렌즈와 평면 유리를 통과한 햇빛이 하얀색 도화지에 만든 원의 크기를 나타낸 것입니다.

구분	볼록 렌즈, 평면 유리와 하얀색 도화지 사이의 거리		
	가까울 때	중간일 때	멀 때
(가)	◯	⬤	◯
(나)	◯	◯	◯

13 (가)와 (나)는 볼록 렌즈와 평면 유리 중 어느 것을 통과한 원의 크기인지 쓰시오.

(가): (   )

(나): (   )

14 위와 같은 결과가 나타나는 까닭은 무엇입니까?

(   )

① 볼록 렌즈에서 빛이 굴절하기 때문이다.
② 평면 유리는 빛을 반사시키기 때문이다.
③ 평면 유리에서 빛이 굴절하기 때문이다.
④ 볼록 렌즈가 빛을 통과시키지 못하기 때문이다.
⑤ 볼록 렌즈와 평면 유리는 모두 투명하기 때문이다.

서술형

15 위의 실험으로 보아, 볼록 렌즈와 평면 유리의 차이점을 한 가지 쓰시오.

_____

16 볼록 렌즈를 통과한 햇빛에 대한 설명입니다. (   ) 안에 알맞은 말을 쓰시오.

> 볼록 렌즈를 이용해 햇빛을 모으면, 햇빛을 모은 곳의 빛의 밝기는 주변보다 (㉠), 온도는 주변보다 (㉡).

㉠: (   )

㉡: (   )

17 간이 사진기에 대한 설명으로 바른 것은 무엇입니까?

(   )

① 오목 렌즈가 사용된다.
② 물체를 확대하여 볼 수 있다.
③ 간이 사진기로 물체를 보면 상하좌우가 바뀌어 보인다.
④ 기름종이는 물체가 번져 보이는 것을 막는 역할을 한다.
⑤ 겉 상자에 기름종이를 붙이고, 속 상자에 볼록 렌즈를 붙인다.

18 간이 사진기로 관찰한 글자의 모습이 오른쪽과 같았습니다. 실제 글자의 모습을 쓰시오.

19 볼록 렌즈를 이용한 기구 중 작은 물체의 모습을 확대해서 볼 수 있게 만든 기구로, 작은 물체에서 온 빛을 모이게 하는 대물렌즈와 맺힌 물체의 모습을 더 크게 보이게 하는 접안렌즈가 있는 기구는 무엇입니까?

(   )

① 망원경   ② 현미경
③ 사진기   ④ 확대경
⑤ 돋보기

20 볼록 렌즈를 이용해 만든 기구의 이름과 쓰임새가 바르게 연결되지 않은 것은 무엇입니까? (   )

① 사진기 – 사진 촬영
② 돋보기안경 – 시력 교정
③ 의료용 장비 – 물체 축소
④ 망원경 – 멀리 있는 물체 확대
⑤ 휴대 전화 사진기 – 사진 및 영상 촬영

1 다음 기구에 대한 설명으로 바른 것을 두 가지 고르시오. (,   )

① 볼록 렌즈이다.
② 프리즘이라고 한다.
③ 투명하며 빛을 사라지게 한다.
④ 햇빛을 통과시키면 여러 가지 빛깔이 나타난다.
⑤ 불투명한 재질로 되어 있으며 빛의 반사를 알아볼 때 이용한다.

2 햇빛이 프리즘을 통과했을 때 하얀색 도화지에 나타난 햇빛의 모습입니다. 이것으로 알 수 있는 햇빛의 특징을 한 가지 쓰시오.

_____

3 우리 생활에서 햇빛이 프리즘을 통과할 때 관찰할 수 있는 모습과 같은 결과를 볼 수 있는 것에 ○표, 그렇지 <u>않은</u> 것에 ×표 하시오.

(1) 비가 내린 뒤 보이는 무지개 (   )
(2) 프리즘을 통과한 레이저 지시기의 빛 (   )
(3) 길가 모퉁이에 있는 거울에 비친 햇빛 (   )
(4) 유리의 비스듬하게 잘린 부분을 통과한 햇빛
                                      (   )

4 빛의 굴절에 대한 설명으로 바른 것은 무엇입니까?
                                              (   )

① 공기 중에서 빛이 사라지는 현상이다.
② 빛이 물속에서 사방으로 퍼지는 현상이다.
③ 서로 다른 물질의 경계에서 빛이 꺾이는 현상이다.
④ 공기 중에서 물속으로 나아가는 빛에서만 일어나는 현상이다.
⑤ 빛이 앞으로 나아가다가 투명한 면에 닿으면 되돌아오는 현상이다.

5 향 연기가 섞인 수조 속에 반투명한 유리판을 넣고 레이저 지시기로 다음과 같이 비추었습니다. 공기와 유리판의 경계에서 빛이 나아가는 모습을 그리시오.

6 레이저 지시기의 빛을 프리즘에 비추었을 때의 모습에 대한 설명입니다. ( ) 안에 들어갈 알맞은 말을 바르게 짝 지은 것은 무엇입니까? (   )

> 레이저 지시기의 빛이 공기 중에서 나아가다가 공기와 프리즘의 경계에서 나아가는 방향은 (㉠). 빛이 프리즘에서 공기 중으로 나아갈 때도 프리즘과 공기의 경계에서 (㉡)(된)한다.

	㉠	㉡
①	꺾인다	굴절
②	꺾인다	반사
③	직진한다	흡수
④	직진한다	직진
⑤	바뀐다	반사

5단원

7 컵에 물을 부었을 때 동전이 보이는 현상과 관계 있는 빛의 성질은 무엇입니까? ( )

① 빛의 직진 ② 빛의 반사
③ 빛의 굴절 ④ 빛의 산란
⑤ 빛의 흡수

서술형

8 물속에서 다리가 짧아 보이는 것과 같이 물속에 있는 물체가 실제 모습과 다르게 보이는 예로는 무엇이 있는지 한 가지 쓰시오.

_____

_____

9 볼록 렌즈는 어느 것인지 기호를 쓰시오.

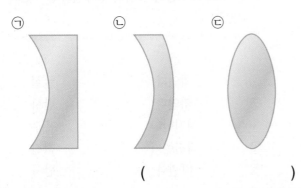

ㄱ   ㄴ   ㄷ

( )

[10~12] 다음은 친구들이 렌즈에 관해 대화를 나누고 있는 내용입니다.

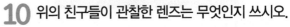

- 현지: 렌즈가 유리처럼 매끈하고 투명했어.
- 지은: 렌즈를 만져보니 가운데가 두껍고 볼록한 모양이야.
- 지민: 렌즈로 물체를 보았더니 커보이기도 하고, 상하좌우가 바뀌어 보이기도 해.

10 위의 친구들이 관찰한 렌즈는 무엇인지 쓰시오.

( )

11 위 친구들이 관찰한 렌즈로 가까이 있는 인형을 본다면 인형의 모습이 어떻게 보입니까? ( )

① 작게 보인다.
② 크게 보인다.
③ 거꾸로 보인다.
④ 좌우만 바뀌어 보인다.
⑤ 멀리 볼 때와 똑같이 보인다.

12 친구들이 사용한 렌즈와 같은 구실을 할 수 있는 물체는 무엇입니까? ( )

① 손거울 ② 물방울
③ 유리판 ④ 투명 비닐
⑤ 곰 인형

13 볼록 렌즈와 평면 유리 중 빛을 굴절시켜 한 곳으로 모을 수 있는 것은 무엇인지 쓰시오.

( )

서술형

14 볼록 렌즈와 평면 유리를 통과한 햇빛이 하얀색 도화지에 만든 원 안의 온도를 측정한 결과입니다. 실험 결과로부터 알 수 있는 볼록 렌즈의 특징을 쓰시오.

구분	온도(℃)
볼록 렌즈	50.0
평면 유리	24.5

_____

_____

15 볼록 렌즈가 평면 유리와 달리 빛을 모을 수 있는 까닭은 무엇입니까? (   )

① 볼록 렌즈는 투명하기 때문에
② 볼록 렌즈는 빛을 퍼지게 하므로
③ 평면 유리는 빛을 반사시키기 때문에
④ 볼록 렌즈는 빛을 굴절시키기 때문에
⑤ 평면 유리는 빛이 잘 통과하기 때문에

16 다음은 렌즈로 종이를 태워 만든 작품입니다. 바른 설명이 아닌 것은 어느 것입니까? (   )

① 볼록 렌즈를 이용한다.
② 빛의 굴절을 이용한다.
③ 햇빛을 모으는 성질을 이용한다.
④ 햇빛이 모아지는 부분의 온도가 높아진다.
⑤ 햇빛을 흡수해서 하얀색 종이를 직접 태운 것이다.

[17~18] 다음은 간이 사진기에 대한 설명입니다.

> 간이 사진기는 겉 상자의 한쪽 끝에 (㉠   )(을)를 붙이고, 속 상자의 한쪽 끝에 기름종이를 붙여 만든다. 간이 사진기로 물체를 보면 물체의 모습이 상하좌우가 바뀌어 보인다.

17 위 ㉠에 들어갈 렌즈에 대한 설명으로 바르지 않은 것은 무엇입니까? (   )

① 현미경에 사용된다.
② 빛을 모으는 역할을 한다.
③ 빛의 굴절을 이용할 수 있다.
④ 가까이 있는 물체를 작게 보이게 한다.
⑤ 가운데 부분이 가장자리보다 두꺼운 모양이다.

서술형

18 간이 사진기로 물체를 보면 물체의 상하좌우가 바뀌어 보이는 까닭을 쓰시오.

_____

_____

19 보기 에서 볼록 렌즈를 이용한 기구를 모두 골라 기호를 쓰시오.

> **보기**
> ㉠ 프리즘   ㉡ 사진기
> ㉢ 반사경   ㉣ 망원경

(   )

20 유리컵, 투명한 일회용 비닐 장갑이 볼록 렌즈의 구실을 하기 위해서는 유리컵과 비닐 장갑 안에 무엇을 넣어야 하는지 쓰시오.

(   )

1 레이저 지시기의 빛을 수조 위쪽에서 아래쪽으로 비스듬히 비출 때 빛이 나아가는 모습을 화살표로 나타내고 빛이 공기와 물의 경계에서 어떻게 나아가는지 설명하시오.

빛의 굴절

- 빛이 공기 중에서 물로 비스듬히 나아갈 때 공기와 물의 경계에서 꺾입니다.
- 빛이 물에서 공기 중으로 나아갈 때 물과 공기의 경계에서 꺾입니다.
- 빛이 공기 중에서 물로(물에서 공기 중으로) 수직으로 나아가면 공기와 물의 경계에서 꺾이지 않고 그대로 나아갑니다.
- 서로 다른 물질의 경계에서 빛이 꺾여 나아가는 현상을 '빛의 굴절'이라고 합니다.

2 지민이가 연못에 있는 물고기를 바라보고 있는 모습입니다. 물속에 있는 물고기의 위치가 실제와 다르게 보이는 까닭을 쓰시오.

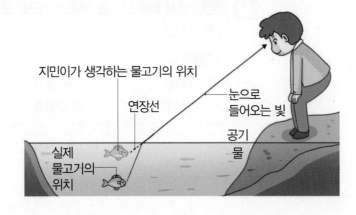

물속에 있는 물체

- 공기와 물의 경계에서 빛이 굴절하면 굴절된 빛을 보는 사람에게 물체는 실제 모습과 다르게 보입니다.

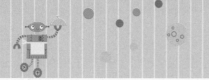

3 렌즈의 이름과 특징, 렌즈가 이용되는 예를 쓰시오.

모양	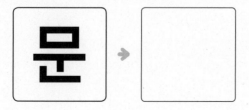
이름	
특징	
렌즈가 이용되는 예	

볼록 렌즈의 특징과 이용

• 볼록 렌즈는 유리와 같은 투명한 물질로 되어 있고, 가운데 부분이 가장자리보다 두껍습니다.

• 볼록 렌즈는 빛을 굴절시키며 빛을 모을 수 있습니다.

• 볼록 렌즈로 물체를 보면 크게 보이기도 하고, 상하좌우가 바뀌어 보이기도 합니다.

5 단원

4 왼쪽 글자를 간이 사진기로 보았을 때의 모습을 그리고, 실제 모습과 다르게 보이는 까닭을 쓰시오.

간이 사진기로 물체 관찰하기

• 간이 사진기로 본 물체의 모습은 실제 모습과 다릅니다.

• 간이 사진기로 물체를 보면 물체의 모습이 상하좌우가 바뀌어 보입니다.

• 간이 사진기의 볼록 렌즈를 통해 굴절된 빛이 기름종이에 물체의 모습을 만듭니다.

100점
예상문제

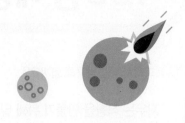

과학 6-1

5~6
학년군

1 과학자처럼 탐구해 볼까요?

1 지우는 식빵을 만들기 위해 밀가루, 설탕, 효모를 물에 섞어 반죽하였습니다. 이 재료 중 빵 반죽을 발효시켜 부풀게 하는 것은 무엇인지 쓰시오.

( )

2 탐구 문제에 대한 가설을 세운 다음 실험을 계획할 때 가장 먼저 해야 할 일은 무엇입니까? ( )

① 실험 준비물을 정한다.
② 알맞은 실험 방법을 생각한다.
③ 실험 과정을 순서대로 정리한다.
④ 실험에서 같게 할 조건과 다르게 할 조건을 정한다.
⑤ 실험 횟수와 구성원의 역할을 정하여 실험 계획을 구체적으로 세운다.

3 준하네 모둠은 '효모는 차가운 곳보다 따뜻한 곳에서 더 잘 발효할 것이다.'라는 가설이 맞는지 확인하기 위해 실험을 다음과 같이 계획하였습니다. 실험에서 다르게 해야 할 조건은 무엇입니까? ( )

> 효모액과 설탕 용액을 시험관에 넣은 뒤 두 시험관을 물에 각각 담그고 시험관에서 일어나는 변화를 관찰한다.

① 물의 온도
② 효모의 양
③ 설탕의 양
④ 효모액의 양
⑤ 비커의 크기

4 실험 결과를 한눈에 비교하기 쉽도록 표, 그래프, 그림 등으로 나타내는 것을 무엇이라고 하는지 쓰시오.

( )

5 다음은 실험 결과를 효과적으로 전달하기 위해 자료를 어떤 형태로 변환한 것입니까? ( )

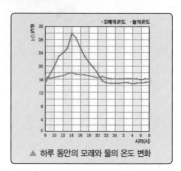

▲ 하루 동안의 모래와 물의 온도 변화

① 그림
② 흐름도
③ 원그래프
④ 막대그래프
⑤ 꺾은선그래프

6 효모액과 설탕 용액을 넣은 두 개의 시험관을 차가운 물과 따뜻한 물이 들어 있는 비커에 각각 담갔더니, 따뜻한 물에 담근 시험관에서만 발효가 일어났습니다. 이것으로 얻을 수 있는 결론에 알맞은 말을 쓰시오.

> 실험 결과에서 이끌어 낸 결론 : 효모가 발효하는 데 ( )가 영향을 미친다.

( )

7 실험 결과에서 결론을 이끌어 낼 때 유의할 점으로 바르지 <u>않은</u> 것의 기호를 쓰시오.

> (가) 가능한 간단명료하게 진술한다.
> (나) 실험 결과가 정확하지 않으면 예상했던 결론을 추측하여 사용한다.
> (다) 실험 결과가 가설과 다르다면 가설을 수정하거나 새로운 가설로 다시 탐구를 시작할 수 있다.

( )

8 ( ) 안에 알맞은 방향을 차례대로 쓰시오.

> 하루 동안 태양과 달은 ( )쪽에서
> ( )쪽을 지나 ( )쪽 하늘로
> 움직이는 것처럼 보인다.

( )

[9~10] 다음은 낮과 밤이 생기는 까닭을 알아보기 위한 활동입니다.

9 위 활동에서 관측자 모형이 있는 곳은 낮과 밤 중 언제입니까?

( )

10 위 활동에서 실제로 나타내는 것을 바르게 쓰시오.

⑴ 전등: ( )

⑵ 지구의: ( )

⑶ 지구의에서 밝은 부분: 지구에서 ( )인 곳

11 지구의 공전에 대한 설명으로 바르지 않은 것은 어느 것입니까? ( )

① 지구는 공전과 자전을 동시에 한다.

② 지구가 공전하는 데는 365일이 걸린다.

③ 지구가 공전하기 때문에 낮과 밤이 생긴다.

④ 지구가 공전하기 때문에 계절의 변화가 생긴다.

⑤ 지구의 공전은 지구가 태양을 중심으로 회전하는 것을 말한다.

12 여러 날 동안 관찰한 달의 모양 변화입니다. 빈칸에 알맞은 달의 모습을 그려 넣으시오.

초승달	상현달	보름달	하현달

[13~14] 여러 날 동안 같은 시각에 관측한 달의 위치와 모양 변화를 기록한 것입니다.

13 달의 움직임을 보고 ㉠, ㉡에 알맞은 방향을 쓰시오.

㉠: ( )

㉡: ( )

14 여러 날 동안 같은 시각에 관측한 달의 위치와 모양은 어떻게 달라지는지 쓰시오.

_____

_____

3 여러 가지 기체

15 산소에 대해 바르게 설명한 것에 모두 ○표 하시오.

(1) 금속을 녹슬게 합니다. ( )
(2) 향불을 넣으면 불꽃이 꺼집니다. ( )
(3) 잠수부나 소방관의 압축 공기통에 넣어 이용됩니다. ( )

16 이산화 탄소를 발생시키기 위한 기체 발생 장치입니다. ㉠과 ㉡에 들어갈 물질을 바르게 연결하시오.

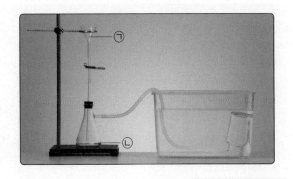

(1) ㉠ •   • (가) 탄산수소 나트륨

(2) ㉡ •   • (나) 진한 식초

17 기체와 액체에 각각 압력을 가할 때 부피가 어떻게 달라지는지 빈칸에 쓰시오.

구분	압력을 약하게 가할 때	압력을 세게 가할 때
액체	변하지 않는다.	
기체	조금 작아진다.	

18 삼각 플라스크에 고무풍선을 씌운 뒤 뜨거운 물과 얼음물이 든 비커에 각각 넣었을 때 다음과 같이 고무풍선이 펴지며 부풀어 오르는 것은 어느 물에 넣은 경우인지 ○표 하시오.

삼각 플라스크를 뜨거운 물이 든 비커에 넣었을 때	삼각 플라스크를 얼음물이 든 비커에 넣었을 때

서술형

19 냉장고 속에서 찌그러진 페트병을 따뜻한 실온에 꺼내 놓으면 페트병이 펴집니다. 그 까닭을 쓰시오.

_____

_____

_____

20 여러 가지 기체에 대한 설명으로 바른 것은 어느 것입니까? ( )

① 산소는 석회수를 뿌옇게 만든다.
② 산소는 소화기의 재료로 이용된다.
③ 질소는 비행선을 띄우는 용도로 이용된다.
④ 이산화 탄소는 청정 연료로 자동차에 이용된다.
⑤ 공기는 여러 가지 기체가 섞여 있는 혼합물이다.

1 과학자처럼 탐구해 볼까요?

1 ( ) 안에 알맞은 말을 쓰시오.

> 문제 인식을 통하여 탐구할 문제를 정하고 탐구의 결과를 예상하는 것을 ( ) 설정이라고 한다.

( )

2 효모 발효 실험 방법을 다음과 같이 계획하였다면 어떤 가설을 세울 수 있는지 가설을 한 가지 쓰시오. *서술형*

> 효모액과 설탕 용액을 넣은 시험관을 차가운 물과 따뜻한 물에 각각 담근 뒤 온도를 일정하게 유지해 주면서 시험관 속 효모액의 부피 변화를 관찰하고 효모액의 부피를 측정한다.

_____

_____

3 위 **2**번 실험을 할 때 실험 과정 중 바르지 <u>않은</u> 것은 어느 것입니까? ( )

① 실험 준비물은 같은 종류, 같은 크기를 사용한다.
② 차가운 물은 4 ℃로 하고 따뜻한 물은 40 ℃로 한다.
③ 실험 시간은 똑같이 15분으로 하여 결과를 관찰한다.
④ 시험관 두 개에 효모액과 설탕 용액을 각각 5 mL씩 넣는다.
⑤ 비커에 차가운 물은 500 mL를 넣고 따뜻한 물은 400 mL를 넣는다.

4 온도가 효모의 발효에 영향을 미치는지 알아보는 실험을 하고 결과를 표로 나타낸 것입니다. 발효가 일어난 것은 차가운 물과 따뜻한 물 중 어느 물에 담근 시험관인지 쓰시오.

효모액의 부피(mL)	차가운 물	따뜻한 물
처음	5	5
15분 뒤	5	9

( )

[5~6] 다인이네 모둠은 온도가 효모의 발효에 영향을 주는지 알아보는 실험을 하여 다음과 같은 결과를 얻었습니다.

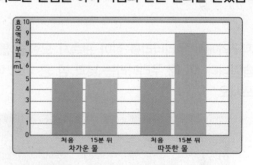

5 위 그래프를 볼 때 실험 과정에서 다르게 해 준 조건은 무엇인지 쓰시오.

( )

6 위 그래프를 보고 알 수 있는 사실을 바르게 설명한 것의 기호를 쓰시오.

> ㉠ 따뜻한 물에 담근 시험관에서는 효모액의 부피가 변했다.
> ㉡ 따뜻한 물에 담근 시험관에서는 효모액의 부피 변화가 없었다.
> ㉢ 시간이 지날수록 차가운 물에 담근 시험관 속에서는 반응이 활발해지는 것을 알 수 있다.
> ㉣ 물의 온도와 효모의 발효와는 아무런 관계가 없다.

( )

2 지구와 달의 운동

7 하루 동안 태양과 달의 위치 변화에 대한 설명으로 바른 것에 ○표 하시오.

(가) 태양은 실제로 움직이지만 움직이지 않는 것처럼 보입니다. ( )

(나) 하루 동안 태양의 위치는 동쪽에서 서쪽으로 움직이는 것처럼 보입니다. ( )

(다) 하루 동안 달의 위치는 서쪽에서 동쪽으로 움직이는 것처럼 보입니다. ( )

(라) 하루 동안 태양과 달의 위치가 달라지는 것처럼 보이는 까닭은 지구가 자전하기 때문입니다.

( )

8 지구의에서 우리나라를 찾아 관측자 모형을 붙인 모습입니다. 이 때 우리나라는 낮과 밤 중 어느 때인지 쓰시오.

( )

9 지구의 낮과 밤에 대한 설명으로 바르지 <u>않은</u> 것은 어느 것입니까? ( )

① 밤은 태양이 져서 보이지 않을 때를 말한다.

② 낮과 밤의 구분은 달의 위치와 관계가 있다.

③ 지구가 자전을 하면서 태양 빛을 받는 쪽이 바뀐다.

④ 태양 빛을 받는 쪽은 낮, 태양 빛을 받지 못하는 쪽은 밤이 된다.

⑤ 지구가 자전하면서 태양 빛을 받는 쪽과 받지 못하는 쪽이 생기기 때문에 낮과 밤이 생긴다.

10 지구의 공전에 대한 설명 중 바른 것은 어느 것입니까?

( )

① 달을 중심으로 회전한다.

② 자전과 동시에 공전을 한다.

③ 일 년에 두 바퀴씩 회전한다.

④ 시계 방향으로 태양 주위를 돈다.

⑤ 지구의 자전 방향과 반대 방향으로 공전한다.

서술형

11 지구가 자전하지 않고 공전만 한다면 우리나라의 낮과 밤의 길이는 어떻게 변할지 쓰시오.

_____

_____

12 음력 7~8일 무렵에 볼 수 있는 달의 이름을 쓰시오.

( )

13 여러 날 동안 달의 위치와 모양이 어떻게 달라지는지 관측하였습니다. 바른 설명은 어느 것입니까?

( )

① 매일 아침 같은 시각에 관측한다.

② 태양이 진 직후 보름달은 서쪽 하늘에서 보인다.

③ 달의 모양은 초승달, 하현달, 보름달의 순서로 변한다.

④ 매일 달은 초승달 모양으로 떠서 새벽에 보름달 모양으로 변한다.

⑤ 매일 같은 시각에 달의 위치를 관측하면 서쪽에서 동쪽으로 조금씩 이동한다는 것을 알 수 있다.

14 다음 실험에서 거품에 향불을 넣었더니 향불이 거품 속에서 밝아지고 커졌다면 거품 속 기체에는 어떤 성질이 있는지 쓰시오.

_____

15 다음 기체 발생 장치에서 얻을 수 있는 기체의 이름을 쓰시오.

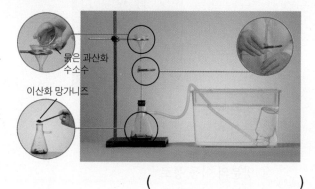

묽은 과산화
수소수

이산화 망가니즈

(   )

16 산소의 성질로 바른 것을 모두 고르시오.

(,   )

① 색깔이 없다.
② 냄새가 있다.
③ 신 맛이 느껴진다.
④ 물질이 타는 것을 막는다.
⑤ 향불을 넣으면 불꽃이 커진다.

서술형

17 높은 산 위에서 빈 페트병을 마개로 닫은 뒤 산 아래로 내려왔더니 페트병이 찌그러져 있었습니다. 이것으로 알 수 있는 사실을 쓰시오.

_____

_____

18 물방울이 든 플라스틱 스포이트를 뒤집어서 뜨거운 물이 든 비커와 얼음물이 든 비커에 각각 넣었습니다. 스포이트에 들어 있는 물방울이 움직이는 방향을 화살표로 표시하시오.

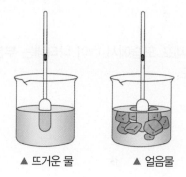

▲ 뜨거운 물   ▲ 얼음물

19 공기에 대한 설명 중 바르지 <u>않은</u> 것의 기호를 쓰시오.

> ㉠ 질소로만 이루어져 있다.
> ㉡ 질소와 산소가 대부분을 차지한다.
> ㉢ 여러 가지 기체로 이루어진 혼합물이다.
> ㉣ 아르곤, 수소, 헬륨, 수증기도 섞여 있다.

(   )

20 기체의 쓰임새를 각각 바르게 선으로 연결하시오.

(1) 질소 • • ㉠ 조명 기구

(2) 네온 • • ㉡ 탄산음료

(3) 이산화 탄소 • • ㉢ 과자 포장

100점
예상
문제

4 식물의 구조와 기능

1 다음은 식물과 동물 중 어떤 세포를 관찰한 것인지 쓰시오.

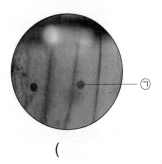

( )

2 위 세포 모습에서 ㉠이 나타내는 부분의 명칭을 쓰시오.

( )

3 동물 세포에 있는 것에 모두 ○표 하시오.

핵	엽록소	세포막	세포벽

4 ( ) 안에 공통으로 들어갈 알맞은 말을 쓰시오.

식물은 대부분 ( ), 줄기, 잎으로 이루어진다. ( )는 주로 땅속으로 자라기 때문에 눈으로 쉽게 관찰이 힘들며 굵고 곧게 난 것도 있고 수염처럼 생긴 것도 있다.

( )

5 고구마 뿌리는 특히 어떤 역할을 하는지 쓰시오.

▲ 고구마

_____

6 붉은 색소 물에 넣어 두었던 백합 줄기를 세로로 잘라 관찰한 것입니다. 붉게 물든 부분이 의미하는 것은 무엇입니까? ( )

① 병든 부분
② 물의 이동 통로
③ 물이 저장된 곳
④ 양분의 이동 통로
⑤ 양분이 저장된 곳

7 식물 줄기에 대한 설명으로 바르지 않은 것을 모두 고르시오. (,)

① 줄기는 물이 지나가는 통로이다.
② 줄기의 겉은 모두 꺼칠꺼칠하다.
③ 줄기는 양분을 저장하기도 한다.
④ 줄기는 식물을 지지하는 기능이 있다.
⑤ 줄기는 주로 양분을 흡수하는 역할을 한다.

8 식물의 광합성에 대한 설명으로 바른 것의 기호를 쓰시오.

> ㉠ 광합성은 주로 잎에서 일어난다.
> ㉡ 식물이 스스로 물을 만드는 과정이다.
> ㉢ 광합성 과정에는 빛과 물, 산소가 필요하다.
> ㉣ 광합성 과정을 거쳐 양분과 이산화 탄소가 만들어진다.

(   )

9 크기가 비슷한 모종 두 개에 비닐봉지를 씌웠을 때 증산 작용이 잘 일어나는 것은 어느 것인지 기호를 쓰시오.

(가)

(나)

(   )

10 사과꽃의 구조입니다. ㉠~㉣의 명칭을 쓰시오.

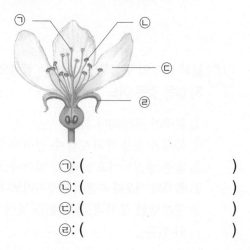

㉠: (   )
㉡: (   )
㉢: (   )
㉣: (   )

서술형

11 오른쪽 식물이 씨를 퍼뜨리는 방법을 쓰시오.

▲ 도깨비바늘

_____

_____

5 빛과 렌즈

12 햇빛을 프리즘에 통과시켜 보는 실험으로 알 수 있는 사실을 정리한 것입니다. ( ) 안에 알맞은 말은 무엇입니까? (   )

> 햇빛은 (   )(으)로 이루어져 있다.

① 노란 빛깔   ② 빨간 빛깔
③ 파란 빛깔   ④ 주황 빛깔
⑤ 여러 가지 빛깔

13 레이저 지시기의 빛이 공기와 물의 경계에서 굴절하는 모습으로 바른 것은 어느 것입니까? (   )

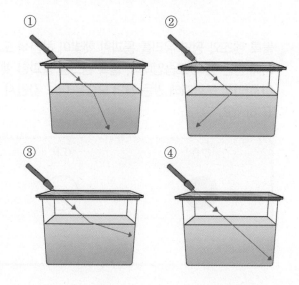

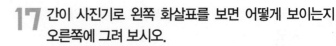

14 컵 속에 젓가락을 넣고 물을 부었을 때 젓가락이 꺾여 보이는 것은 빛의 어떤 성질과 관련 있는지 쓰시오.

(   )

15 볼록 렌즈에 대한 설명으로 바르지 않은 것은 어느 것입니까? (   )

① 가운데 부분이 가장자리보다 두껍다.
② 물방울은 볼록 렌즈와 같은 구실을 할 수 있다.
③ 볼록 렌즈로 물체를 보면 물체는 항상 크게 보인다.
④ 빛이 나아가다가 볼록 렌즈를 만나면 렌즈의 두꺼운 부분으로 꺾인다.
⑤ 볼록 렌즈의 가장자리에 레이저 지시기의 빛을 비추면 렌즈의 가운데 부분으로 꺾여 나아간다.

16 볼록 렌즈와 평면 유리를 통과한 햇빛이 하얀색 도화지에 만든 원의 모습입니다. 볼록 렌즈를 통과한 햇빛이 하얀색 도화지에 만든 원의 모습은 어느 것인지 ○표 하시오.

(가)	(나)
●	◯

17 간이 사진기로 왼쪽 화살표를 보면 어떻게 보이는지 오른쪽에 그려 보시오.

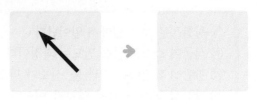

18 위 **18**번과 같이 간이 사진기로 본 물체의 모습과 실제 물체 모습에 차이가 나는 까닭을 쓰시오.

_____

_____

19 다음 기구에서 볼록 렌즈가 사용된 부분에 모두 ○표 하시오.

20 볼록 렌즈의 구실을 할 수 있는 물체의 조건으로 바르지 않은 것은 어느 것입니까? (   )

① 물체가 투명해야 한다.
② 물체가 빛을 통과시킬 수 있어야 한다.
③ 빛을 굴절시키고 모을 수 있어야 한다.
④ 물체의 가운데 부분이 가장자리보다 두꺼워야 한다.
⑤ 불투명한 물체의 경우 물을 넣어 사용할 수 있어야 한다.

4 식물의 구조와 기능

1 세포에 대한 설명으로 바른 것은 어느 것입니까?
( )

① 양파는 하나의 세포이다.
② 작지만 대부분 맨눈으로 볼 수 있다.
③ 식물 세포에는 세포벽, 세포막, 핵 등이 있다.
④ 모든 세포는 크기와 모양이 일정하고 하는 일도 같다.
⑤ 동물 세포와 식물 세포의 차이는 핵이 있거나 없는 것의 차이이다.

2 다음은 식물의 구조 중 어느 부분에 대한 설명인지 쓰시오.

> • 물을 흡수하는 역할을 한다.
> • 여러 가닥이 수염처럼 나 있는 것도 있다.
> • 식물체를 지지하고 양분을 저장하기도 한다.

( )

3 어둠상자를 씌운 잎과 어둠상자를 씌우지 않은 잎에 아이오딘-아이오딘화 칼륨 용액을 떨어뜨려 색깔 변화를 관찰하였습니다. 어둠상자로 씌우지 <u>않은</u> 잎의 결과를 바르게 쓰시오.

구분	어둠상자로 씌운 잎	어둠상자로 씌우지 않은 잎
실험 결과	색깔 변화가 없다.	

[4~6] 모종 한 개는 잎을 남겨 두고, 다른 한 개는 잎을 없앤 후 물이 담긴 삼각 플라스크에 넣어 비닐봉지를 씌워 두었습니다.

(가)    (나)

4 위 실험에서 다르게 한 조건은 무엇입니까?
( )

① 잎의 개수
② 비닐봉지의 크기
③ 비닐봉지의 색깔
④ 삼각 플라스크의 크기
⑤ 삼각 플라스크 속 물의 양

5 위 실험에서 비닐봉지 안에 물방울이 생긴 것의 기호를 쓰시오.

( )

6 위 실험과 관련된 잎의 기능을 설명한 것입니다. ( ) 안에 알맞은 말을 쓰시오.

> 잎에 도달한 물이 기공을 통해 빠져나가는 것을 ( ) 이라고 한다.

( )

서술형

7 꽃을 이루고 있는 부분 중 수술이 하는 일을 쓰시오.

8 ( ) 안에 알맞은 말을 바르게 차례로 짝 지은 것은 어느 것입니까? ( )

> 꽃가루받이가 된 암술 속에서는 ( )가 생겨 자라며 암술이나 ( ) 등이 함께 자라서 열매가 된다.

① 씨 – 수술　　　② 씨 – 꽃잎
③ 수술 – 꽃잎　　　④ 씨 – 꽃받침
⑤ 꽃잎 – 꽃받침

9 다음 식물이 씨를 퍼뜨리는 방법으로 바른 것은 어느 것입니까? ( )

▲ 박주가리

① 물에 떠서 이동한다.
② 바람에 날려서 퍼진다.
③ 열매껍질이 터지며 튀어 나간다.
④ 동물에게 먹힌 뒤 씨가 똥과 함께 나와 퍼진다.
⑤ 갈고리가 있어서 동물의 털이나 사람의 옷에 붙어서 퍼진다.

10 식물 연극 공연을 하기 위해 역할을 정하려고 합니다. 식물의 각 부분이 하는 일을 바르게 선으로 연결하시오.

(1) 뿌리　　　•　　　•㉠ 양분을 만든다.

(2) 잎　　　•　　　•㉡ 물을 흡수한다.

(3) 꽃　　　•　　　•㉢ 씨를 만든다.

5　빛과 렌즈

11 햇빛이 프리즘을 통과했을 때 하얀색 도화지에 나타난 햇빛의 모습입니다. 이것으로 알 수 있는 사실을 쓰시오.

서술형

12 공기와 반투명한 유리판의 경계에서 빛이 나아가는 모습을 나타낸 것입니다. 빛이 굴절하는 부분에 ○표 하시오.

반투명한 유리

13 렌즈의 가운데 부분이 가장자리 부분보다 두꺼우며 가까이 있는 물체를 보면 크게 보이는 렌즈의 이름을 쓰시오.

( )

14 볼록 렌즈를 이용하여 종이를 태워 그림을 그려 보는 활동을 통해 알 수 있는 사실이 아닌 것은 무엇입니까? ( )

① 볼록 렌즈는 빛을 모을 수 있다.
② 햇빛을 모아 종이의 검은색 부분을 태울 수 있다.
③ 볼록 렌즈는 빛을 흡수하여 온도를 낮출 수 있다.
④ 볼록 렌즈와 도화지 사이가 적당할 때 빛이 잘 모아진다.
⑤ 볼록 렌즈로 빛을 모았을 때의 온도는 빛을 모으지 않았을 때보다 높다.

15 볼록 렌즈와 평면 유리 중 어느 것을 통과한 햇빛의 모습인지 쓰시오.

(   )

16 간이 사진기에서 렌즈의 역할에 대하여 바르게 말한 친구는 누구입니까? (   )

① 승현: 빛을 반사해.
② 민주: 물체를 크게 보이게 해.
③ 현지: 물체를 보이지 않게 해.
④ 수아: 빛을 차단시켜 그림자를 만들어.
⑤ 시현: 기름종이에 물체의 모습이 맺히게 해.

17 오른쪽 물체를 간이 사진기로 보면 어떻게 보입니까? (   )

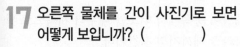

①    ②   ③

④    ⑤

18 볼록 렌즈를 이용한 기구가 <u>아닌</u> 것은 어느 것입니까? (   )

① 사진기   ② 망원경
③ 프리즘   ④ 현미경
⑤ 돋보기안경

19 각각의 물체에 사용된 렌즈의 역할을 바르게 선으로 연결하시오.

(1)  ·   ·㉠ 멀리 있는 물체를 확대한다.

(2)  ·   ·㉡ 사진과 영상을 촬영한다.

(3)  ·   ·㉢ 작은 물체를 확대한다.

20 다음 물체들은 모두 어떤 렌즈의 구실을 할 수 있는 것인지 쓰시오.

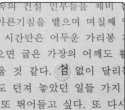 

(   )

1 | 과학자처럼 탐구해 볼까요?

[1~2] 다음 글을 읽고 물음에 답하시오.

> 도연이는 빵 반죽을 만들다가 냉장고에 넣은 자신의 빵 반죽만 부풀지 않은 것을 보고 빵에 넣은 (㉠)가 발효하는 데 필요한 조건이 무엇인지 궁금해졌다.

1 빵 반죽을 발효시켜 부풀게 하는 ㉠의 이름을 쓰시오.

( )

2 위 상황에서 빵 반죽이 발효하는 데 필요한 조건을 다음과 같이 예상하였습니다. 이와 같이 탐구 문제를 정하고 결과를 예상하는 것을 무엇이라고 하는지 쓰시오.

> 효모는 차가운 곳보다 따뜻한 곳에서 더 잘 발효할 것이다.

( )

3 위 2번과 같은 결과를 예상하여 실험을 계획할 때 실험을 통해 어떤 관계를 확인해야 하는지 ( ) 안에 알맞은 말을 쓰시오.

> 효모의 발효와 ( )의 관계

( )

4 문제 인식을 통해 탐구 문제를 정하고, 결론을 내릴 때까지의 과정을 순서대로 기호를 쓰시오.

> ㉠ 실험을 계획한다.
> ㉡ 가설을 세워 본다.
> ㉢ 실험을 하고 결과를 해석한다.
> ㉣ 실험 결과에서 결론을 이끌어 낸다.

( )

2 | 지구와 달의 운동

5 서술형

하루 동안 태양과 달이 어떻게 움직이는 것처럼 보이는지 쓰시오.

_____

_____

6 지구의 낮과 밤이 생기는 까닭을 알아보기 위한 활동입니다. 이 활동에 대한 설명으로 바르지 <u>않은</u> 것은 무엇입니까? ( )

① 전등은 태양을 나타낸다.
② 전등 빛을 받는 쪽이 낮이 된다.
③ 관측자 모형은 우리나라에서 관찰하는 사람을 나타낸다.
④ 낮과 밤이 하루에 한 번씩 반복되는 까닭은 지구가 공전하기 때문이다.
⑤ 낮은 태양이 동쪽에서 떠오를 때부터 서쪽으로 완전히 사라질 때까지의 시간이다.

7 서술형

우리나라가 여름일 때 겨울철 별자리가 보이지 않는 까닭을 쓰시오.

_____

_____

8 오른쪽은 어느 날 밤 달의 모습을 관찰한 것입니다. 일주일 뒤 관찰할 수 있는 달의 모양은 어느 것입니까? ( )

①

②

③

④

---

3 여러 가지 기체

9 산소의 성질을 바르게 설명한 것은 어느 것입니까?
( )

① 색깔이 있다.
② 시큼한 냄새가 난다.
③ 석회수를 뿌옇게 만든다.
④ 금속이 녹스는 것을 방지한다.
⑤ 다른 물질이 타는 것을 돕는 성질이 있다.

10 기체 발생 장치를 꾸며 집기병에 기체를 모은 뒤 석회수를 넣고 흔들었더니 석회수가 뿌옇게 되었습니다. 모아진 기체는 무엇입니까? ( )

① 질소
② 산소
③ 수소
④ 네온
⑤ 이산화 탄소

---

11 기체와 액체에 각각 압력을 가할 때 부피의 변화를 설명한 것입니다. 바르지 <u>않은</u> 것의 기호를 쓰시오.

구분	기체의 부피	액체의 부피
압력을 약하게 가할 때	㉠ 조금 작아진다.	㉡ 변하지 않는다.
압력을 세게 가할 때	㉢ 많이 작아진다.	㉣ 조금 작아진다.

( )

12 온도 변화에 따른 기체의 부피 변화를 설명한 것입니다. ( ) 안에 알맞은 말을 쓰시오.

> 기체의 부피는 온도가 높아지면 (㉠), 온도가 낮아지면 (㉡).

㉠: ( )
㉡: ( )

100점 예상 문제

---

4 식물의 구조와 기능

13 식물 뿌리가 하는 일이 <u>아닌</u> 것의 기호를 쓰시오.

> ㉠ 지지 기능   ㉡ 흡수 기능
> ㉢ 저장 기능   ㉣ 증산 작용

( )

14 광합성에 대해 간단히 설명하시오.

_____

_____

15 증산 작용에 대한 설명으로 바른 것은 어느 것입니까? (   )

① 뿌리에서 영양분을 흡수하는 것이다.
② 잎에서 산소를 내보내는 것을 말한다.
③ 빛을 이용하여 양분을 만드는 것을 말한다.
④ 줄기에서 양분을 식물 전체로 보내는 것이다.
⑤ 잎에서 식물 밖으로 물을 내보내는 것을 말한다.

16 꽃을 이루고 있는 부분과 각 부분이 하는 일을 바르게 선으로 연결하시오.

(1) 수술 •

(2) 암술 •

(3) 꽃잎 •

(4) 꽃받침 •

• ㉠ 꽃가루를 만든다.

• ㉡ 꽃잎을 보호한다.

• ㉢ 꽃가루받이가 이루어진다.

• ㉣ 암술과 수술을 보호한다.

5 빛과 렌즈

17 유리나 플라스틱 등으로 만든 투명한 삼각기둥 모양의 다음 기구의 이름은 무엇인지 쓰시오.

(   )

18 빛의 굴절과 관련이 없는 현상은 어느 것입니까?

(   )

① 깊은 개울물이 얕아 보이는 것
② 물속에서 다리가 짧아 보이는 것
③ 물에 잠긴 젓가락이 꺾여 보이는 것
④ 물속의 물고기가 보이는 곳보다 더 깊은 곳에 있는 것
⑤ 자동차 거울로 뒤쪽을 볼 때 뒤에 있는 자동차들이 더 멀리 있는 것처럼 보이는 것

서술형

19 곧게 나아가던 레이저 지시기의 빛이 볼록 렌즈의 가장자리를 통과할 때 빛이 나아가는 모습을 쓰시오.

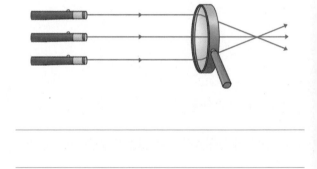

_____

_____

20 간이 사진기에 대한 설명으로 바른 것은 어느 것입니까? (   )

① 간이 사진기는 렌즈를 사용하지 않는다.
② 간이 사진기는 디지털 사진기보다 발전된 사진기이다.
③ 간이 사진기로 물체를 보면 상하좌우가 바뀐 물체의 모습을 볼 수 있다.
④ 간이 사진기의 속 상자에 붙어 있는 기름종이 대신 두꺼운 도화지를 사용할 수 있다.
⑤ 간이 사진기로 물체의 모습을 보면 멀리 있는 물체는 더 크게 보이고 가까이 있는 물체는 더 작게 보인다.

1 과학자처럼 탐구해 볼까요?

[1~2] 효모액을 넣은 시험관을 차가운 물과 따뜻한 물에 담 갔을 때의 결과를 그래프로 나타낸 것입니다.

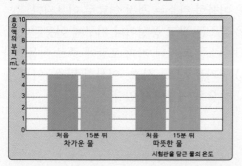

1 위 그래프를 표로 나타냈을 때 빈칸에 알맞은 숫자를 각각 쓰시오.

효모액의 부피(mL)	차가운 물	따뜻한 물
처음	5	5
15분 뒤		

2 위 그래프를 보고 알 수 있는 사실은 무엇입니까?
( )

① 따뜻한 물의 양이 줄어들었다.
② 차가운 물의 양이 줄어들었다.
③ 따뜻한 물에 담근 시험관에서만 효모액의 부피가 변했다.
④ 차가운 물에 담근 시험관에서만 효모액의 부피가 변했다.
⑤ 따뜻한 물에 담근 효모액과 차가운 물에 담근 효 모액의 부피는 모두 변화가 없었다.

3 실험 결과에서 결론을 이끌어 내는 것을 무엇이라고 하는지 보기 에서 찾아 기호를 쓰시오.

보기
㉠ 자료 변환 ㉡ 자료 해석
㉢ 결론 도출 ㉣ 변인 통제

( )

4 차가운 물에 담근 시험관에서는 효모액의 부피 변화 가 없었고 따뜻한 물에 담근 시험관에서만 효모액의 부피가 늘어났다면 어떤 결론을 이끌어 낼 수 있는지 쓰시오.

_____

_____

2 지구와 달의 운동

5 오른쪽은 지구의 자전을 나 타낸 것입니다. 지구의 북 극과 남극을 이은 가상의 직선을 무엇이라고 하는지 쓰시오.

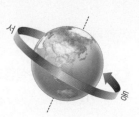

지구의 ( )

6 다음 설명 중 바른 것은 ○표, 바르지 않은 것은 ×표 하시오.

(1) 지구의 공전 방향은 자전 방향과 같습니다.
( )
(2) 지구의 공전으로 하루 동안 달의 위치가 달라지는 것처럼 보입니다. ( )
(3) 지구가 태양을 중심으로 한 바퀴 회전하는 데 걸 리는 시간은 약 365일입니다. ( )

7 음력 1일부터 여러 날 동안 달의 모양을 관찰했을 때 가장 마지막에 관찰할 수 있는 달은 어느 것입니까?
( )

① 초승달 ② 상현달
③ 하현달 ④ 그믐달
⑤ 보름달

8 내용이 잘못된 부분에 줄을 긋고 내용을 고쳐 쓰시오.

> 여러 날 동안 달을 관측할 때 태양이 진 직후 초승달은 서쪽 하늘에서 보이며 달의 위치는 동쪽에서 서쪽으로 날마다 조금씩 옮겨 간다.

_____

_____

---

3 여러 가지 기체

9 산소에 대한 설명으로 바르지 <u>않은</u> 것은 어느 것입니까? (   )

① 색깔이 없다.
② 냄새가 없다.
③ 물질이 타는 것을 막는다.
④ 향불을 넣으면 불꽃이 커진다.
⑤ 물, 이산화 망가니즈와 과산화 수소수로 발생시킬 수 있다.

10 이산화 탄소를 발생시키는 데 필요한 물질 두 가지를 고르시오. (,   )

① 석회수   ② 진한 식초
③ 과산화 수소수   ④ 이산화 망가니즈
⑤ 탄산수소 나트륨

11 공기 40 mL를 넣은 주사기 입구를 손으로 막고 피스톤을 약하게 눌렀을 때 결과로 나올 수 있는 주사기 속 공기의 부피는 어느 것입니까? (   )

① 0 mL   ② 38 mL
③ 40 mL   ④ 43 mL
⑤ 100 mL

---

12 여러 가지 기체에 대한 설명으로 바른 것은 어느 것입니까? (   )

① 산소는 소화기 재료로 이용된다.
② 이산화 탄소는 청정 연료로 이용된다.
③ 질소는 광고 풍선이나 기구에 이용된다.
④ 수소는 과자나 커피 포장에 주로 이용된다.
⑤ 공기는 질소, 산소, 이산화 탄소, 아르곤, 수증기 등으로 이루어져 있다.

---

4 식물의 구조와 기능

13 세포에 대한 설명 중 바른 것은 어느 것입니까?
(   )

① 동물 세포에만 핵이 있다.
② 모든 세포는 맨눈으로 볼 수 있을 정도의 크기이다.
③ 식물 세포는 세포벽, 세포막, 핵 등으로 이루어져 있다.
④ 동물 세포에는 세포벽이 있고 식불 세포에는 세포벽이 없다.
⑤ 모든 식물 세포는 크기와 모양이 일정하고 모든 동물 세포는 하는 일이 같다.

14 식물이 잎에서 물과 햇빛, 이산화 탄소를 이용하여 스스로 양분을 만드는 작용을 무엇이라고 하는지 쓰시오.

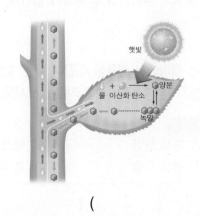

(   )

15 벚나무가 씨를 퍼뜨리는 방법을 쓰시오.

서술형

▲ 벚나무

16 식물을 이루는 부분과 그 기능을 바르게 설명한 것은 어느 것입니까? (　　　)

① 뿌리는 물과 양분의 이동 통로이다.
② 증산 작용은 주로 줄기에서 일어난다.
③ 잎에서 빛, 물, 이산화 탄소로 양분을 만든다.
④ 열매는 꽃가루받이를 거쳐 씨를 만드는 일을 한다.
⑤ 꽃은 어린 씨를 보호하고 씨가 익으면 멀리 퍼뜨리는 일을 한다.

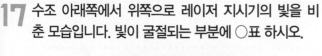

| 5 | 빛과 렌즈 |

17 수조 아래쪽에서 위쪽으로 레이저 지시기의 빛을 비춘 모습입니다. 빛이 굴절되는 부분에 ○표 하시오.

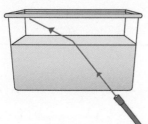

18 볼록 렌즈에 대한 설명으로 바른 것을 모두 고르시오. (　　, 　　)

① 볼록 렌즈는 빛을 퍼지게 한다.
② 볼록 렌즈를 통과한 빛은 굴절하여 나아간다.
③ 볼록 렌즈로 햇빛을 모아 검은 종이를 태울 수 있다.
④ 볼록 렌즈는 가장자리 부분이 가운데 부분보다 두껍다.
⑤ 볼록 렌즈로 멀리 있는 물체를 관찰하면 실제와 색깔이 다르게 보인다.

19 오른쪽은 햇빛을 볼록 렌즈에 통과시켰을 때 하얀색 도화지에 나타난 모습입니다. 이 실험에 대한 설명으로 바른 것은 어느 것입니까? (　　　)

① 햇빛을 모은 곳의 밝기는 주변보다 밝다.
② 햇빛을 모은 곳의 온도는 주변보다 낮다.
③ 볼록 렌즈 대신 평면 유리로 실험을 해도 하얀색 도화지에 같은 모습이 나타난다.
④ 볼록 렌즈와 하얀색 도화지 사이의 거리를 점점 더 멀리하면 밝은 원의 크기가 더 작아진다.
⑤ 볼록 렌즈와 하얀색 도화지 사이의 거리와 관계없이 하얀색 도화지에 나타난 밝은 원의 크기는 변함이 없다.

20 간이 사진기에 대한 설명입니다. (　　) 안에 알맞은 말을 쓰시오.

간이 사진기는 (　㉠　)렌즈를 사용하며 물체를 보았을 때 물체의 (　㉡　)가 바뀌어 보인다. 간이 사진기로 본 물체의 모습이 실제 모습과 다른 까닭은 렌즈를 통해 (　㉢　)된 빛이 기름종이에 모습을 만들기 때문이다.

㉠: (　　　　　　　)
㉡: (　　　　　　　)
㉢: (　　　　　　　)

MEMO

선생님이 강력 추천하는

개념 + PLUS
단원평가

9종 검정 교과서

완벽 분석
종합평가

과학

6-1

1 탐구 문제를 정하고 가설을 세울 때 생각해야 할 점을 바르게 말한 친구는 누구인지 쓰시오.

> • 민수: 탐구를 하여 알아보려는 내용이 분명하게 드러나게 세워야 해.
> • 가윤: 되도록 길고 자세하게 표현해야 해.
> • 진영: 탐구를 하여 가설이 맞는지 확인하지 않아도 되기 때문에 궁금한 것 중에서 정하자.

(   )

2 탐구를 실행하는 방법으로 바르지 <u>않은</u> 것은 무엇입니까? (   )

① 실험 계획에 따라 실험한다.
② 변인을 통제하면서 실험한다.
③ 측정한 내용은 그 자리에서 정확하게 기록한다.
④ 실험 결과가 예상과 다르더라도 고치지 않는다.
⑤ 같은 실험은 반복하지 않고 한 번에 정확하게 한다.

3 하루 동안 태양의 위치 변화를 나타낸 것입니다. ㉠과 ㉡에 알맞은 말을 쓰시오.

> 태양은 아침에 (㉠)쪽 하늘에서 보이기 시작하여 남쪽 하늘을 지나 저녁에는 (㉡)쪽 하늘로 움직이는 것처럼 보인다.

㉠: (   )
㉡: (   )

4 하루 동안 달의 위치 변화를 나타낸 것입니다. 밤 12시 무렵에 관측할 수 있는 달의 위치를 기호로 쓰시오.

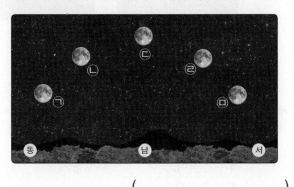

(   )

5 하루 동안 태양과 달의 위치가 어떻게 변하는지 비교한 설명입니다. 알맞은 말에 ○표 하시오.

> 하루 동안 태양과 달은 동쪽에서 서쪽 방향으로 움직이는 것처럼 보인다. 태양과 달은 하루 동안 움직이는 방향이 (같다, 다르다).

관련 교과서 돋보기

하루 동안 태양과 달의 위치 변화
• 태양과 달의 위치 변화: 시간이 지남에 따라 동쪽 하늘에서 남쪽 하늘을 지나 서쪽 하늘로 움직이는 것처럼 보입니다.
• 별의 위치 변화: 태양이나 달과 마찬가지로 밤하늘의 별들도 하루 동안 동쪽에서 서쪽 방향으로 움직이는 것처럼 보입니다.

6 지구본에서 약 30 cm 떨어진 곳에 전등을 설치하고, 지구본을 서쪽에서 동쪽으로 천천히 돌렸을 때, 지구본에서 본 전등이 어느 방향으로 움직이는 것처럼 보이는지 기호를 쓰시오.

(   )

<u>서술형</u>

7 지구의 운동을 설명한 것입니다. 지구의 운동과 관련지어 하루 동안 태양과 달의 위치가 어떻게 달라지는지 쓰시오.

> 지구가 자전축을 중심으로 하루에 한 바퀴씩 서쪽에서 동쪽으로 회전한다.

_____

_____

8 지구에서 보는 천체의 모습이 움직이는 까닭에 대한 설명입니다. ( ) 안에 알맞은 말을 쓰시오.

> 하루 동안 지구에서 보는 천체의 모습이 제자리에 머물러 있지 않고 일정한 방향으로 움직이는 것처럼 보이는 것은 지구가 ( )하기 때문이다.

( )

9 지구의 자전을 나타낸 것입니다. 낮인 지역은 어디인지 기호를 쓰시오.

( )

10 지구에서 낮과 밤이 생기는 까닭을 알아보는 실험입니다. 이 실험에 대한 설명으로 바르지 <u>않은</u> 것은 어느 것입니까? ( )

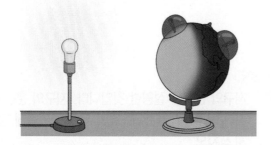

① 전등은 태양을 나타낸다.
② 관찰자 모형이 전등을 향할 때는 낮이다.
③ 관찰자 모형이 전등 반대편을 향할 때는 밤이다.
④ 지구본을 회전시켜도 전등 빛을 받는 쪽은 항상 같다.
⑤ 지구본을 회전시켜 낮과 밤이 달라지는 모습을 관찰한다.

11 우리나라에서 하루를 주기로 낮과 밤이 생기는 까닭은 무엇입니까? ( )

① 지구가 둥글기 때문이다.
② 지구가 자전하기 때문이다.
③ 지구가 공전하기 때문이다.
④ 태양이 자전하기 때문이다.
⑤ 지구가 움직이지 않기 때문이다.

12 계절별 대표적인 별자리를 잘 볼 수 있는 조건은 어느 것인지 기호를 쓰시오.

> ㉠ 밤 12시 무렵에 남쪽 하늘
> ㉡ 저녁 9시 무렵에 남쪽 하늘
> ㉢ 오전 3시 무렵에 동쪽 하늘

( )

🔍 관련 교과서 돋보기

계절별 대표적인 별자리
• 각 계절의 저녁 9시에 볼 수 있는 별자리는 다릅니다.
• 그 계절의 대표적인 별자리는 저녁 9시 무렵 남쪽 하늘에서 볼 수 있는 별자리입니다.
• 계절별 대표적인 별자리는 각 계절에 긴 시간 동안 관찰할 수 있는 별자리입니다.

13 별자리 이름은 무엇인지 쓰시오.

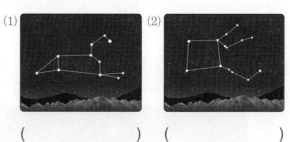

(1) ( )　(2) ( )

14 여름철 대표적인 별자리는 어느 것입니까? ( )

① 사자자리　　　② 백조자리
③ 오리온자리　　④ 쌍둥이자리
⑤ 페가수스자리

15 다음 활동에서 지구본이 ㈎~㈑ 위치에 있을 때, 각 위치에서 보이는 별자리에 대한 설명으로 바르지 않은 것은 어느 것입니까? ( )

① ㈑ 위치에서는 모든 별자리가 잘 보인다.
② ㈎ 위치에서는 사자자리가 가장 잘 보인다.
③ ㈏ 위치에서는 백조자리가 가장 잘 보인다.
④ ㈑ 위치에서는 오리온자리가 가장 잘 보인다.
⑤ ㈐ 위치에서는 페가수스자리가 가장 잘 보인다.

🔍 관련 교과서 돋보기

계절별 대표적인 별자리
• 봄: 목동자리, 처녀자리, 사자자리
• 여름: 백조자리, 독수리자리, 거문고자리
• 가을: 물고기자리, 안드로메다자리, 페가수스자리
• 겨울: 쌍둥이자리, 큰개자리, 오리온자리

16 봄철 저녁 9시 무렵에 보기 힘든 별자리는 어느 것입니까? ( )

① 사자자리　　　　② 목동자리
③ 처녀자리　　　　④ 오리온자리
⑤ 페가수스자리

17 다음에서 설명하는 것은 무엇인지 쓰시오.

> 지구가 태양을 중심으로 일 년에 한 바퀴씩 서쪽에서 동쪽 방향으로 회전하는 것이다.

( )

18 달의 이름과 달의 모양을 바르게 선으로 연결하시오.

(1) 하현달 ・

・ ㉠

(2) 상현달 ・

・ ㉡

19 오른쪽과 같은 달은 언제 볼 수 있습니까? ( )

① 음력 2~3일 무렵
② 음력 7~8일 무렵
③ 음력 15일 무렵
④ 음력 22~23일 무렵
⑤ 음력 27~28일 무렵

🔍 관련 교과서 돋보기

달의 모양 변화
• 달의 모양 변화는 약 30일을 주기로 반복됩니다.
• 매달 음력 2~3일 무렵에는 초승달, 음력 7~8일 무렵에는 상현달, 음력 15일 무렵에는 보름달, 음력 22~23일 무렵에는 하현달, 음력 27~28일 무렵에는 그믐달을 볼 수 있습니다.

20 여러 날 동안 같은 시각에 달을 관찰하였을 때, 음력 2~3일 무렵에 초승달을 볼 수 있는 위치는 어디인지 기호를 쓰시오.

( )

1 기체 발생 장치를 사용하여 산소를 발생시킬 때, 깔때기에 부어야 하는 물질은 무엇입니까? (   )

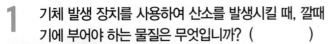
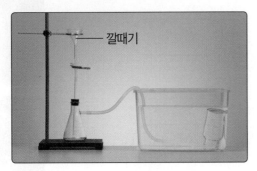

깔때기

① 물　　　　　　② 석회수
③ 이산화 망가니즈　④ 진한 식초
⑤ 묽은 과산화 수소수

2 위 1번 실험에서 산소를 발생시킬 때 나타나는 현상을 모두 고르시오. (　　,　　)

① 집기병 속이 뿌옇게 변한다.
② 수조 속 물의 높이가 낮아진다.
③ ㄱ자 유리관 끝에서 기포가 나온다.
④ 가지 달린 삼각 플라스크로 물이 들어온다.
⑤ 가지 달린 삼각 플라스크에서 거품이 발생한다.

3 오른쪽은 산소의 성질 중 무엇을 알아보는 모습인지 쓰시오.

(　　　　　　)

서술형

4 산소가 들어 있는 집기병에 향불을 넣으면 어떻게 되는지 쓰시오.

_____

🔍 관련 교과서 돋보기

산소의 성질
• 산소는 색깔과 냄새가 없습니다.
• 산소는 다른 물질이 타는 것을 돕습니다.

5 오른쪽과 같이 탄산음료를 컵에 따랐을 때 생기는 기포는 무엇입니까? (　　　)

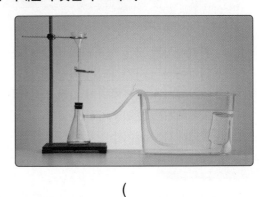

① 산소　　　　② 질소
③ 수소　　　　④ 수증기
⑤ 이산화 탄소

6 기체 발생 장치의 가지 달린 삼각 플라스크에 탄산수소 나트륨을 넣고 깔때기에 식초를 부었을 때 발생하는 기체는 무엇인지 쓰시오.

(　　　　　　　　　)

🔍 관련 교과서 돋보기

이산화 탄소 발생시키기
• 기체 발생 장치의 가지 달린 삼각 플라스크에 탄산수소 나트륨을 세 숟가락 정도 넣습니다.
• 유리관이 연결된 실리콘 마개로 가지 달린 삼각 플라스크의 입구를 막습니다.
• 깔때기에 식초를 $\frac{1}{2}$ 정도 붓습니다.
• 핀치 집게를 조절하여 식초를 조금씩 흘러보내면서 가지 달린 삼각 플라스크 안과 수조의 ㄱ자 유리관 끝부분을 관찰합니다.
• 깔때기에 식초를 더 넣어 이산화 탄소를 발생시킵니다.

7 이산화 탄소를 모은 집기병에 향불을 넣었더니 향불의 불꽃이 꺼졌습니다. 이 실험으로 알 수 있는 이산화 탄소의 성질은 무엇입니까? (　　　　)

① 색깔이 없다.
② 냄새가 없다.
③ 석회수를 뿌옇게 만든다.
④ 다른 물질이 타는 것을 돕는다.
⑤ 다른 물질이 타는 것을 막는다.

8 이산화 탄소를 모은 집기병에 석회수를 넣고 흔들면 어떻게 되는지 쓰시오.

_____

9 공기를 채운 주사기의 입구를 고무 마개에 대고 피스톤을 눌렀을 때 주사기 안 공기의 부피를 비교하여 <, =, >로 표시하시오.

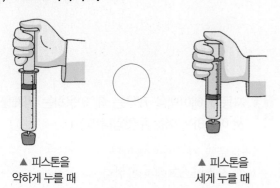

▲ 피스톤을 약하게 누를 때   ▲ 피스톤을 세게 누를 때

10 위 9번에서 피스톤을 분리하고 공기를 넣은 풍선을 주사기 안에 넣고 피스톤을 눌렀을 때, 더 세게 누른 경우는 어느 것인지 기호를 쓰시오.

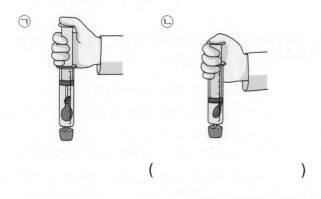

( )

11 압력에 따른 기체의 부피 변화에 대한 설명을 읽고 바른 것에 ○표 하시오.

> 기체에 압력을 (약하게, 세게) 가하면 기체의 부피가 조금 작아지고, 기체에 압력을 (약하게, 세게) 가하면 기체의 부피가 많이 작아진다.

12 헬륨을 넣은 풍선은 하늘 높이 올라갈수록 어떻게 됩니까? ( )

① 풍선이 점점 작아진다.
② 풍선의 색깔이 변한다.
③ 풍선은 아무 변화가 없다.
④ 풍선의 무게가 무거워진다.
⑤ 풍선이 부풀어 오르다 결국 터진다.

13 빈 페트병의 공기를 반 정도 뺀 다음 따뜻한 물과 얼음물에 각각 넣었을 때의 결과입니다. 따뜻한 물과 얼음물을 구분하여 쓰시오.

구분	㉠	㉡
페트병의 변화	부피가 커진다.	부피가 작아진다.

㉠: ( )
㉡: ( )

> 🔍 **관련 교과서 돋보기**
>
> **온도에 따른 기체의 부피 변화 실험**
> • 준비물: 따뜻한 물, 얼음물, 빈 페트병, 비커, 집게, 면장갑, 보안경, 실험복 등
> • 실험 방법
> – 빈 페트병을 손으로 눌러 페트병 안의 공기를 반 정도 뺀 다음 뚜껑을 닫습니다.
> – 빈 페트병을 따뜻한 물이 든 비커에 넣고 변화를 관찰합니다.
> – 페트병을 꺼낸 다음, 다시 얼음물이 든 비커에 넣고 변화를 관찰합니다.

14 위 13번 실험을 통해 알 수 있는 것을 골라 기호를 쓰시오.

> ㉠ 온도가 높아지면 기체의 부피가 커진다.
> ㉡ 온도가 낮아지면 기체의 부피가 커진다.
> ㉢ 기체의 부피는 온도에 따라 변하지 않는다.

( )

15 기체의 부피가 커지는 경우를 모두 골라 기호를 쓰시오.

> ㉠ 여름철 차 안에 놓아 둔 빈 페트병
> ㉡ 찌그러진 탁구공을 뜨거운 물에 넣었을 때
> ㉢ 냉장고에 넣어 둔 물이 조금 담긴 페트병

( )

서술형

16 냉장고에 넣어 둔 마개를 닫은 찌그러진 빈 페트병을 펴지게 할 수 있는 방법을 한 가지 쓰시오.

🔍 관련 교과서 돋보기

온도가 높고 낮음에 따른 기체의 부피 변화
• 준비물: 고무풍선, 삼각 플라스크, 뜨거운 물, 차가운 물, 수조, 플라스크 집게, 실험복, 면장갑, 보안경 등
• 실험 방법
 – 삼각 플라스크의 입구에 고무풍선을 씌운 다음, 뜨거운 물이 담긴 수조에 넣고 고무풍선을 관찰합니다.
 – 위 삼각 플라스크를 차가운 물이 담긴 수조에 넣고 고무풍선을 관찰합니다.
• 실험 결과: 뜨거운 물에 넣으면 고무풍선이 부풀어 오르고, 차가운 물에 넣으면 고무풍선이 오므라듭니다.

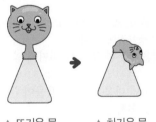

▲ 뜨거운 물   ▲ 차가운 물

17 공기에 대한 설명이 바른 것은 ○표, 바르지 않은 것은 ✕표를 하시오.

(1) 공기에는 산소, 질소, 이산화 탄소 등 여러 가지 기체가 섞여 있다. ( )
(2) 공기를 이루는 기체는 성질이 계속 변한다. ( )

18 불을 끌 때 이용하는 기체는 무엇인지 쓰시오.

( )

19 자동차 에어백을 채우는 데 이용하는 기체를 생활에서 이용하는 예는 무엇입니까? ( )

① 조명 기구에 이용한다.
② 산소마스크에 이용한다.
③ 풍선을 떠오르게 하는 데 이용한다.
④ 물질을 차갑게 보관하는 데 이용한다.
⑤ 식품을 신선하게 보관하는 데 이용한다.

20 기체를 일상 생활에서 이용하는 예로 바르지 않은 것은 어느 것입니까? ( )

① 수소: 자동차 연료로 이용한다.
② 아르곤: 간판의 불빛에 이용한다.
③ 이산화 탄소: 소화기의 재료로 이용한다.
④ 산소: 응급 환자의 호흡을 도울 때 이용한다.
⑤ 질소: 식품의 고유한 맛을 유지하는 데 이용한다.

🔍 관련 교과서 돋보기

공기를 이루는 여러 가지 기체의 이용
• 산소: 물속에서 잠수부가 숨을 쉬는 데, 로켓의 연료나 물질을 태울 때 이용합니다.
• 이산화 탄소: 탄산음료, 드라이아이스의 재료로 이용합니다.
• 헬륨: 홍보물이나 풍선을 공중에 띄우는 데 이용합니다.
• 수소: 수소 자동차나 전기를 만드는 데 이용합니다.
• 질소: 식품을 보존할 때, 자동차 에어백을 채우는 데 이용합니다.

1 ( ) 안에 공통으로 알맞은 말을 쓰시오.

> • 동물과 식물은 ( )로 이루어져 있다.
> • ( )는 종류에 따라 모양, 크기, 하는 일 등이 다르다.

( )

[2~3] 양파 표피 세포와 입안 상피 세포의 모습입니다.

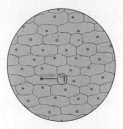 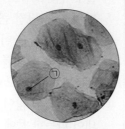

▲ 양파 표피 세포   ▲ 입안 상피 세포

2 위 양파 표피 세포와 입안 상피 세포에서 둥근 공 모양의 ㉠은 무엇인지 기호를 쓰시오.

> ㉠ 핵   ㉡ 세포벽   ㉢ 세포막

( )

🔍 관련 교과서 돋보기

핵, 세포막, 세포벽
• 핵: 각종 유전 정보를 포함하고 있으며, 생명 활동을 조절해 줍니다.
• 세포막: 세포 내부와 외부를 드나드는 물질의 출입을 조절해 줍니다.
• 세포벽: 식물 세포의 모양을 일정하게 유지하고 세포를 보호합니다. 동물 세포에는 세포벽이 없습니다.

3 위 양파 표피 세포와 입안 상피 세포의 차이점을 한 가지 쓰시오.

_____

_____

4 뿌리가 하는 일을 알아보는 실험을 할 때 다르게 해야 할 조건은 무엇입니까? ( )

① 물의 양
② 양파의 크기
③ 비커의 크기
④ 뿌리를 자르거나 자르지 않은 점
⑤ 양파를 올려놓은 비커를 두는 장소

5 위 4번 실험을 통해 알 수 있는 사실은 무엇입니까?

( )

① 뿌리는 물을 흡수한다.
② 뿌리는 물을 증발시킨다.
③ 뿌리는 양분을 저장한다.
④ 뿌리는 물이 닿으면 자란다.
⑤ 뿌리는 식물이 쓰러지지 않도록 지지해 준다.

6 뿌리에 양분을 저장하는 식물은 어느 것입니까?

( )

① 파   ② 당근
③ 토마토   ④ 봉선화
⑤ 명아주

7 곧은 뿌리에 가는 뿌리가 여러 개 나 있는 식물이 아닌 것은 어느 것입니까? ( )

① 당근   ② 명아주
③ 감나무   ④ 봉선화
⑤ 강아지풀

8 식물의 구조 중 뿌리와 잎을 연결하고 대부분 땅 위로 자라는 부분은 무엇입니까? (   )

① 잎
② 꽃
③ 줄기
④ 뿌리
⑤ 뿌리털

9 붉은 색소 물이 담긴 삼각 플라스크에 백합 줄기를 꽂고 시간이 지난 후 꺼내어 가로와 세로로 잘라 자른 면을 관찰하였을 때 알 수 있는 사실은 무엇입니까? (   )

① 줄기가 물을 흡수한다.
② 줄기에 양분을 저장한다.
③ 줄기가 식물을 지지한다.
④ 줄기를 통해 물이 이동한다.
⑤ 줄기를 통해 물이 수증기가 되어 빠져나간다.

10 감자의 줄기에 대한 설명이 바른 것은 어느 것입니까? (   )

① 양분을 저장한다.
② 양분을 이동한다.
③ 굵고 곧게 자란다.
④ 다른 물체를 감아 올라간다.
⑤ 땅 위를 기는듯이 뻗어 나간다.

🔍 관련 교과서 돋보기

여러 가지 식물의 줄기
• 곧은줄기: 줄기가 굵고 곧게 자랍니다. ㉘ 소나무
• 감는줄기: 줄기가 주변의 다른 물체를 감아 올라가며 자랍니다. ㉘ 나팔꽃
• 기는줄기: 줄기가 땅 위를 기는듯이 뻗어 나가며 자랍니다. ㉘ 딸기
• 양분을 저장하는 줄기: 줄기가 양분을 저장하여 굵게 자랍니다. ㉘ 감자

11 잎에서 만든 양분을 확인하는 실험입니다. 실험 결과가 바른 것을 모두 고르시오. (,   )

> ㉠ 알루미늄 포일로 일부분을 덮은 잎을 따서 뜨거운 물이 담긴 큰 비커에 1분간 담갔다가 에탄올이 든 작은 비커에 옮겨 넣는다.
> ㉡ ㉠의 작은 비커를 뜨거운 물이 담긴 큰 비커에 넣고 유리판으로 덮는다.
> ㉢ 잎의 색깔이 많이 연해지면 핀셋으로 잎을 꺼내어 따뜻한 물에 헹군다.
> ㉣ ㉢의 잎을 페트리 접시에 놓고 아이오딘-아이오딘화 칼륨 용액을 떨어뜨린다.

① 알루미늄 포일을 덮은 부분은 변화가 없다.
② 알루미늄 포일을 덮지 않은 부분은 변화가 없다.
③ 알루미늄 포일을 덮은 부분은 청람색으로 변한다.
④ 알루미늄 포일을 덮지 않은 부분은 청람색으로 변한다.
⑤ 알루미늄 포일을 덮은 부분과 덮지 않은 부분 모두 청람색으로 변한다.

〈서술형〉

12 위 11번 실험으로 알 수 있는 사실을 한 가지 쓰시오.

_____

_____

13 푸른색 염화코발트 종잇조각을 넣은 비닐 약포지로 잎을 씌워 햇빛이 잘 드는 곳에 하루 동안 놓아두는 실험을 통해 알 수 있는 사실을 모두 고르시오.

(,)

① 비닐 약포지가 부풀어 오른다.
② 비닐 약포지 안에 물방울이 생겼다.
③ 푸른색 염화코발트 종이가 푸른색 그대로이다.
④ 푸른색 염화코발트 종이가 분홍색으로 변한다.
⑤ 비닐 약포지 안의 잎의 색깔이 갈색으로 변한다.

14 설명과 관계있는 잎의 기능을 ◦보기◦에서 골라 쓰시오.

◦보기◦

광합성, 증산 작용

⑴ 식물이 빛, 물, 이산화 탄소를 이용해 양분을 만드는 작용이다. ( )
⑵ 잎에 도달한 물은 기공을 통해 식물 밖으로 나간다. ( )

15 꽃의 구조에 대한 설명으로 바르지 <u>않은</u> 것은 무엇입니까? ( )

① 수술은 꽃가루를 만든다.
② 꽃잎은 암술과 수술을 보호한다.
③ 꽃받침은 꽃잎을 받치고 보호한다.
④ 암술은 꽃가루받이를 거쳐 씨를 만든다.
⑤ 모든 꽃은 암술, 수술, 꽃잎, 꽃받침으로 이루어져 있다.

◦서술형◦
16 복숭아꽃과 호박꽃의 차이점을 한 가지 쓰시오.

_____

_____

17 사과꽃이 열매가 되는 과정입니다. ㉠과 같이 암술의 아랫부분에서 만들어지는 것은 무엇입니까? ( )

① 씨   ② 꽃
③ 열매   ④ 암술
⑤ 꽃가루

18 ( ) 안에 알맞은 말은 무엇입니까? ( )

( )는 씨를 보호하고, 씨가 익으면 멀리 퍼뜨리는 일을 한다.

① 꽃   ② 열매
③ 꽃잎   ④ 큰 씨
⑤ 꽃받침

19 도꼬마리와 같은 방법으로 씨가 퍼지는 식물은 어느 것입니까? ( )

① 마름   ② 물봉선
③ 박주가리   ④ 코코야자
⑤ 도깨비바늘

20 벚나무가 씨를 퍼뜨리는 방법은 무엇입니까?
( )

① 바람에 날려서
② 동물에게 먹혀서
③ 물에 떠서 이동해서
④ 동물의 털에 붙어서
⑤ 열매의 껍질이 터지면서

1 프리즘에 대한 설명으로 바르지 <u>않은</u> 것은 어느 것입니까? (　　　)

① 투명하다.   ② 햇빛을 반사한다.
③ 유리로 만든다.   ④ 삼각기둥 모양이다.
⑤ 플라스틱으로 만든다.

[2~3] 프리즘을 통과한 햇빛이 어떻게 보이는지 실험으로 알아보았습니다.

긴 구멍이 뚫린 검은색 종이
프리즘
프리즘 받침대
종이 스크린

2 위 실험을 할 때 필요하지 <u>않은</u> 것은 어느 것입니까?
(　　　)

① 프리즘   ② 종이 스크린
③ 색연필   ④ 프리즘 받침대
⑤ 검은색 종이

•서술형•

3 위 실험에서 프리즘을 통과한 햇빛은 종이 스크린에 어떤 모습으로 나타나는지 쓰시오.

_____

_____

4 레이저 지시기의 빛이 공기에서 물로 나아가도록 비추었을 때, 빛이 나아가는 모습을 그리시오.

5 물속에 있는 친구의 다리를 물 밖에서 보면 실제보다 다리가 짧아 보이는 까닭은 무엇입니까? (　　　)

① 빛이 물속에서 공기 중으로 나올 때 물과 공기의 경계에서 되돌아 나오기 때문이다.
② 빛이 물속에서 공기 중으로 나올 때 물과 공기의 경계에서 꺾여 나아가기 때문이다.
③ 빛이 물속에서 공기 중으로 나올 때 물과 공기의 경계에서 그대로 나아가기 때문이다.
④ 빛이 공기 중에서 물속으로 나아갈 때 물과 공기의 경계에서 꺾여 나아가기 때문이다.
⑤ 빛이 공기 중에서 물속으로 나아갈 때 물과 공기의 경계에서 그대로 나아가기 때문이다.

6 레이저 지시기의 빛이 반투명 유리판을 통과하도록 비추었을 때, 빛이 꺾이는 부분은 어디인지 기호를 쓰시오.

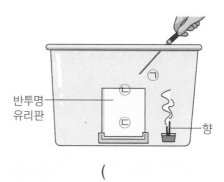

반투명 유리판
향

(　　　)

🔍 관련 교과서 돋보기

레이저 지시기의 빛을 물과 유리에 수직으로 비추었을 때
• 빛을 물에 수직으로 비추면 빛이 그대로 나아갑니다.
• 빛을 유리에 수직으로 비추면 빛이 그대로 나아갑니다.

7 다음에서 설명하는 현상은 무엇인지 쓰시오.

> 빛이 직진하다가 서로 다른 물질의 경계를 지나면서 꺾이는 현상이다.

(　　　)

8 볼록 렌즈에 대한 설명이 바른 것은 어느 것입니까?
( )

① 불투명하여 빛을 흡수한다.
② 불투명하여 빛을 반사시킨다.
③ 가운데 부분이 가장자리 부분보다 두껍다.
④ 가장자리 부분이 가운데 부분보다 두껍다.
⑤ 가운데 부분과 가장자리 부분의 두께가 같다.

9 볼록 렌즈는 어느 것인지 ○표 하시오.

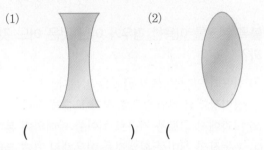

(1) (2)

( ) ( )

10 볼록 렌즈에 대한 설명입니다. ( ) 안에 알맞은 말을 쓰시오.

> 볼록 렌즈는 가운데 부분이 가장자리 부분보다
> ( ) 렌즈이다.

( )

11 빛이 볼록 렌즈를 통과하여 나아가는 모습은 어느 것인지 기호를 쓰시오.

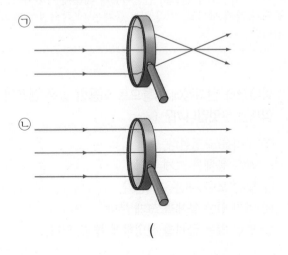

ㄱ

ㄴ

( )

[12~14] 운동장에서 태양, 볼록 렌즈, 독서대가 일직선이 되게 한 뒤 독서대에 흰 도화지를 올려놓았습니다.

볼록 렌즈
흰 도화지
독서대

12 위 실험에서 볼록 렌즈를 흰 도화지 바로 위에서부터 점점 멀리했을 때 흰 도화지에 생긴 원의 크기가 바르지 않은 것을 기호로 쓰시오.

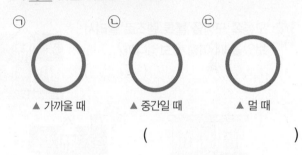

ㄱ ㄴ ㄷ

▲ 가까울 때 ▲ 중간일 때 ▲ 멀 때

( )

서술형

13 위 실험을 평면 유리로 했을 때 원의 크기와 원 안의 밝기는 어떻게 변하는지 쓰시오.

_____

_____

14 위 실험으로 알 수 있는 사실로 바르지 않은 것은 어느 것입니까? ( )

① 볼록 렌즈는 햇빛을 굴절시킨다.
② 볼록 렌즈는 햇빛을 모을 수 있다.
③ 평면 유리는 햇빛을 모을 수 있다.
④ 볼록 렌즈로 햇빛을 모은 부분은 주변보다 밝기가 밝다.
⑤ 볼록 렌즈로 햇빛을 모은 부분은 주변보다 온도가 높다.

15 원통형 간이 사진기를 만들어 보았습니다. 재료 중 빠진 것은 무엇입니까? (   )

> 골판지, 플라스틱 자, 고무줄, 반투명 비닐

① 거울
② 볼록 렌즈
③ 오목 렌즈
④ 평면 유리
⑤ 투명한 비닐

16 오른쪽 모양을 볼록 렌즈로 멀리서 보았을 때 어떻게 보입니까?
(   )

①
②
③
④
⑤

17 우리 주변에서 볼록 렌즈의 역할을 하는 물체가 <u>아닌</u> 것은 어느 것입니까? (   )

① 물방울
② 유리구슬
③ 약숟가락
④ 물이 담긴 둥근 컵
⑤ 물이 담긴 둥근 어항

18 다음과 같은 기구에 공통으로 이용한 렌즈는 무엇인지 쓰시오.

▲ 쌍안경   ▲ 사진기

(   )

19 볼록 렌즈를 이용한 경우가 <u>아닌</u> 것은 어느 것입니까? (   )

① 친구가 안경을 쓰고 글씨를 읽는다.
② 경기장에서 쌍안경으로 경기 모습을 본다.
③ 치과에서 의료용 기구로 치아를 확대하여 본다.
④ 운동장의 개미를 확대경을 이용해서 크게 본다.
⑤ 할머니께서 돋보기안경으로 희미하게 보이는 글씨를 본다.

> 🔍 관련 교과서 **돋보기**
>
> **친구의 안경**
>
>
>
>
> ▲ 할머니 안경   ▲ 친구 안경
>
> • 친구가 사용하는 안경은 근시 안경입니다.
> • 근시 안경은 오목 렌즈로 만들어졌기 때문에 가까이 있는 물체가 작게 보이고, 멀리 있는 물체는 더 작고 바르게 보입니다.

20 확대경과 현미경에 공통으로 이용한 볼록 렌즈의 쓰임새는 무엇입니까? (   )

① 시력을 교정한다.
② 작은 물체를 크게 본다.
③ 빛을 모아 사진을 찍는다.
④ 멀리 있는 물체를 크게 본다.
⑤ 멀리 있는 글씨를 선명하게 볼 수 있다.

1 탐구에 영향을 줄 수 있는 모든 조건을 확인하고, 다르게 할 조건과 같게 할 조건을 통제하는 것은 무엇입니까? (   )

① 가설 설정   ② 변인 통제
③ 자료 변환   ④ 자료 해석
⑤ 결론 도출

2 자료를 해석할 때 실험 과정의 문제점을 발견하였다면 어떻게 해야 합니까? (   )

① 실험만 반복한다.
② 자료 해석을 다시 한다.
③ 실험 결과를 고쳐 기록한다.
④ 실험 과정을 고쳐 다시 실험한다.
⑤ 자료 해석 과정을 생략하고 결과를 기록한다.

3 오후 6시 무렵에 태양을 볼 수 있는 위치와 오후 7시 무렵에 보름달을 볼 수 있는 위치를 방위로 쓰시오.

⑴ 태양: (   )
⑵ 달: (   )

4 하루 동안 태양과 달의 위치에 대한 설명으로 바른 것은 어느 것입니까? (   )

① 동쪽 하늘에서 보였다가 사라진다.
② 서쪽 하늘에서 보였다가 사라진다.
③ 남쪽 하늘에서 보였다가 사라진다.
④ 서쪽 하늘에서 남쪽 하늘을 지나 동쪽 하늘로 움직이는 것처럼 보인다.
⑤ 동쪽 하늘에서 남쪽 하늘을 지나 서쪽 하늘로 움직이는 것처럼 보인다.

5 하린이는 한낮에 파라솔 그늘에서 잠이 들었습니다. 시간이 지나면 어떤 일이 일어날지 모두 고르시오.

(,   )

① 아무 변화가 없다.
② 파라솔의 그림자가 없어진다.
③ 파라솔에 햇빛이 비치지 않는다.
④ 파라솔 그림자의 방향이 바뀌게 된다.
⑤ 하린이는 뜨거운 햇볕 아래에 누워 있게 된다.

6 하루 동안 지구의 운동과 태양의 위치 변화를 알아보는 실험 과정입니다. (   ) 안에 알맞은 말을 차례대로 쓰시오.

> • 지구본에서 우리나라 위치에 관찰자 모형이 남쪽을 향하도록 붙인다.
> • 투명 반구에 방위 붙임딱지와 풍경 붙임딱지를 붙인 다음, 투명 반구로 관찰자 모형을 덮고 셀로판테이프로 고정한다.
> • 지구본에서 약 30 cm 거리에 전등을 세우고 전등을 켠다.
> • 지구본을 (   )쪽에서 (   )쪽 방향으로 회전시키면서, 투명 반구의 표면에 비친 전등 빛을 관찰한다.

(   )

7 지구가 자전축을 중심으로 하여 하루에 한 바퀴씩 서쪽에서 동쪽으로 회전하는 것은 무엇인지 쓰시오.

(   )

8 지구의 자전에 대한 설명으로 바른 것을 기호로 쓰시오.

> ㉠ 지구가 태양을 중심으로 하루에 한 바퀴씩 회전하는 것이다.
> ㉡ 지구가 자전축을 중심으로 하루에 한 바퀴씩 회전하는 것이다.
> ㉢ 지구가 자전축을 중심으로 일 년에 한 바퀴씩 회전하는 것이다.

(   )

9 우리나라가 있는 곳에 관측자 모형을 세웠습니다. 우리나라가 낮인 경우는 어느 것인지 기호를 쓰시오.

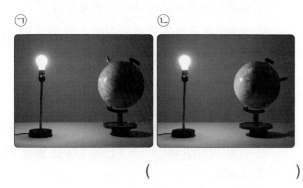

㉠   ㉡

(   )

10 위 9번 실험을 할 때 지구본은 어느 방향으로 돌려야 하는지 쓰시오.

(   )

11 태양이 지구를 비추고 있을 때 ㉠ 지역에 대한 설명으로 바른 것을 모두 고르시오. (,   )

태양 빛   ㉠

① 낮인 지역이다.
② 밤인 지역이다.
③ 24시간이 지나면 또 낮이 된다.
④ 12시간이 지나면 또 낮이 된다.
⑤ 24시간이 지나면 또 밤이 된다.

12 계절별 대표적인 별자리를 ●보기●에서 골라 기호를 쓰시오.

> ─●보기●─
> ㉠ 백조자리   ㉡ 페가수스자리
> ㉢ 사자자리   ㉣ 오리온자리

(1) 봄: (   )
(2) 여름: (   )
(3) 가을: (   )
(4) 겨울: (   )

🔍 관련 교과서 돋보기

우리나라에서 계절에 상관없이 일 년 내내 볼 수 있는 별자리
• 북쪽 하늘에 있는 북극성과 그 부근의 별자리는 일 년 내내 볼 수 있습니다.
• 남쪽 하늘에 있는 별자리는 계절에 따라 다릅니다.

13 다음을 읽고 설명이 바르면 ○표, 바르지 않으면 ×표를 하시오.

(1) 계절의 대표적인 별자리는 저녁 9시 무렵 남쪽 하늘에서 긴 시간 동안 볼 수 있다. (   )
(2) 각 계절의 저녁 9시 무렵에 남쪽 하늘에서 볼 수 있는 별자리는 다르다. (   )
(3) 봄철 대표적인 별자리인 사자자리는 봄철에만 볼 수 있다. (   )

🔍 관련 교과서 돋보기

각 계절의 대표적인 별자리를 볼 수 있는 계절
• 봄철의 대표적인 별자리: 겨울, 봄, 여름
• 여름철의 대표적인 별자리: 봄, 여름, 가을
• 가을철의 대표적인 별자리: 여름, 가을, 겨울
• 겨울철의 대표적인 별자리: 가을, 겨울, 봄

14 쌍둥이자리는 겨울철 대표적인 별자리입니다. 한밤중에 쌍둥이자리가 보이지 않는 계절은 언제인지 쓰시오.

(   )

[15~17] 지구의 공전에 따른 계절별 별자리의 변화를 나타낸 것입니다.

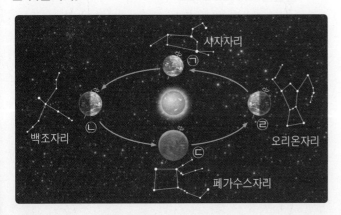

15 지구가 ㉠의 위치에서 다시 ㉠의 위치로 돌아오는 데 걸리는 시간은 얼마입니까? (   )

① 1일
② 15일
③ 한 달
④ 6개월
⑤ 1년

16 지구가 ㉢의 위치에 있을 때 볼 수 **없는** 별자리는 어느 것입니까? (   )

① 백조자리
② 사자자리
③ 오리온자리
④ 페가수스자리

17 각 계절의 대표적인 별자리에 대한 설명으로 바르지 **않은** 것은 무엇입니까? (   )

① ㉣ 위치에서는 백조자리를 볼 수 없다.
② 사자자리는 겨울철에는 동쪽 하늘에서 볼 수 있다.
③ ㉢ 위치에서는 남쪽 하늘에서 페가수스자리가 보인다.
④ ㉡ 위치일 때 오리온자리가 가장 긴 시간 동안 보인다.
⑤ 지구의 위치가 달라지면 밤하늘에 보이는 별자리가 달라진다.

18 음력 2~3일 무렵부터 볼 수 있는 달의 모양을 순서대로 나타낸 것은 무엇입니까? (   )

① 그믐달 → 초승달 → 상현달 → 보름달 → 하현달
② 그믐달 → 하현달 → 보름달 → 상현달 → 초승달
③ 초승달 → 그믐달 → 하현달 → 보름달 → 상현달
④ 초승달 → 상현달 → 보름달 → 하현달 → 그믐달
⑤ 보름달 → 하현달 → 그믐달 → 초승달 → 상현달

19 음력 22~23일 무렵에 볼 수 있는 달의 모양은 어느 것입니까? (   )

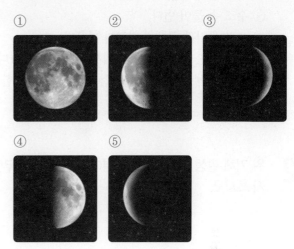

20 음력 15일 저녁 7시 무렵에 보름달은 어느 방향에서 관찰할 수 있는지 쓰시오.

(   )

관련 교과서 돋보기

달을 관찰할 수 있는 시간
• 초승달: 저녁 6~9시 무렵 서쪽 하늘에서 잠깐 보인 후 사라집니다.
• 상현달: 저녁 6~7시 무렵 남쪽 하늘에서 보이며, 시간이 지날수록 서쪽 하늘로 이동합니다.
• 보름달: 저녁 6~7시 무렵 동쪽 하늘에서 보이며, 남쪽 하늘을 거쳐 서쪽 하늘로 이동합니다.
• 하현달: 자정 무렵 동쪽 하늘에서 보이기 시작하여 남쪽 하늘로 이동하며, 태양이 뜨면 볼 수 없습니다.
• 그믐달: 새벽 3~6시 무렵 잠깐 볼 수 있으며 태양이 뜨면 볼 수 없습니다.

[1~3] 기체 발생 장치입니다.

물+이산화 망가니즈

1 위 깔때기에 묽은 과산화 수소수를 조금씩 흘려 보냈을 때 나타나는 현상을 모두 고르시오. (,   )

① 아무 변화가 없다.
② 수조 속 물이 언다.
③ ㄱ자 유리관 끝에서 기포가 나온다.
④ 가지 달린 삼각 플라스크에서 기포가 발생한다.
⑤ 가지 달린 삼각 플라스크 안의 물이 붉게 변한다.

2 위 기체 발생 장치에서 집기병에 모인 기체는 무엇인지 쓰시오.

(   )

3 위 기체 발생 장치에서 발생한 기체의 성질로 바른 것은 어느 것입니까? (   )

① 색깔이 있다.
② 냄새가 있다.
③ 물에 잘 녹는다.
④ 다른 물질이 타는 것을 돕는다.
⑤ 다른 물질이 타는 것을 막는다.

4 나무에 불을 붙일 때 부채질하면 불이 잘 붙습니다. 그 까닭은 무엇인지 한 가지 쓰시오.

_____

_____

5 기체 발생 장치로 이산화 탄소를 발생시킬 때 필요한 물질을 모두 고르시오. (,   )

① 물
② 진한 식초
③ 이산화 망가니즈
④ 탄산수소 나트륨
⑤ 묽은 과산화 수소수

6 이산화 탄소를 모은 집기병에 향불을 넣었을 때 볼 수 있는 불꽃의 변화는 어느 것인지 기호를 쓰시오.

ㄱ   ㄴ

(   )

7 이산화 탄소를 이용하는 예가 <u>아닌</u> 것은 어느 것입니까? (   )

① 소화제
② 탄산음료
③ 드라이아이스
④ 이산화 탄소 소화기
⑤ 호흡이 곤란한 환자의 호흡기

🔍 관련 교과서 돋보기

탄산음료와 드라이아이스
• 탄산음료: 이산화 탄소를 고압으로 녹인 음료로 톡 쏘고 상쾌한 맛이 특징입니다.
• 드라이아이스: 고체 상태의 이산화 탄소로 상온에서 액체 상태를 거치지 않고 바로 기체 상태로 승화합니다.

8 지구에 이산화 탄소가 많아지면 생길 수 있는 일은 무엇입니까? (   )

① 기온이 낮아진다.
② 생물이 잘 자란다.
③ 전염병이 없어진다.
④ 물질이 잘 타지 않을 것이다.
⑤ 생물이 살기 좋은 환경이 된다.

9 공기가 들어 있는 주사기의 피스톤을 누를 때 공기의 부피가 많이 작아지는 경우는 어느 것인지 기호를 쓰시오.

ㄱ 주사기의 피스톤을 세게 누를 때
ㄴ 주사기의 피스톤을 약하게 누를 때

(   )

10 과자 봉지가 땅과 하늘을 나는 비행기 안에 있을 때의 모습입니다. 각각 어느 곳에 있을 때인지 구분하여 쓰시오.

(1)   (2)

(   ) (   )

11 압력을 가한 정도에 따른 기체의 부피 변화에 대한 설명입니다. 알맞은 말에 ○표 하시오.

기체에 압력을 약하게 가하면 부피가 (조금, 많이) 작아지고, 압력을 세게 가하면 부피가 (조금, 많이) 작아진다.

🔍 관련 교과서 **돋보기**

압력을 가한 정도에 따른 기체의 부피 변화
• 압력을 약하게 가할 때: 부피가 조금 작아집니다.
• 압력을 세게 가할 때: 부피가 많이 작아집니다.
• 압력을 가한 정도에 따른 기체 부피 변화의 예
– 풍선 놀이 틀 위에 올라서면 풍선 놀이 틀의 부피가 작아집니다.
– 공기 주머니가 있는 신발을 신고 걸으면 공기 주머니의 부피가 작아집니다.
– 공을 강하게 차면 순간적으로 공이 찌그러집니다.

12 물이 조금 담긴 페트병이 찌그러진 모습입니다. 냉장고 안과 밖 중 어느 곳에 있을 때의 모습인지 쓰시오.

(   )

13 고무관으로 주사기를 연결한 삼각 플라스크를 뜨거운 물과 차가운 물에 각각 넣었을 때 주사기 속 공기의 부피가 커지는 경우는 어느 쪽에 넣었을 때인지 쓰시오.

(   )

14 뜨거운 음식이 담긴 그릇을 비닐 랩으로 씌우면 비닐 랩이 볼록하게 부풀어 오르는 까닭은 무엇입니까?
( )

① 압력이 낮아져 기체의 부피가 커졌기 때문에
② 압력이 높아져 기체의 부피가 작아졌기 때문에
③ 기체의 온도가 높아져 기체의 부피가 커졌기 때문에
④ 기체의 온도가 낮아져 기체의 부피가 작아졌기 때문에
⑤ 기체의 온도가 높아져 기체의 부피가 작아졌기 때문에

15 찌그러진 탁구공을 뜨거운 물에 넣으면 찌그러진 부분이 펴지는 까닭은 무엇인지 쓰시오.

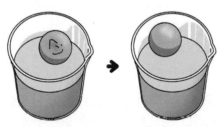

▲ 찌그러진 탁구공을 뜨거운 물에 넣었을 때   ▲ 찌그러진 부분이 펴진 탁구공

_____

_____

16 온도 변화에 따라 기체의 부피가 변하는 예로 바른 것은 어느 것입니까? ( )

① 풍선이 하늘 위로 올라갈수록 크기가 커진다.
② 높은 산 위에 올라갔을 때 과자 봉지가 더 부풀어 있다.
③ 비행기가 하늘을 나는 동안 과자 봉지가 부풀어 오른다.
④ 잠수부가 내뿜은 공기 방울은 수면으로 올라갈수록 커진다.
⑤ 물이 조금 담긴 페트병을 냉장고에 넣어 두면 페트병이 찌그러진다.

17 공기에 대한 설명입니다. ( ) 안에 알맞은 말을 쓰시오.

공기는 여러 가지 기체가 섞여 있는 ( )이다. 공기에는 산소, 이산화 탄소, 질소 등의 기체가 성질을 그대로 지닌 채 섞여 있다.

( )

18 금속을 자르거나 붙이는 용접을 할 때 이용하는 기체는 무엇입니까? ( )

① 질소   ② 산소
③ 수소   ④ 헬륨
⑤ 이산화 탄소

🔍 관련 교과서 돋보기

헬륨, 수소, 네온의 이용
• 헬륨: 공기보다 가볍기 때문에 비행선과 풍선의 충전 기체로 이용합니다.
• 수소: 로켓의 연료로 이용하며 전기를 생산하기도 합니다.
• 네온: 공기보다 가벼우며 조명의 용도로 많이 쓰입니다. 레이저 포인터, 의료용 레이저 등으로도 이용합니다.

19 과자 봉지 안에 넣는 기체에 대한 설명으로 바르지 않은 것은 무엇입니까? ( )

① 색깔과 냄새가 없다.
② 물에 잘 녹지 않는다.
③ 다른 물질과 잘 반응하지 않는다.
④ 풍선을 떠오르게 하는 데 이용한다.
⑤ 식품을 신선하게 보관할 때 이용한다.

20 공기를 이루는 여러 가지 기체에 대한 설명으로 바른 것은 어느 것입니까? ( )

① 수소-전기를 만든다.
② 산소-불을 끌 때 이용한다.
③ 헬륨-자동차 에어백을 채우는 데 이용한다.
④ 이산화 탄소-장식용 풍선을 채우는 데 이용한다.
⑤ 질소-드라이아이스를 만들어 냉각제로 이용한다.

1 생물을 이루는 세포에 대한 설명으로 바르지 <u>않은</u> 것은 무엇입니까? (　　　)

① 크기가 각각 다르다.
② 모양이 각각 다르다.
③ 하는 일이 각각 다르다.
④ 세포가 없는 생물도 있다.
⑤ 현미경으로 관찰해야 볼 수 있다.

[2~3] 양파 표피 세포와 입안 상피 세포의 모습입니다.

ㄱ

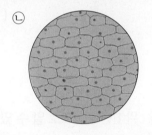
ㄴ

2 위 세포 중 양파 표피 세포는 어느 것인지 기호를 쓰시오.

(　　　　　　)

3 위 2번 정답이 양파 표피 세포인지 알 수 있는 까닭은 무엇입니까? (　　　)

① 핵이 있기 때문이다.
② 세포벽이 있기 때문이다.
③ 세포막이 있기 때문이다.
④ 둥근 모양이기 때문이다.
⑤ 크기가 매우 작기 때문이다.

🔍 **관련 교과서 돋보기**

식물 세포와 동물 세포의 구조

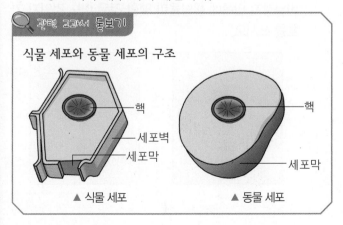

▲ 식물 세포　　　　　▲ 동물 세포

4 뿌리를 자르지 않은 고추 모종(ㄱ)과 뿌리를 자른 고추 모종(ㄴ)을 각각 같은 양의 물에 넣어 놓았을 때, 3일 뒤 물이 더 많이 줄어든 것은 어느 것인지 기호를 쓰시오.

뿌리를 자르지 않은 고추 모종

뿌리를 자른 고추 모종

(　　　　　　)

🔖 서술형
5 뿌리의 ㉠ 부분과 같이 솜털처럼 작고 가늘게 나 있는 것은 무엇인지 쓰고, 기능을 쓰시오.

_____

_____

6 바람이 불어도 나무가 쉽게 쓰러지지 <u>않는</u> 까닭은 무엇입니까? (　　　)

① 뿌리가 지지해 주기 때문이다.
② 뿌리가 물을 흡수하기 때문이다.
③ 뿌리가 양분을 저장하기 때문이다.
④ 뿌리가 줄기와 연결되어 있기 때문이다.
⑤ 줄기에 잎과 꽃이 연결되어 있기 때문이다.

🔍 **관련 교과서 돋보기**

뿌리의 기능
• 뿌리는 대부분 땅속으로 깊게 뻗어서 물을 흡수합니다.
• 뿌리 표면에는 뿌리털이 나 있어서 물을 많이 흡수하도록 해 줍니다.
• 뿌리는 식물이 쓰러지지 않도록 지지합니다.
• 무, 고구마, 당근처럼 뿌리에 양분을 저장하는 식물도 있습니다.

7 백합 줄기를 붉은 색소 물에 넣어 놓았다가 잘라 단면을 관찰하였을 때 붉은 색소 물이 든 흔적으로 알 수 있는 것은 무엇입니까? (   )

① 줄기가 단단하다.
② 줄기에 물을 저장한다.
③ 줄기에 양분을 저장한다.
④ 줄기를 통해 물이 이동한다.
⑤ 줄기에 숨을 쉬는 구멍이 있다.

8 백합 줄기를 절반 정도 세로로 자른 뒤, 붉은 색소 물과 푸른 색소 물에 각각 넣으면 어떻게 될지 한 가지 쓰시오.

_____

_____

9 식물의 구조에 대한 설명입니다. (   ) 안에 공통으로 알맞은 말을 쓰시오.

> • (   )는 아래로는 뿌리와 이어져 있고, 위로는 잎과 이어져 있다.
> • (   )에는 물이 이동하는 통로가 있다.
> • (   )는 식물을 지탱해 주고, 여분의 양분을 저장하기도 합니다.

(   )

10 줄기에 대한 설명으로 바르지 <u>않은</u> 것은 어느 것입니까? (   )

① 뿌리에서 흡수한 물이 이동한다.
② 모든 식물의 줄기는 곧게 서 있다.
③ 줄기에 양분을 저장하는 식물도 있다.
④ 줄기의 껍질은 해충으로부터 식물을 보호해 준다.
⑤ 줄기의 겉은 매끈하거나 꺼칠꺼칠한 껍질에 싸여 있다.

11 알루미늄 포일로 씌운 잎과 씌우지 않은 잎을 따서 엽록소를 제거하고 각각 아이오딘-아이오딘화 칼륨 용액을 떨어뜨리는 모습입니다. 색깔이 변하지 않는 것은 어느 것인지 기호를 쓰시오.

아이오딘-아이오딘화 칼륨 용액

알루미늄 포일로 씌운 잎(㉠)

알루미늄 포일로 씌우지 않은 잎(㉡)

(   )

12 위 11번 실험으로 알 수 있는 것을 모두 고르시오.
(,   )

① 식물은 빛을 받아 양분을 만든다.
② 식물은 빛이 없어도 양분을 만든다.
③ 청람색으로 변한 잎에는 녹말이 있다.
④ 색깔 변화가 없는 잎에는 녹말이 있다.
⑤ 색깔 변화가 없는 잎과 청람색으로 변한 잎 모두 녹말이 있다.

13 뿌리를 자른 비슷한 크기의 식물 두 그루를 준비하여 한 그루는 잎을 그대로 두고, 다른 한 그루는 잎을 모두 따고 비닐봉지를 씌웠습니다. 서너 시간 두었을 때 비닐봉지 안쪽에 물방울이 맺힌 것은 어느 것인지 기호를 쓰시오.

㉠

㉡

(   )

14 식물의 잎에는 물과 공기가 드나들 수 있는 작은 구멍 인 ㉠이 있습니다. ㉠은 무엇인지 쓰시오.

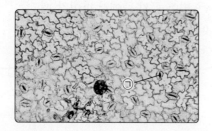

( )

증산 작용

• 뿌리에서 흡수한 물은 줄기를 거쳐 잎으로 전달되어 광합 성에 이용되고 나머지는 기공을 통해 공기 중으로 이동합 니다. 이를 증산 작용이라고 합니다.

• 증산 작용은 뿌리에서 흡수한 물을 잎까지 끌어 올릴 수 있도록 도와주어 광합성을 할 수 있도록 합니다.

• 증산 작용은 식물의 온도를 조절하는 역할도 합니다.

15 꽃이 하는 일은 무엇입니까? ( )

① 물을 흡수한다.
② 양분을 저장한다.
③ 물의 이동 통로이다.
④ 물을 밖으로 내보낸다.
⑤ 씨를 만드는 일을 한다.

16 호박꽃의 암꽃과 수꽃입니다. 호박꽃의 암꽃과 수꽃에 없는 부분을 ◦보기◦에서 골라 쓰시오.

┌─ 보기 ─┐
꽃잎, 꽃받침, 암술, 수술
└───────┘

▲ 암꽃   ▲ 수꽃

⑴ 암꽃: ( )
⑵ 수꽃: ( )

17 물속에 잠겨서 사는 식물이 꽃가루받이를 하는 방법 은 어느 것인지 ◦보기◦에서 골라 기호를 쓰시오.

┌─ 보기 ─┐
㉠ 새에 의해 옮겨진다.
㉡ 곤충에 의해 옮겨진다.
㉢ 바람에 의해 옮겨진다.
㉣ 물속이나 물 위에 떠서 옮겨진다.
└─────────────┘

( )

18 식물과 씨가 퍼지는 방법을 바르게 선으로 연결하시오.

⑴ 서양민들레 열매 •   • ㉠ 동물에게 먹혀서

⑵ 벚나무 열매 •   • ㉡ 열매의 껍질이 터지면서

⑶ 봉선화 열매 •   • ㉢ 바람에 날려서

19 스스로 터져서 씨가 퍼지는 식물은 어느 것입니까?
( )

① 연꽃   ② 콩
③ 단풍나무   ④ 졸참나무
⑤ 산수유나무

20 식물의 씨가 퍼지는 방법이 바르지 <u>않은</u> 것은 무엇입 니까? ( )

① 박주가리 - 스스로 터져서
② 물봉선 - 꼬투리가 터지면서
③ 도꼬마리 - 동물의 털에 붙어서
④ 코코야자 - 물에 떠서 이동해서
⑤ 산딸기 - 동물에게 먹힌 뒤 씨가 똥과 함께 나와서

[1~2] 다음과 같이 꾸미고 프리즘을 통과한 햇빛을 관찰해 보았습니다.

• 프리즘 받침대에 프리즘을 고정하고 햇빛이 잘 비치는 곳에 놓는다.
• 프리즘을 통과한 햇빛이 닿는 곳에 독서대를 놓고 독서대에 흰 도화지를 올려놓는다.
• 햇빛을 프리즘에 통과시킨다.

1 햇빛을 프리즘에 통과시키면 흰 도화지에 어떤 모습으로 나타납니까? (   )

① 검은색으로 나타난다.
② 아무 것도 나타나지 않는다.
③ 한 가지 색의 빛으로 나타난다.
④ 두 가지 색의 빛으로 나타난다.
⑤ 여러 가지 색의 빛으로 나타난다.

2 위 1번에서 흰 도화지에 나타나는 모습을 선명하게 관찰하기 위해서는 어떻게 해야 합니까? (   )

① 흰 도화지에 물을 뿌린다.
② 흰 도화지에 그늘을 만든다.
③ 흰 도화지의 크기를 작게 한다.
④ 흰 도화지를 얇은 것으로 사용한다.
⑤ 흰 도화지를 두꺼운 것으로 사용한다.

3 비가 내린 뒤 볼 수 있는 무지개가 여러 가지 색으로 나타나는 까닭은 무엇인지 쓰시오.

_____

🔍 관련 교과서 돋보기

무지개
• 우리 생활에서 햇빛이 여러 가지 색으로 나타나는 경우에는 비가 내린 뒤 볼 수 있는 무지개, 분수 주변에서 볼 수 있는 무지개 등이 있습니다.
• 무지개에서 여러 가지 색을 볼 수 있는 까닭은 공기 중에 떠 있는 물방울이 프리즘 역할을 하기 때문입니다.

4 빛이 꺾이지 않고 나아가는 경우를 기호로 쓰시오.

⊙ 빛이 공기 중에서 나아갈 때
ⓛ 빛이 공기에서 물로 나아갈 때
ⓒ 빛이 공기에서 유리로 나아갈 때

(   )

5 레이저 지시기의 빛이 공기에서 물로 나아가도록 비추었을 때 꺾이지 않고 나아가는 경우를 기호를 쓰시오.

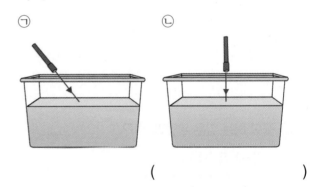

⊙   ⓛ

(   )   (   )

6 물속의 물고기 모습입니다. 사람에게 보이는 물고기의 위치를 기호로 쓰고, 그렇게 보이는 까닭을 쓰시오.

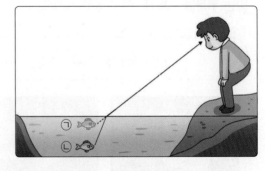

(1) 사람에게 보이는 물고기의 위치: (   )

(2) 그렇게 보이는 까닭: _____

_____

7 레이저 포인터로 수조 아래쪽에서 물에 빛을 비추었을 때 나아가는 모습이 바른 것에 ○표 하시오.

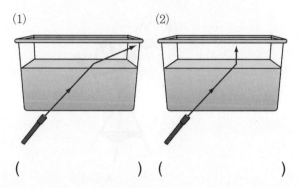

(1)   (2)

(   ) (   )

8 다음은 어떤 렌즈를 자른 단면인지 쓰시오.

(   )

9 위 **8**번 렌즈의 특징을 모두 고르시오. (,   )

① 빛의 반사가 일어난다.
② 빛의 굴절이 일어난다.
③ 빛이 렌즈의 가운데 부분을 통과할 때 꺾인다.
④ 빛이 렌즈의 가장자리 부분을 통과할 때 꺾인다.
⑤ 렌즈의 가장자리 부분이 가운데 부분보다 두껍다.

10 볼록 렌즈에 대한 설명을 읽고 바른 것은 ○표, 바르지 <u>않은</u> 것은 × 표를 하시오.

(1) 가운데 부분이 가장자리 부분보다 얇은 렌즈가 볼록 렌즈이다. (   )
(2) 빛은 볼록 렌즈를 통과할 때 굴절한다. (   )
(3) 볼록 렌즈는 투명한 물질을 사용해 만든다. (   )

11 볼록 렌즈에 빛을 비추었을 때, 빛이 가운데 쪽으로 꺾여 나아가는 부분은 어디인지 기호를 모두 쓰시오.

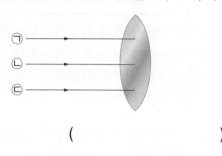

(   )

12 볼록 렌즈로 햇빛을 모을 수 있는 까닭은 무엇입니까? (   )

① 빛의 속도가 빠르기 때문이다.
② 볼록 렌즈가 빛이 통과하지 못하게 하기 때문이다.
③ 빛이 볼록 렌즈의 얇은 쪽으로 굴절하기 때문이다.
④ 빛이 볼록 렌즈의 두꺼운 쪽으로 굴절하기 때문이다.
⑤ 빛이 볼록 렌즈를 통과하여 꺾이지 않고 나아가기 때문이다.

[13~14] 볼록 렌즈와 평면 유리를 통과한 햇빛의 모습입니다.

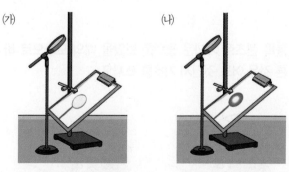

(가)   (나)

13 위 실험에서 볼록 렌즈를 통과한 햇빛의 모습은 어느 것인지 기호를 쓰시오.

(   )

14 앞 13번 실험에서 원 안의 밝기와 온도를 주변과 비교하였을 때, 바른 것을 모두 골라 기호를 쓰시오.

> ㉠ ⑺는 ⑷보다 원 안의 온도가 주변보다 높다.
> ㉡ ⑷는 ⑺보다 원 안의 온도가 주변보다 높다.
> ㉢ ⑺는 ⑷보다 원 안의 밝기가 주변보다 밝다.
> ㉣ ⑷는 ⑺보다 원 안의 밝기가 주변보다 밝다.

( )

15 물이 담긴 둥근 유리컵이 볼록 렌즈 구실을 하는 까닭은 무엇입니까? ( )

① 매끈매끈하기 때문이다.
② 빛이 통과하지 못하기 때문이다.
③ 깨지기 쉬운 물체이기 때문이다.
④ 가운데 부분이 가장자리 부분보다 얇기 때문이다.
⑤ 물이 담긴 둥근 유리컵에서 빛이 굴절하기 때문이다.

16 오른쪽은 글자에 물방울을 떨어뜨린 모습입니다. 글자는 어떻게 보입니까? ( )

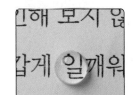

① 작게 보인다.
② 크게 보인다.
③ 흐릿하게 보인다.
④ 처음에는 작게 보였다가 점점 크게 보인다.
⑤ 처음에는 크게 보였다가 점점 작게 보인다.

17 볼록 렌즈로 가까운 물체를 보았을 때의 모습으로 바른 것은 어느 것인지 기호를 쓰시오.

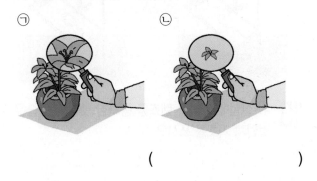

㉠   ㉡

( )

18 망원경의 ○ 표시한 부분에 이용한 렌즈는 무엇인지 쓰시오.

▲ 망원경

( )

🔍 관련 교과서 돋보기

볼록 렌즈의 쓰임새
• 망원경: 멀리 있는 물체를 크게 볼 수 있습니다.
• 현미경: 작은 물체를 크게 볼 수 있습니다.
• 돋보기 안경: 가까운 물체를 잘 보지 못하는 사람이 가까운 물체를 잘 볼 수 있습니다.

19 일상생활에서 볼록 렌즈를 이용한 기구는 어느 것인지 기호를 쓰시오.

㉠   ㉡

▲ 자동차 뒷거울   ▲ 사진기

( )

20 우리 생활에서 볼록 렌즈를 이용한 예가 <u>아닌</u> 것은 어느 것입니까? ( )

① 돋보기로 개미를 자세히 관찰한다.
② 야구장에서 쌍안경으로 야구 경기를 본다.
③ 과학 시간에 곰팡이를 현미경으로 관찰한다.
④ 사진기로 연못에 있는 오리 가족의 모습을 찍는다.
⑤ 친구가 수업 시간에 안경을 쓰고 칠판의 글씨를 본다.

1 다음과 같은 가설이 맞는지 확인하는 실험을 할 때 다르게 해야 할 조건은 무엇입니까? (   )

> 효모가 발효하는 데 온도가 영향을 미칠까?

① 효모의 양
② 효모의 종류
③ 효모를 넣는 시험관의 크기
④ 효모액을 넣은 시험관을 담글 물의 양
⑤ 효모액을 넣은 시험관을 담글 물의 온도

2 탐구 결과를 해석하는 과정과 관계 <u>없는</u> 것은 어느 것입니까? (   )

① 해석한 자료의 의미를 정확하게 찾아낸다.
② 실험하는 동안 문제점이 있었는지 살펴본다.
③ 탐구 문제에 대한 알맞은 실험 방법을 생각한다.
④ 표, 그래프, 그림으로 나타낸 실험 결과를 해석한다.
⑤ 실험에서 다르게 한 조건과 실험 결과 사이에 어떤 관계가 있는지 생각한다.

3 하루 동안 태양의 위치 변화를 관찰할 때, 태양이 가장 먼저 보이는 방향은 어디입니까? (   )

① 동쪽   ② 서쪽
③ 남쪽   ④ 북쪽

4 하루 동안 달의 위치 변화입니다. ㉠과 ㉡에 알맞은 방위를 쓰시오.

㉠: (   )쪽
㉡: (   )쪽

5 하루 동안 태양과 달의 위치 변화에 대한 설명입니다. (   ) 안에 알맞은 말을 차례대로 쓰시오.

> 하루 동안 태양과 달은 (   )쪽에서 보이기 시작하여 남쪽 하늘을 지나 (   )쪽 하늘로 움직이는 것처럼 보인다.

(   )

6 다음을 읽고 알맞은 말에 ○표 하시오.

> 달리는 자동차 안에서는 바깥 풍경 속 나무나 집이 자동차가 달리는 방향과(의) (같은, 반대) 방향으로 움직이는 것처럼 보인다.

7 지구 역할을 맡은 사람이 제자리에서 서쪽에서 동쪽으로 회전하였다면 전등은 어떻게 움직이는 것처럼 보일지 쓰시오.

8 지구의 자전에 대한 설명으로 바른 것을 모두 고르시오. (,   )

① 태양을 중심으로 회전한다.
② 하루에 한 바퀴씩 회전한다.
③ 일 년에 한 바퀴씩 회전한다.
④ 서쪽에서 동쪽으로 회전한다.
⑤ 동쪽에서 서쪽으로 회전한다.

9 지구본에서 우리나라가 있는 곳에 관측자 모형을 세우고 전등을 향할 때와 전등 반대편을 향할 때를 관찰하는 실험입니다. 실험에 대한 설명으로 바르지 <u>않은</u> 것은 무엇입니까? (   )

① ㉠은 낮인 지역이다.
② ㉡은 밤인 지역이다.
③ 전등은 태양을 의미한다.
④ 전등은 움직이지 않고 지구본만 돌려 낮과 밤의 변화를 관찰한다.
⑤ 지구본을 서쪽에서 동쪽으로 돌려도 전등 빛을 받는 부분은 바뀌지 않는다.

10 지구의 자전을 나타낸 것입니다. ㉠은 무엇인지 쓰시오.

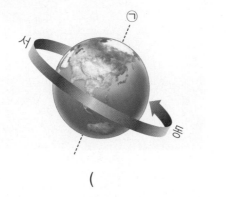

(   )

11 하루를 주기로 낮과 밤이 생기는 까닭은 무엇입니까?
(   )

① 지구가 둥글기 때문이다.
② 지구가 자전하기 때문이다.
③ 지구가 공전하기 때문이다.
④ 지구와 태양이 가깝기 때문이다.
⑤ 지구는 움직이지 않기 때문이다.

12 계절별 대표적인 별자리에 대한 설명입니다. (   ) 안에 알맞은 말을 쓰시오.

> 저녁 9시 무렵에 남동쪽 하늘이나 (   ) 하늘에 위치한 별들은 밤하늘에서 볼 수 있는 시간이 길기 때문에 그 계절의 대표적인 별자리가 된다.

(   )

13 별자리 이름을 쓰시오.

(   )

🔍 관련 교과서 돋보기

사자리와 페가수스자리

• 사자자리: 봄철의 대표적인 별자리입니다.
• 페가수스자리: 가을철의 대표적인 별자리입니다.

▲ 사자자리

▲ 페가수스자리

14 어느 계절의 대표적인 별자리인지 쓰시오.

( )

[15~16] 계절에 따라 보이는 별자리를 알아보는 모습입니다.

15 위 활동에 대한 설명으로 바르지 <u>않은</u> 것은 무엇입니까? ( )

① 전등은 태양을 의미한다.
② ㉠ 위치일 때 계절은 봄에 해당한다.
③ 지구 역할을 맡은 사람은 ㉣ → ㉢ → ㉡ → ㉠ 순서로 이동한다.
④ 지구 역할을 맡은 사람은 ㉠ → ㉡ → ㉢ → ㉣ 순서로 이동한다.
⑤ 지구와 별자리 역할을 맡은 사람은 전등을 중심으로 각 위치에 앉는다.

16 위 ㉢ 위치에서 볼 수 있는 대표적인 별자리는 무엇입니까? ( )

① 사자자리
② 거문고자리
③ 백조자리
④ 오리온자리
⑤ 페가수스자리

서술형

17 계절에 따라 볼 수 있는 별자리가 다른 까닭은 무엇인지 쓰시오.

_____

18 여러 날 동안 달의 모양과 위치 변화에 대해 바르게 설명한 친구는 누구인지 쓰시오.

- 민성: 여러 날 동안 달의 모양과 위치는 항상 같아.
- 유준: 여러 날 동안 같은 시각에 달을 관찰하면 서쪽에서 동쪽으로 위치가 바뀌어.
- 서희: 달의 모양과 위치 변화는 약 15일을 주기로 반복돼.

( )

19 음력 2~3일 무렵 태양이 진 직후에 서쪽 하늘에서 볼 수 있는 달은 어느 것입니까? ( )

① 초승달
② 상현달
③ 보름달
④ 하현달
⑤ 그믐달

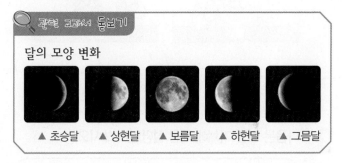

관련 교과서 돋보기

달의 모양 변화

▲ 초승달　▲ 상현달　▲ 보름달　▲ 하현달　▲ 그믐달

20 오늘 보름달을 관찰하였다면 보름달을 다시 관찰할 수 있을 때는 언제입니까? ( )

① 약 7일 후
② 약 15일 후
③ 약 30일 후
④ 약 180일 후
⑤ 약 360일 후

1 기체 발생 장치에서 산소를 발생시키기 위해서 ㉠과 ㉡에 넣어야 하는 물질을 ●보기●에서 골라 쓰시오.

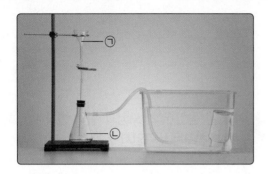

●보기●
식초	이산화 망가니즈
탄산수소 나트륨	묽은 과산화 수소수

㉠: (   )

㉡: (   )

2 집기병에 모은 산소의 냄새를 맡는 모습으로 바른 것은 어느 것인지 기호를 쓰시오.

(   )

3 다음은 어떤 기체에 대한 설명인지 쓰시오.

- 색깔과 냄새가 없다.
- 스스로 타지 않지만 다른 물질이 타는 것을 돕는다.
- 사과, 배와 같은 과일을 잘라 두었을 때 갈색으로 변하게 한다.
- 철과 같은 금속을 녹슬게 한다.

(   )

4 철로 만든 물체를 공기 중에 오래 두면 어떻게 되는지 모두 고르시오. (,   )

① 녹슬었다.
② 더 단단해진다.
③ 부피가 늘어난다.
④ 아무 변화가 없다.
⑤ 적갈색으로 변한다.

5 기체 발생 장치로 이산화 탄소를 발생시킬 때 가지 달린 삼각 플라스크에 물과 함께 넣어야 하는 물질은 무엇입니까? (   )

① 설탕   ② 소금
③ 석회수   ④ 탄산수소 나트륨
⑤ 이산화 망가니즈

🔍 관련 교과서 **돋보기**

이산화 탄소를 발생시킬 수 있는 또 다른 방법
- 달걀 껍데기에 묽은 염산을 떨어뜨립니다.
- 드라이아이스를 물에 넣습니다.
- 소개껍데기에 식초를 떨어뜨립니다.

6 기체 발생 장치를 이용하여 물속에서 이산화 탄소를 모으는 까닭은 무엇입니까? (   )

① 이산화 탄소는 냄새가 나기 때문에
② 이산화 탄소는 물에 잘 녹기 때문에
③ 이산화 탄소는 붉은색을 띠기 때문에
④ 이상화 탄소는 물과 만나면 색깔이 변하기 때문에
⑤ 이산화 탄소가 얼마나 모였는지 쉽게 확인할 수 있기 때문에

●서술형●

7 공기 중에 석회수를 놓아두면 윗부분이 뿌옇게 되는 까닭은 무엇인지 쓰시오.

_____

_____

8 산소와 이산화 탄소의 공통적인 성질을 모두 고르시오. (,)

① 색깔이 없다.
② 냄새가 없다.
③ 다른 물질이 타는 것을 막는다.
④ 다른 물질이 타는 것을 돕는다.
⑤ 석회수와 만나면 뿌옇게 흐려진다.

9 공기를 넣은 풍선을 주사기 안에 넣었을 때 풍선의 부피가 더 많이 작아지는 경우는 언제인지 기호를 쓰시오.

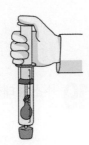

> ㉠ 피스톤을 세게 누를 때
> ㉡ 피스톤을 약하게 누를 때

( )

10 알맞은 말에 ○표 하시오.

> 밑창에 공기 주머니가 있는 운동화를 신고 높이 뛰었다가 바닥으로 내려오면 공기 주머니에 가해지는 압력이 커져 공기 주머니의 부피가 (커, 작아)진다.

11 부피가 더 커지는 풍선의 기호를 쓰시오.

( )

12 압력에 따른 기체의 부피 변화가 다른 경우는 무엇입니까? ( )

① 충격을 받은 에어백
② 강하게 발로 찬 축구공
③ 고무공 위에 앉았을 때
④ 하늘을 나는 비행기 안의 과자 봉지
⑤ 신발을 신었을 때 밑창의 공기 주머니

13 고무풍선을 씌운 삼각 플라스크를 뜨거운 물과 얼음물에 각각 넣었을 때, 풍선의 부피가 커지는 경우는 뜨거운 물과 얼음물 중 어느 곳에 넣었을 때인지 쓰시오.

뜨거운 물   얼음물

( )

14 위 13번 실험을 통해 알게 된 사실은 무엇입니까? ( )

① 온도에 따라 기체의 부피가 달라진다
② 온도에 따라 기체의 무게가 달라진다.
③ 온도에 따라 기체의 성질이 달라진다.
④ 압력에 따라 기체의 부피가 달라진다.
⑤ 압력에 따라 기체의 무게가 달라진다.

> 관련 교과서 돋보기
>
> **온도와 압력에 따른 기체의 부피 변화**
> • 온도가 높아지면 기체의 부피가 커지고, 온도가 낮아지면 기체의 부피는 작아집니다.
> • 기체에 가하는 압력이 세지면 기체의 부피는 작아지고, 기체에 가하는 압력이 약해지면 기체의 부피는 커집니다.

15 여름철과 겨울철의 자전거 타이어 부피를 비교하였을 때, 타이어 부피가 더 큰 경우는 언제인지 쓰시오.

( )

16 냉장고 안에 마개를 닫은 빈 페트병을 넣고 일정 시간이 지나면 페트병이 찌그러진 것을 볼 수 있습니다. 페트병이 찌그러진 까닭으로 알맞은 말에 ○표 하시오.

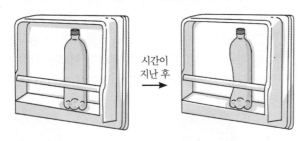

시간이 지난 후

> 냉장고 밖보다 냉장고 안의 온도가 낮아 페트병 안 기체의 부피가 (작아, 커)진다.

🔍 관련 교과서 돋보기

온도에 따라 기체의 부피가 달라지는 예
• 추운 겨울에 농구공을 밖에 오랫동안 놓아두면 공이 덜 팽팽합니다.
• 여름철 차 안에 놓아둔 페트병이 팽팽해집니다.
• 뜨거운 음식이 담긴 그릇을 비닐 랩으로 씌우면 비닐 랩이 부풀어 오릅니다.
• 열기구 풍선 속에 공기를 넣고 가열하면 공기의 부피가 커져 풍선이 부풉니다.

17 오른쪽과 같이 식품을 보존할 때 이용하는 기체는 무엇입니까? ( )

① 산소
② 헬륨
③ 질소
④ 수소
⑤ 이산화 탄소

18 일상생활에서 헬륨을 이용하는 경우는 어느 것입니까? ( )

① 불을 끌 때
② 식품을 보존할 때
③ 전기를 생산할 때
④ 풍선에 넣어 풍선을 떠오르게 할 때
⑤ 금속을 자르거나 붙이는 용접을 할 때

19 수소에 대한 설명으로 바른 것은 어느 것입니까? ( )

① 불을 끈다.
② 금속을 자른다.
③ 특유의 빛을 낸다.
④ 친환경 에너지원이다.
⑤ 식품을 신선하게 보관할 수 있다.

20 우리 주변의 대기 오염 정보를 나타낸 것입니다. 이것으로 알 수 있는 것을 모두 고르시오. (,)

		구분	현재	환경 기준
	좋음			
	보통	오존	0.022	0.01
	나쁨	이황산 가스	0.001	0.15
	매우 나쁨	이산화 질소	0.019	0.10
	점검 중	일산화 탄소	0.3	25

① 공기는 대부분 산소로 이루어져 있다.
② 공기는 한 가지 물질로 이루어져 있다.
③ 공기 중의 여러 가지 기체의 성질은 같다.
④ 공기는 여러 가지 기체가 섞여 있는 혼합물이다.
⑤ 공기에는 환경을 오염시키거나 건강에 해로운 기체가 섞여 있다.

1 세포에 대한 설명으로 바른 것은 무엇입니까?
(   )

① 세포의 모양은 모두 같다.
② 세포의 크기는 모두 크다.
③ 대부분의 세포는 맨눈으로 볼 수 있다.
④ 식물과 동물 등은 세포로 이루어져 있다.
⑤ 세포는 종류에 관계없이 하는 일이 모두 같다.

2 식물 세포와 동물 세포를 나타낸 것입니다. ㉠~㉢은 각각 무엇인지 쓰시오.

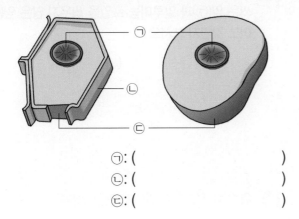

㉠: (   )
㉡: (   )
㉢: (   )

3 플라스틱 상자, 비닐봉지, 방울토마토로 식물 세포 모형을 만들었을 때, 식물 세포 모형과 실제 식물 세포의 각 부분을 바르게 짝 지은 것은 어느 것입니까?
(   )

① 비닐봉지-핵
② 비닐봉지-세포벽
③ 방울토마토-세포막
④ 플라스틱 상자-세포막
⑤ 플라스틱 상자-세포벽

4 뿌리가 하는 일을 알아보는 실험입니다. 두 비커에서 물이 줄어든 양이 다른 까닭을 쓰시오. 〔서술형〕

_____

5 풀이나 나무는 바람이 세게 불어도 쉽게 날아가거나 쓰러지지 않는 까닭은 무엇입니까? (   )

① 흙속의 물을 흡수하기 때문이다.
② 뿌리가 식물을 지지하기 때문이다.
③ 뿌리에 양분을 저장하기 때문이다.
④ 뿌리가 수염처럼 나 있기 때문이다.
⑤ 뿌리의 무게가 대부분 무겁기 때문이다.

6 (   ) 안에 공통으로 알맞은 말을 쓰시오.

- 뿌리에는 물을 잘 흡수할 수 있도록 솜털처럼 가는 (   )이 나 있다.
- (   )이 많을수록 물을 흡수하기 좋다.

(   )

7 뿌리의 모양이 비슷한 식물끼리 선으로 연결하시오.

(1) 토마토 •   • ㉠ 파

(2) 강아지풀 •   • ㉡ 명아주

8 붉은 색소 물이 담긴 삼각 플라스크에 백합 줄기를 꽂아 두고 시간이 지난 후에 백합의 줄기를 꺼내어 단면을 가로로 잘랐을 때 모습은 어느 것인지 기호를 쓰시오.

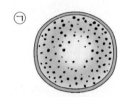 ㉠

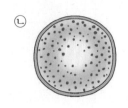 ㉡

( )

관련 교과서 돋보기

백합 줄기 자르기
• 붉은 색소 물에 4시간 꽂아 놓았던 백합 줄기를 가로와 세로로 자릅니다.
• 줄기를 자를 때는 유리판과 칼을 이용합니다.

▲ 가로로 자르기

▲ 세로로 자르기

9 위 8번 정답과 같은 줄기의 단면을 볼 수 있는 까닭과 관련있는 줄기가 하는 일은 무엇인지 기호를 쓰시오.

㉠ 물이 이동한다.
㉡ 양분을 저장한다.
㉢ 식물을 지지한다.

( )

10 줄기에 양분을 저장하는 식물은 어느 것입니까?
( )

① 감자 ② 무
③ 당근 ④ 토마토
⑤ 고구마

[11~12] 잎에서 만든 양분을 확인하는 실험입니다.

㉠ 크기가 비슷한 잎 두 장을 선택한 뒤, 하나의 잎에만 알루미늄 포일을 씌운다.
㉡ 다음 날 오후에 두 잎을 따서 알루미늄 포일을 벗긴다.
㉢ 큰 비커에 뜨거운 물을 넣고, 알코올이 든 작은 비커에 두 잎을 넣는다.
㉣ 작은 비커를 큰 비커에 넣고, 유리판으로 덮는다.
㉤ 알코올에서 잎을 꺼내 따뜻한 물로 헹군 뒤 각각 페트리 접시에 놓고 아이오딘−아이오딘화 칼륨 용액을 떨어뜨린다.

11 위 실험 ㉤에서 색깔이 변하는 것은 알루미늄 포일을 씌운 잎(㉠)과 알루미늄 포일을 씌우지 않은 잎(㉡) 중 어느 것인지 쓰시오.

( )

12 위 11번 정답으로 잎에서 만든 양분은 무엇인 것을 알 수 있습니까? ( )

① 물 ② 산소
③ 녹말 ④ 지방
⑤ 이산화 탄소

13 식물의 잎과 잎에 도달한 물의 이동에 대한 설명으로 바르지 않은 것은 어느 것입니까? ( )

① 증산 작용은 식물의 온도를 조절한다.
② 잎에 도달한 물은 광합성에 이용된다.
③ 잎의 표면에는 작은 구멍인 기공이 있다.
④ 잎에서 물이 수증기가 되어 빠져나가는 현상을 광합성이라고 한다.
⑤ 증산 작용은 뿌리에서 흡수한 물을 식물의 높은 곳까지 끌어올리는 데 중요한 역할을 한다.

14 증산 작용에 대한 설명으로 바르지 <u>않은</u> 것은 어느 것입니까? (   )

① 식물의 온도를 조절한다.
② 뿌리에서 물을 흡수하는 것이다.
③ 식물 안의 물의 양을 일정하게 유지시켜 준다.
④ 뿌리에서 흡수된 물이 잎에 도달하도록 도와준다.
⑤ 식물의 잎에서 물이 수증기가 되어 빠져나가는 현상이다.

15 꽃의 생김새를 보고 각 부분의 이름을 쓰시오.

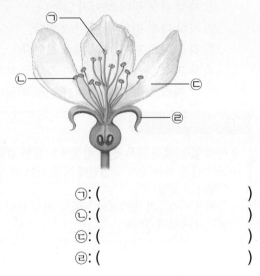

㉠: (   )
㉡: (   )
㉢: (   )
㉣: (   )

16 위 15번 꽃의 생김새에서 암술로 옮겨지는 꽃가루를 만드는 부분은 어디인지 기호를 쓰시오.

(   )

17 동백나무의 꽃가루받이는 무엇에 의해 이루어집니까? (   )

① 물   ② 새
③ 곤충   ④ 바람
⑤ 사람

관련 교과서 **돋보기**

식물의 여러 가지 꽃가루받이 방법
• 곤충에 의해: 예 무궁화, 사과나무
• 새에 의해: 예 동백나무, 바나나
• 바람에 의해: 예 옥수수, 벼, 소나무
• 물에 의해: 예 검정말, 나사말, 물수세미

18 뿌리, 줄기, 잎, 꽃으로 역할을 나누어 정한 뒤 역할놀이를 할 때 다음은 어떤 역할을 맡은 사람에게 어울리는 말입니까? (   )

• 줄기야, 내가 만든 양분을 각 부분에 전달해 줘.
• 이산화 탄소, 물, 빛을 이용해 빨리 양분을 만들어야지.
• 내 몸에 있는 작은 구멍으로 물을 내보내 온도를 조절해야겠어.

① 뿌리   ② 잎
③ 줄기   ④ 꽃
⑤ 꽃과 줄기

19 도꼬마리와 우엉의 씨는 어떤 방법으로 퍼집니까?

(   )

▲ 도꼬마리   ▲ 우엉

① 물에 떠서 퍼진다.
② 동물의 털에 붙어 퍼진다.
③ 동물이 열매를 먹은 뒤 씨를 배출해 퍼진다.
④ 꼬투리가 터지면서 씨가 튀어 나가서 퍼진다.
⑤ 솜털 같은 부분이 있어 바람에 날려서 퍼진다.

20 씨가 퍼지는 방법이 같은 열매끼리 선으로 연결하시오.

(1) 민들레 •   • ㉠ 사과나무

(2) 봉선화 •   • ㉡ 단풍나무

(3) 벚나무 •   • ㉢ 강낭콩

1 프리즘을 통과한 햇빛의 모습을 보고 알 수 있는 사실은 무엇입니까? (　　　　)

① 햇빛의 온도는 매우 높다.
② 햇빛은 어두운 색의 빛으로 이루어져 있다.
③ 햇빛은 한 가지 색의 빛으로 이루어져 있다.
④ 햇빛은 두 가지 색의 빛으로 이루어져 있다.
⑤ 햇빛은 여러 가지 색의 빛으로 이루어져 있다.

2 비가 내린 뒤 여러 가지 색의 빛을 띠는 무지개를 볼 수 있는 것은 무엇이 프리즘 역할을 하였기 때문인지 쓰시오.

(　　　　　　　　　　)

3 우리 주변에서 햇빛이 여러 가지 색의 빛으로 보이는 경우는 어느 것인지 기호를 쓰시오.

(　　　　　　　　　　)

4 물이 담긴 수조의 위쪽에서 레이저 지시기를 비춘 모습입니다. 빛이 꺾여 나아가는 모습을 볼 수 있는 경우는 어느 것인지 기호를 쓰시오.

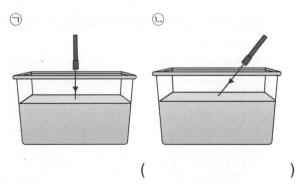

(　　　　　　　　　　)

5 다음과 같이 꾸미고 자석 다트 핀을 위에서 비스듬히 바라보면 어떻게 보입니까? (　　　　)

① 자석 다트 핀이 보이지 않는다.
② 자석 다트 핀이 한 개만 보인다.
③ 자석 다트 핀이 여러 개로 보인다.
④ 두 자석 다트 핀의 위치가 그대로 보인다.
⑤ 두 자석 다트 핀의 위치가 서로 어긋나 보인다.

🔍 관련 교과서 돋보기

물속에 있는 자석 다트 핀을 관찰하는 실험 방법
• 물이 담긴 사각 수조의 옆면에 자석 다트 핀 두 개를 수조 안팎으로 붙입니다.
• 위에서 비스듬히 바라보며 바깥쪽 자석 다트 핀을 천천히 앞뒤로 움직여 봅니다.

6 레이저 지시기의 빛을 반투명 유리판을 통과하도록 비추었을 때 어떻게 나아갑니까? (　　　　)

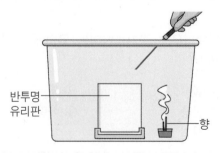

① 빛이 유리판에 흡수된다.
② 빛이 유리판에 수직으로 나아간다.
③ 빛이 공기와 유리의 경계에서 꺾여 나아간다.
④ 빛이 공기와 유리의 경계에서 반사되어 나온다.
⑤ 빛이 유리판을 통과하여 여러 가지 색의 빛으로 나타난다.

7 햇빛이 프리즘을 통과할 때 여러 가지 색의 빛으로 나타나는 까닭입니다. ( ) 안에 알맞은 말을 쓰시오.

> 햇빛이 프리즘을 통과할 때 여러 가지 색의 빛으로 나타나는 까닭은 공기와 프리즘의 경계에서 빛의 색에 따라 ( )하는 정도가 다르기 때문이다.

( )

8 볼록 렌즈는 어느 것입니까? ( )

①   ②   ③

④   ⑤

9 빛이 한곳에 모이는 모습을 관찰하기 위해서 ㉠에 사용해야 하는 것은 무엇입니까? ( )

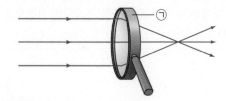

① 평면 유리   ② 거울
③ 볼록 렌즈   ④ 오목 렌즈
⑤ 반투명 유리

10 ( ) 안에 알맞은 말을 쓰시오.

> 빛은 공기 중에서 나아가다가 볼록 렌즈를 통과하면 ( )한다.

( )

11 볼록 렌즈에 빛을 비추었을 때, 빛이 나아가는 모습이 다른 경우는 어느 것인지 기호를 쓰시오.

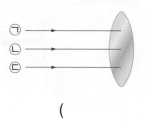

( )

12 볼록 렌즈를 흰 도화지 바로 위에서부터 점점 멀리하면서 원의 크기와 원 안의 밝기를 관찰한 모습입니다. 온도가 가장 높을 때는 언제인지 쓰시오.

가까울 때	중간일 때	멀 때
○	●	○

( )

13 위 실험을 통해 볼록 렌즈에 빛을 통과시켰을 때 알게 된 점을 모두 고르시오. (,)

① 볼록 렌즈에 빛을 통과시키면 빛이 한곳에 모인다.
② 볼록 렌즈에 빛을 통과시키면 빛은 그대로 나아간다.
③ 볼록 렌즈로 빛을 모은 부분은 주변보다 온도가 높다.
④ 볼록 렌즈로 빛을 모은 부분은 주변보다 밝기가 어둡다.
⑤ 볼록 렌즈에 빛을 통과시키면 빛은 반사되어 되돌아온다.

14 볼록 렌즈를 자른 단면은 어느 것인지 기호를 쓰시오.

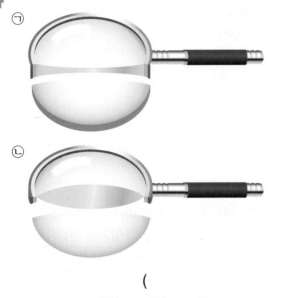

ㄱ

ㄴ

( )

15 원통형 간이 사진기에 대한 설명으로 바르지 않은 것은 어느 것입니까? ( )

① 실제 모습과 다르게 보인다.
② 볼록 렌즈를 이용하여 만든다.
③ 오목 렌즈를 이용하여 만든다.
④ 물체를 보면 상하좌우가 바뀌어 보인다.
⑤ 작은 원통의 비닐에 물체의 모습이 나타난다.

16 오른쪽과 같은 글자가 멀리 있을 때 볼록 렌즈로 보면 어떻게 보이는지 기호로 쓰시오.

과학

ㄱ 과학

ㄴ 과학

( )

17 볼록 렌즈로 물체를 관찰하면 실제 모습과 다르게 보이는 까닭을 빛의 성질과 관련하여 쓰시오.

_____

18 일상생활에서 볼록 렌즈를 이용한 기구가 아닌 것은 어느 것입니까? ( )

① 현미경   ② 쌍안경
③ 확대경   ④ 망원경
⑤ 도로 반사경

19 우리 생활에서 볼록 렌즈를 사용한 경우가 아닌 것은 어느 것입니까? ( )

① 현미경으로 작은 물체를 크게 본다.
② 망원경으로 멀리 있는 물체를 크게 본다.
③ 의료용 확대경으로 치료할 곳을 크게 본다.
④ 사진기로 빛을 모아 영상이나 사진을 촬영한다.
⑤ 가까운 곳을 잘 보지 못하는 사람은 근시용 안경을 사용한다.

관련 교과서 돋보기

볼록 렌즈와 오목 렌즈
• 볼록 렌즈: 가운데 부분이 가장자리 부분보다 두꺼운 렌즈로 평행한 빛이 볼록 렌즈를 통과하면 한곳에 모입니다.
• 오목 렌즈: 가장자리 부분이 가운데 부분보다 두꺼운 렌즈로 평행한 빛이 오목 렌즈를 통과하면 사방으로 퍼져 나갑니다.

20 손전등의 경우 빛이 나오는 전구 앞에 볼록 렌즈가 달려 있는 까닭은 무엇입니까? ( )

① 작은 물체를 크게 보기 위해서
② 물체를 자세히 관찰하기 위해서
③ 멀리 있는 물체를 크게 보기 위해서
④ 빛을 퍼지게 하여 넓은 곳을 보기 위해서
⑤ 빛을 모아 멀리까지 비출 수 있도록 하기 위해서

1 민수   **2** ⑤   **3** ㉠ 동 ㉡ 서   **4** ㉢   **5** 같다
6 ㉠   **7** ㉔ 태양과 달의 위치는 동쪽에서 서쪽으로 움직이는 것처럼 보인다.   **8** 자전   **9** ㉠   **10** ④
11 ②   **12** ㉡   **13** ⑴ 사자자리 ⑵ 페가수스자리
14 ②   **15** ①   **16** ⑤   **17** 지구의 공전   **18** ⑴
㉡ ⑵ ㉠   **19** ③   **20** ㉢

◆ 풀이

1 탐구를 하여 가설을 세울 때는 이해하기 쉽도록 간결하게 표현해야 하고, 탐구를 하여 가설이 맞는지 확인할 수 있어야 합니다.

2 같은 실험이라도 여러 번 반복하면 더 정확한 결과를 얻을 수 있습니다.

3 태양은 아침에 동쪽 하늘에서 보이기 시작하여 낮 12시 30분 무렵에는 남쪽 하늘에서 보이고, 저녁에는 서쪽 하늘로 움직이는 것처럼 보입니다.

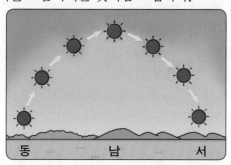

▲ 하루 동안 태양의 움직임

4 달도 태양과 같이 동쪽 하늘에서 떠서 남쪽 하늘을 지나 서쪽 하늘로 움직이는 것처럼 보입니다. 밤 12시 무렵에는 남쪽 하늘에서 달을 볼 수 있습니다.

5 동쪽 지평선에서 떠오른 태양과 달은 시간이 지남에 따라 남쪽 하늘을 지나 서쪽 하늘로 움직이는 것처럼 보입니다.

6 전등은 움직이지 않았지만 지구본을 서쪽에서 동쪽으로 돌렸기 때문에 지구본에서는 전등이 동쪽에서 서쪽으로 움직이는 것처럼 보입니다.

7 지구가 서쪽에서 동쪽으로 회전하기 때문에 하루 동안 태양과 달이 동쪽에서 서쪽으로 움직이는 것처럼 보입니다.

8 지구는 자전축을 중심으로 하루에 한 바퀴씩 서쪽에서 동쪽으로 회전하기 때문에 자전하는 지구에서 천체를 바라보면 지구의 자전 방향과 반대 방향으로 움직이는 것처럼 보입니다.

9 지구에서 태양 빛을 받는 쪽은 낮이 되고, 태양 빛을 받지 못한 쪽은 밤이 됩니다.

10 지구본을 서쪽에서 동쪽으로 회전시키면 전등 빛을 받거나 받지 못하는 지역이 번갈아 나타납니다.

11 지구의 자전으로 태양 빛을 받는 지역은 낮이 되고 태양 빛을 받지 못하는 지역은 밤이 됩니다. 지구가 하루에 한 바퀴씩 자전하기 때문에 우리나라에서 하루를 주기로 낮과 밤이 생깁니다.

12 계절별 대표적인 별자리는 저녁 9시 무렵에 남쪽 하늘을 바라보고 서 있을 때 머리 위나 남쪽에서 볼 수 있는 별자리입니다.

▲ 봄철

▲ 여름철

▲ 가을철

▲ 겨울철

13 사자자리는 봄철 대표적인 별자리이고, 페가수스자리는 가을철 대표적인 별자리입니다.

14 백조자리, 독수리자리, 거문고자리는 여름철 대표적인 별자리입니다.

15 ㉒ 위치에서는 백조자리가 태양과 같은 방향에 있어 태양 빛 때문에 볼 수 없습니다.

16 계절의 대표적인 별자리는 그 계절에만 볼 수 있는 것은 아닙니다. 태양과 같은 방향에 있어서 태양 빛 때문에 볼 수 없는 별자리를 제외하고, 두세 계절에 걸쳐 볼 수 있습니다.

17 지구의 공전은 지구가 태양을 중심으로 하여 일정한 길을 따라 일 년에 한 바퀴씩 회전하는 것입니다.

18 상현달은 음력 7~8일 무렵, 하현달은 음력 22~23일 무렵에 볼 수 있습니다.

19 보름달의 모습입니다. 보름달은 음력 15일 무렵에 볼 수 있습니다.

20 ㉠에서는 음력 15일 무렵에 보름달을, ㉡에서는 음력 7~8일 무렵에 상현달을, ㉢에서는 음력 2~3일 무렵에 초승달을 볼 수 있습니다.

1회　　3. 여러 가지 기체　　4~6쪽

1 ⑤　　2 ③, ⑤　　3 냄새　　4 ㉮ 향불의 불꽃이 커진다.　　5 ⑤　　6 이산화 탄소　　7 ⑤　　8 ㉮ 석회수가 뿌옇게 흐려진다.　　9 >　　10 ㉡　　11 약하게, 세게　　12 ⑤　　13 ㉠ 따뜻한 물 ㉡ 얼음물　　14 ㉠　　15 ㉠, ㉡　　16 ㉮ 페트병을 냉장고의 밖에 꺼내 놓는다.　　17 (1) ○ (2) ×　　18 이산화 탄소　　19 ⑤　　20 ②

•풀이•

1 산소를 발생시킬 때 가지 달린 삼각 플라스크에는 물과 이산화 망가니즈, 깔때기에는 묽은 과산화 수소수를 넣습니다.

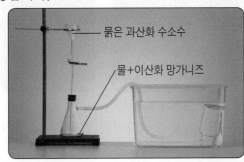

묽은 과산화 수소수

물+이산화 망가니즈

2 가지 달린 삼각 플라스크 안에서 부글부글 끓어오르면서 기포가 발생하고, ㄱ자 유리관 끝에서는 기포가 하나둘씩 나옵니다.

3 냄새를 맡을 때는 코로 직접 맡지 않고 손으로 바람을 일으켜 맡습니다.

4 산소는 다른 물질이 타는 것을 돕는 성질이 있기 때문에 향불의 불꽃이 커집니다.

5 탄산음료를 컵에 따르면 기포가 생기는 것을 볼 수 있는데, 이 기포는 이산화 탄소입니다.

6 이산화 탄소를 발생시키기 위해서는 식초와 탄산수소 나트륨이 필요합니다.

7 이산화 탄소가 든 집기병에 향불을 넣으면 향불의 불꽃이 꺼지는 것은 이산화 탄소가 다른 물질이 타는 것을 막는 성질이 있기 때문입니다.

8 이산화 탄소와 석회수가 만나면 석회수가 뿌옇게 흐려집니다.

9 주사기의 피스톤을 약하게 누르면 공기의 부피가 조금 작아지고, 피스톤을 세게 누르면 공기의 부피가 많이 작아집니다.

10 주사기의 피스톤을 세게 누를수록 풍선의 부피는 많이 작아집니다.

11 기체는 압력을 가한 정도에 따라 부피가 달라집니다. 압력을 세게 가하면 기체의 부피가 많이 작아지고, 압력을 약하게 가하면 기체의 부피가 조금 작아집니다.

12 헬륨을 넣은 풍선이 하늘 높이 올라갈수록 풍선에 미치는 공기의 압력이 약해져서 풍선이 부풀어 오르다가 결국 터지게 됩니다.

13 온도가 높아지면 기체의 부피는 커지고, 온도가 낮아지면 기체의 부피는 작아지기 때문에 ㉠은 따뜻한 물, ㉡은 얼음물입니다.

14 온도가 높아지면 기체의 부피는 커지고, 온도가 낮아지면 기체의 부피는 작아집니다.

15 여름철 차 안에 빈 페트병을 놓아두면 페트병 속 기체의 온도가 높아져 페트병이 팽팽해집니다. 찌그러진 탁구공을 뜨거운 물에 넣으면 기체의 부피가 커져 탁구공이 펴집니다.

16 냉장고 안에 있던 찌그러진 페트병을 냉장고 밖에 꺼내 놓으면 냉장고 안보다 냉장고 밖의 온도가 높기 때문에 기체의 부피가 커져서 페트병이 다시 펴질 것입니다.

17 공기는 여러 가지 기체가 고유한 성질을 유지한 채 섞여 있는 혼합물입니다.

18 이산화 탄소는 다른 물질이 타는 것을 막는 성질이 있습니다.

19 ①은 네온, ②는 산소, ③은 헬륨, ④는 이산화 탄소를 고체로 만든 드라이아이스를 이용하는 경우입니다.

20 간판의 불빛에 이용하는 것은 네온입니다. 아르곤은 전구 안에 넣어 전구를 오래 사용하는 데 이용합니다.

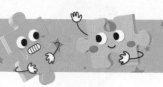

1회   4. 식물의 구조와 기능   7~9쪽

1 세포   2 ㉠   3 예 양파 표피 세포는 세포벽이 있지만 입안 상피 세포에는 세포벽이 없다.   4 ④   5 ①   6 ②   7 ⑤   8 ③   9 ④   10 ①   11 ①, ④   12 예 햇빛을 받은 잎에서는 녹말이 만들어지고, 햇빛을 받지 않은 잎에서는 녹말이 만들어지지 않는다.   13 ②, ④   14 (1) 광합성 (2) 증산 작용   15 ⑤   16 예 복숭아꽃은 꽃잎, 암술, 수술, 꽃받침이 한 꽃에 있고, 호박꽃은 암술과 수술이 각각 다른 꽃에 있다.   17 ①   18 ②   19 ⑤   20 ②

풀이

1 동물과 식물은 세포로 이루어져 있고, 세포는 대부분 크기가 작아 현미경을 사용해야 관찰할 수 있습니다.

2 식물 세포와 동물 세포에는 둥근 모양의 핵이 있습니다.

3 식물 세포에는 세포벽이 있지만 동물 세포에는 세포벽이 없습니다.

4 뿌리가 하는 일을 알아보는 실험이므로 다른 조건은 모두 같게 하고 뿌리를 자르거나 자르지 않은 점만 다르게 해야 합니다.

5 실험을 통해서 뿌리는 물을 흡수한다는 것을 알 수 있습니다. 뿌리의 기능 중 식물이 쓰러지지 않도록 지지하는 기능과 양분을 저장하는 기능도 있지만 4번 실험을 통해서는 알 수 없습니다.

6 무, 고구마, 당근 등은 뿌리에 양분을 저장하는 식물입니다.

7 강아지풀, 파, 양파는 굵기가 비슷한 가는 뿌리가 수염처럼 나 있는 식물입니다.

8 줄기는 식물을 지지하고 양분을 저장하기도 합니다.

9 줄기의 가로와 세로 단면에 붉은색으로 물든 부분이 있는 것으로 보아 줄기를 통해 물이 이동한다는 사실을 알 수 있습니다.

10 감자의 줄기는 양분을 저장하여 굵게 자랍니다.

11 알루미늄 포일을 덮은 부분은 아무 변화가 없고, 알루미늄 포일을 덮지 않은 부분은 청람색으로 변합니다.

색깔이 변하는 부분
색깔이 변하지 않는 부분

12 아이오딘-아이오딘화 칼륨 용액은 녹말과 반응하면 청람색으로 변합니다.

13 비닐 약포지 안에 물방울이 생기고 푸른색 염화코발트 종이의 색깔이 분홍색으로 변한 것으로 보아 잎에 도달한 물이 잎 밖으로 나왔음을 알 수 있습니다.

14 증산 작용은 뿌리에서 흡수한 물이 잎에 도달하도록 도와주고, 식물의 온도를 조절하는 역할을 합니다.

15 꽃의 종류에 따라 암술, 수술, 꽃잎이나 꽃받침 중 일부가 없는 것도 있습니다.

16 복숭아꽃은 암술, 수술, 꽃잎, 꽃받침으로 이루어져 있고, 호박꽃은 암술과 수술이 각각 다른 꽃에 있습니다.

17 암술의 아랫부분에서 씨가 만들어지고, 씨를 둘러싼 부분이 씨와 함께 자라서 열매가 됩니다.

18 씨와 씨를 보호하는 껍질 부분을 합해 열매라고 합니다.

19 도꼬마리는 동물의 털에 붙어 씨가 퍼집니다. 도깨비바늘도 도꼬마리처럼 열매에 갈고리 모양과 비슷한 가시가 있습니다.

20 벚나무는 동물에게 먹혀서 씨를 퍼뜨립니다.

1회   5. 빛과 렌즈   10~12쪽

1 ②   2 ③   3 예 빛의 색에 따라 꺾이는 정도가 다르기 때문에 여러 가지 색으로 나타난다.   4 ※ 풀이 참조   5 ②   6 ㉡   7 빛의 굴절   8 ③   9 (2) ○   10 두꺼운   11 ㉠   12 ㉡   13 예 햇빛이 만든 원의 크기가 변하지 않고, 원 안의 밝기도 변하지 않는다.   14 ③   15 ②   16 ④   17 ③   18 볼록 렌즈   19 ①   20 ②

풀이

1 햇빛은 프리즘을 통과하여 여러가지 색의 빛으로 나타납니다.

2 프리즘을 받침대에 고정하여 햇빛이 비치는 곳에 세워 놓고 햇빛이 검은색 종이의 긴 구멍을 거쳐 프리즘을 통과하도록 합니다.

3 햇빛은 여러 가지 색의 빛으로 이루어져 있습니다. 햇빛이 프리즘을 통과할 때 빛의 색에 따라 꺾이는 정도가 달라 여러 가지 색으로 나타납니다.

4 빛이 공기 중에서 물로 비스듬히 나아갈 때 공기와

물의 경계에서 꺾입니다.

5 물속에 있는 물체가 실제와 다르게 보이는 것은 빛이 물속에서 공기 중으로 나올 때 공기와 물의 경계에서 꺾여 나아가기 때문입니다.

6 빛이 공기 중에서 유리로 비스듬히 나아갈 때 공기와 유리의 경계에서 꺾입니다.

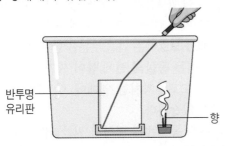

반투명 유리판

향

7 빛은 공기 중에서 곧게 나아가다가 다른 물질을 만나면 나아가는 방향이 꺾이는 현상이 나타납니다.

8 볼록 렌즈는 가운데 부분이 가장자리 부분보다 두꺼운 렌즈입니다.

9 가운데 부분이 가장자리 부분보다 두꺼운 렌즈가 볼록 렌즈입니다. ⑴은 오목 렌즈입니다.

10 볼록 렌즈는 가운데 부분이 가장자리 부분보다 두껍습니다.

11 빛이 공기 중에서 나아가다가 볼록 렌즈를 통과할 때 볼록 렌즈의 가운데 방향으로 굴절합니다.

12 흰 도화지 위에서 점점 멀리할수록 햇빛이 만든 원의 크기가 작아졌다가 다시 커집니다. 거리가 중간일 때는 원의 크기가 작아집니다.

13 평면 유리는 햇빛을 모을 수 없기 때문에 원의 크기가 변하지 않고, 원 안의 밝기도 변하지 않습니다.

14 볼록 렌즈는 햇빛을 굴절시켜 한곳으로 모을 수 있고, 볼록 렌즈로 햇빛을 모은 부분은 주변보다 밝기가 밝고 온도도 높습니다.

15 골판지로 큰 원통과 작은 원통을 만들고 큰 원통 앞에는 볼록 렌즈를 끼우고 작은 원통 한쪽에는 반투명 비닐을 씌웁니다.

16 볼록 렌즈로 멀리 있는 물체를 보면 작고 상하좌우가

바뀌어 보입니다.

17 책 위에 떨어진 물방울로 글자를 보면 크게 보이고, 물이 담긴 둥근 컵으로 물체를 멀리 보면 물체가 작고 상하좌우가 바뀌어 보입니다.

18 쌍안경은 멀리 있는 물체를 크게 볼 수 있고, 사진기는 볼록 렌즈가 들어 있어 주변 환경을 찍을 수 있습니다.

19 친구가 쓰는 안경은 볼록 렌즈를 이용한 경우가 아닙니다.

20 확대경과 현미경은 볼록 렌즈를 사용하여 작은 물체를 크게 볼 수 있습니다.

2회   1. 과학 탐구 ～ 2. 지구와 달의 운동 13～15쪽

1 ②   **2** ④   **3** ⑴ 서쪽 ⑵ 동쪽   **4** ⑤   **5** ④, ⑤
6 서, 동   **7** 지구의 자전   **8** ⓛ   **9** ㉠   **10** 서쪽
에서 동쪽으로   **11** ①, ③   **12** ⑴ ⓒ ⑵ ㉠ ⑶ ⓛ
⑷ ㉣   **13** ⑴ ○ ⑵ ○ ⑶ ×   **14** 여름   **15** ⑤
16 ②   **17** ④   **18** ④   **19** ②   **20** 동쪽

• 풀이 •

1 실험에서 다르게 해야 할 조건을 제외한 나머지 조건을 같게 해야 정확한 실험 결과를 얻을 수 있습니다.

2 실험 과정에 문제가 있거나 실험 방법이 바르지 않았다면 그런 것들을 고쳐서 다시 실험해야 합니다.

3 하루 동안 태양과 달은 동쪽 하늘에서 남쪽 하늘을 지나 서쪽 하늘로 움직이는 것처럼 보입니다.

4 하루 동안 태양과 달은 동쪽 하늘에서 남쪽 하늘을 지나 서쪽 하늘로 움직이는 것처럼 보입니다.

5 태양의 위치가 달라져서 파라솔 그림자의 방향이 바뀌고, 그늘이 지던 파라솔 아래에 햇볕이 들게 됩니다.

6 하루 동안 지구의 운동에 따른 태양의 위치 변화를 알아보는 실험에서 지구본은 지구의 역할을 하므로 서쪽에서 동쪽 방향으로 회전시켜야 합니다.

7 지구의 자전은 지구가 자전축을 중심으로 하여 하루에 한 바퀴씩 서쪽에서 동쪽(시계 반대 방향)으로 회전하는 것을 말합니다.

8 지구의 자전은 지구가 자전축을 중심으로 하루에 한 바퀴씩 서쪽에서 동쪽으로 회전하는 것입니다.

9 관측자 모형이 전등을 향할 때는 낮이고, 관측자 모형이 전등 반대편을 향할 때는 밤입니다.

10 하루 동안 지구는 서쪽에서 동쪽으로 한 바퀴씩 자전하기 때문에 낮과 밤이 하루에 한 번씩 번갈아 가며 나타납니다.

11 ㉠은 태양 빛을 받는 지역이므로 낮입니다. 지구가 하루에 한 바퀴씩 자전하기 때문에 하루를 주기로 낮과 밤이 생깁니다.

12 저녁 9시 무렵 남쪽 하늘에서 볼 수 있는 별자리가 그 계절의 대표적인 별자리입니다. 백조자리는 여름철, 페가수스자리는 가을철, 사자자리는 봄철, 오리온자리는 가을철의 대표적인 별자리입니다.

13 계절의 대표적인 별자리는 태양과 같은 방향에 있어서 태양 빛 때문에 볼 수 없는 계절의 별자리를 제외하고, 두세 계절에 걸쳐 볼 수 있습니다. 봄철 대표적인 별자리인 사자자리는 봄철에는 남쪽 하늘에서, 여름철에는 서쪽 하늘에서, 겨울철에는 동쪽 하늘에서 볼 수 있으므로 세 계절에 걸쳐 보이는 별자리입니다.

▲ 사자자리

14 쌍둥이자리는 겨울철의 대표적인 별자리이지만 가을철에는 동쪽 하늘, 봄철에는 서쪽 하늘에서 볼 수 있습니다. 여름철에는 태양과 같은 방향에 있어서 태양 빛 때문에 볼 수 없습니다.

15 지구의 공전은 지구가 태양을 중심으로 일 년에 한 바퀴씩 서쪽에서 동쪽 방향으로 회전하는 것입니다.

16 지구가 ㉢의 위치에 있을 때 사자자리는 태양과 같은 방향에 있어서 태양 빛 때문에 볼 수 없습니다.

17 ㉡ 위치에서는 태양과 같은 방향에 있는 겨울철 별자리를 볼 수 없습니다.

18 음력 2~3일 무렵부터 초승달 → 상현달 → 보름달 → 하현달 → 그믐달 순서로 달의 모양과 위치가 바뀝니다.

19 음력 22~23일 무렵에는 하현달을 볼 수 있습니다.

20 보름달은 음력 15일 저녁 6~7시 무렵에 동쪽 하늘에서 관찰할 수 있습니다.

2회   3. 여러 가지 기체   16~18쪽

1 ③, ④   **2** 산소   **3** ④   **4** 예 부채질하면 산소가 더 많이 공급되기 때문이다.   **5** ②, ④   **6** ㉡   **7** ⑤   **8** ④   **9** ㉠   **10** (1) 하늘을 나는 비행기 (2) 땅   **11** 조금, 많이   **12** 냉장고 안   **13** 뜨거운 물   **14** ③   **15** 예 온도가 높아지면 기체의 부피가 커지기 때문이다.   **16** ⑤   **17** 혼합물   **18** ②   **19** ④   **20** ①

◆ 풀이

1 묽은 과산화 수소수를 깔때기에 부어 조금씩 흘려 보내면 가지 달린 삼각 플라스크에서는 기포가 발생하고, ㄱ자 유리관 끝에서는 기포가 나옵니다.

2 묽은 과산화 수소수와 이산화 망가니즈는 산소를 발생시키는 데 필요한 물질입니다.

3 산소는 색깔과 냄새가 없고, 다른 물질이 타는 것을 돕는 성질이 있습니다.

4 공기 중에는 물질이 타는 것을 돕는 산소가 있는데, 나무에 불을 붙일 때 부채질하면 산소가 더 많이 공급됩니다.

5 탄산수소 나트륨과 진한 식초를 이용해 이산화 탄소를 발생시킬 수 있습니다.

6 이산화 탄소는 다른 물질이 타는 것을 막기 때문에 향불의 불꽃이 꺼집니다.

7 호흡이 곤란한 환자의 호흡기에는 산소를 이용합니다.

8 이산화 탄소는 다른 물질이 타는 것을 막는 성질이 있기 때문에 지구에 이산화 탄소가 많아진다면 물질이 잘 타지 않을 것입니다.

9 주사기의 피스톤을 세게 누를수록 공기의 부피가 많이 작아집니다.

10 땅보다 하늘에서 비행기 안의 압력이 약하기 때문에 과자 봉지 안 기체의 부피가 커집니다.

11 기체는 압력을 가한 정도에 따라 부피가 달라집니다. 압력을 약하게 가하면 부피가 조금 작아지고, 세게 가하면 부피가 많이 작아집니다.

12 냉장고 밖보다 냉장고 안의 온도가 낮아 페트병을 냉장고 안에 넣어 두면 페트병 안 기체의 부피가 작아져서 찌그러집니다.

13 주사기를 연결한 삼각 플라스크를 뜨거운 물에 넣으

면 주사기의 피스톤이 바깥으로 밀려 나고, 차가운 물에 넣으면 밀려 난 피스톤이 주사기 안으로 들어갑니다.

14 기체의 부피는 온도가 높아지면 커지기 때문에 뜨거운 음식이 담긴 그릇을 랩으로 씌우면 비닐 랩이 볼록하게 부풀어 오르는 것을 볼 수 있습니다.

15 찌그러진 탁구공을 뜨거운 물에 넣으면 온도가 높아지면서 기체의 부피가 커져서 탁구공이 펴집니다.

16 ①, ②, ③, ④는 압력 변화에 따른 기체의 부피 변화를 나타낸 예입니다.

17 공기는 여러 가지 기체가 고유한 성질을 유지한 채 섞여 있는 혼합물입니다.

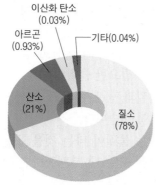

18 산소는 색깔과 냄새가 없고, 다른 물질이 타는 것을 돕습니다.

19 질소는 과자가 부서지거나 맛이 변하는 것을 막습니다. 풍선을 떠오르게 하는 데 이용하는 것은 헬륨입니다.

20 ②, ⑤ 불을 끄거나 드라이아이스를 만들어 냉각제로 이용하는 것은 이산화 탄소입니다. ③ 자동차 에어백을 채우는 데 이용하는 것은 질소입니다. ④ 장식용 풍선을 채우는 데 이용하는 것은 헬륨입니다.

2회   4. 식물의 구조와 기능   19~21쪽

1 ④   **2** ㉡   **3** ②   **4** ㉠   **5** 뿌리털, 예 물을 많이 흡수한다.   **6** ①   **7** ④   **8** 예 잎이 한쪽은 붉은색, 다른 한쪽은 푸른색으로 물들 것이다.   **9** 줄기   **10** ②   **11** ㉠   **12** ①, ③   **13** ㉠   **14** 기공   **15** ⑤   **16** (1) 수술 (2) 암술   **17** ㉣   **18** (1) ㉡ (2) ㉠ (3) ㉢   **19** ②   **20** ①

풀이

1 모든 생물은 세포로 이루어져 있습니다.

2 ㉠은 입안 상피 세포이고, ㉡은 양파 표피 세포입니다.

3 동물 세포는 식물 세포와 다르게 세포벽이 없습니다. 양파 표피 세포는 식물 세포이므로 세포벽이 세포막을 둘러싸고 있습니다.

4 뿌리는 물을 흡수하기 때문에 뿌리를 자르지 않은 고추 모종을 넣은 물이 뿌리를 자른 고추 모종을 넣은 물보다 더 많이 줄어들었습니다.

5 뿌리 표면에 솜털처럼 작고 가는 뿌리털이 나 있어서 물을 많이 흡수할 수 있습니다.

6 뿌리가 지지해 주기 때문에 바람이 불어도 나무가 쉽게 쓰러지지 않습니다.

7 줄기의 가로와 세로 단면에 붉은 색소 물이 든 흔적이 있는 것으로 보아 줄기를 통해 물이 이동한다는 것을 알 수 있습니다.

8 줄기에서 세로로 자르지 않은 부분을 가로로 잘라 보면 한쪽에는 붉은 점이, 다른 한쪽에는 푸른 점이 생겨 있을 것입니다.

9 줄기에는 물이 이동하는 통로가 있고, 물이 이동하는 통로의 배열은 식물마다 조금씩 다릅니다.

10 줄기의 생김새는 곧게 서 있는 것도 있고, 가늘어 다른 물체를 감기도 하며, 기는 듯이 뻗는 것도 있습니다.

11 알루미늄 포일로 씌운 잎은 색깔 변화가 없고, 알루미늄 포일로 씌우지 않은 잎은 청람색으로 변합니다.

12 알루미늄 포일로 씌우지 않은 잎만 아이오딘-아이오딘화 칼륨 용액이 청람색으로 변한 것으로 보아 녹말이 만들어진 것을 알 수 있습니다.

13 잎을 그대로 둔 식물을 씌운 비닐봉지 안쪽에 물방울이 많이 맺힌 것으로 보아 잎에 도달한 물이 잎 밖으로 빠져나간 것을 알 수 있습니다.

14 기공은 잎에 있는 작은 구멍으로 잎에 도달한 물의 일부는 물이 수증기가 되어 기공을 통해 식물 밖으로 빠져나갑니다.

15 꽃은 씨를 만드는 일을 합니다. 꽃은 대부분 암술, 수술, 꽃잎, 꽃받침으로 이루어져 있습니다.

16 호박꽃의 암꽃에는 수술이 없고, 수꽃에는 암술이 없습니다.

17 물에 의해 꽃가루받이가 이루어지는 식물에는 붕어

말, 나사말, 개구리밥 등이 있습니다.

18 서양민들레는 바람에 날려서, 벚나무는 동물에게 먹혀서, 봉선화는 열매의 껍질이 터지면서 씨가 퍼집니다.

19 콩은 스스로 터져서 씨가 퍼지는 식물입니다. 연꽃은 물에 실려서, 단풍나무는 바람에 날려서, 졸참나무는 작은 동물이 옮겨서, 산수유나무는 동물에게 먹혀서 씨가 퍼집니다.

20 박주가리는 솜털 같은 부분이 있어서 바람에 날려서 씨가 퍼집니다.

2회 5. 빛과 렌즈 22~24쪽

1 ⑤ **2** ② **3** 예 햇빛은 여러 가지 색의 빛으로 되어 있기 때문이다. **4** ㉠ **5** ㉡ **6** (1) ㉠ (2) 예 물체에서 나온 빛이 물과 공기의 경계에서 꺾여 나아가기 때문이다. **7** (1) ◯ **8** 볼록 렌즈 **9** ②, ④ **10** (1) ✕ (2) ◯ (3) ◯ **11** ㉠, ㉢ **12** ④ **13** ㈏ **14** ㉡, ㉣ **15** ⑤ **16** ② **17** ㉠ **18** 볼록 렌즈 **19** ㉡ **20** ⑤

풀이

1 프리즘을 통과한 햇빛은 흰 도화지에 여러 가지 색의 빛으로 나타납니다.

2 흰 도화지에 그늘을 만들면 햇빛이 프리즘을 통과하여 여러 가지 색으로 나타나는 것을 선명하게 관찰할 수 있습니다.

3 햇빛은 여러 가지 색의 빛으로 이루어져 있기 때문에 물방울이 프리즘 역할을 하여 무지개가 여러 가지 색으로 나타납니다.

4 빛은 공기 중에서 직진하다가 물이나 유리를 통과할 때 나아가는 방향이 꺾입니다.

5 빛은 유리나 물을 수직으로 통과할 때는 공기와 물, 공기와 유리의 경계에서 꺾이지 않고 나아갑니다.

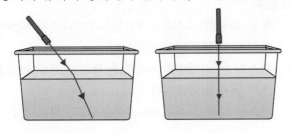

6 빛이 물과 공기의 경계에서 굴절하기 때문에 물속에 있는 물체는 실제와 다른 위치에 있는 것처럼 보입니다.

7 빛을 수조 아래쪽에서 비스듬히 비추면 빛이 물과 공기의 경계에서 꺾여 나아갑니다. 수조 아래쪽에서 물에 빛을 수직으로 비추면 꺾이지 않고 나아갑니다.

8 렌즈의 가운데 부분이 가장자리 부분보다 두껍기 때문에 볼록 렌즈입니다.

9 볼록 렌즈에서는 빛의 굴절이 일어납니다. 빛이 볼록 렌즈의 가운데 부분을 통과하면 곧게 나아가지만, 가장자리 부분을 통과하면 뚜꺼운 가운데 부분으로 꺾여 나아갑니다.

10 볼록 렌즈는 투명한 물질을 사용해 만든 렌즈로, 가운데 부분이 가장자리 부분보다 두꺼운 렌즈입니다. 빛은 볼록 렌즈를 통과할 때 굴절합니다.

11 볼록 렌즈의 가장자리를 지나는 빛은 가운데 쪽으로 꺾여 나아가고, 가운데를 지나는 빛은 꺾이지 않고 그대로 나아갑니다.

12 햇빛이 볼록 렌즈를 통과할 때 볼록 렌즈의 두꺼운 쪽으로 굴절하기 때문에 볼록 렌즈로 햇빛을 모을 수 있습니다.

13 볼록 렌즈는 빛을 모으는 성질이 있지만, 평면 유리는 빛을 모으는 성질이 없습니다.

14 ㈎는 평면 유리를 통과한 햇빛의 모습이고, ㈏는 볼록 렌즈를 통과한 햇빛의 모습입니다.

15 물이 담긴 둥근 유리컵은 볼록 렌즈와 같이 빛이 굴절하기 때문입니다.

16 물방울은 볼록 렌즈 구실을 하기 때문에 글자 위에 떨어뜨리면 글자가 크게 보입니다.

17 볼록 렌즈로 가까운 물체를 보면 물체의 모습이 실제의 모습보다 크게 보입니다.

18 망원경은 멀리 있는 물체를 크게 볼 때 쓰는 기구로 볼록 렌즈를 이용한 기구입니다.

19 자동차 뒷거울은 실물보다 작게 보이지만 넓은 면을 볼 수 있는 볼록 거울을 이용한 경우입니다. 거울은 빛을 반사합니다.

20 돋보기 안경은 가까운 곳을 잘 보지 못하는 사람이 가까운 곳을 잘 볼 수 있게 하는 데 쓰입니다. 수업 시간에 친구가 칠판의 글씨를 보기 위해 쓰는 안경은 가운데 부분이 가장자리 부분보다 얇은 렌즈를 이용한 근시용 안경입니다.

1 ⑤   **2** ③   **3** ①   **4** ㉠ 동 ㉡ 서   **5** 동, 서
6 반대   **7** ⑩ 동쪽에서 서쪽으로 움직이는 것처럼
보일 것이다.   **8** ②, ④   **9** ⑤   **10** 자전축   **11**
②   **12** 남쪽   **13** 오리온자리   **14** 봄   **15** ③
16 ⑤   **17** ⑩ 지구가 공전하기 때문이다.   **18** 유준
19 ①   **20** ③

풀이

1 온도가 효모의 발효에 영향을 주는지 알아보기 위한
실험이므로 효모액을 넣은 시험관을 담글 물의 온도
만 다르게 합니다.

2 탐구 문제를 해결하고자 실험을 계획하고 가설이 맞는
지 확인할 수 있는 실험 방법을 생각하는 것은 탐구를
계획할 때 해야 합니다.

3 태양은 동쪽 하늘에서 보이기 시작하여 남쪽 하늘을
지나 서쪽 하늘로 움직이는 것처럼 보입니다.

4 하루 동안 달은 동쪽 하늘에서 떠서 남쪽 하늘을 지
나 서쪽 하늘로 움직이는 것처럼 보입니다.

5 하루 동안 태양과 달은 동쪽 하늘에서 남쪽 하늘을
지나 서쪽 하늘로 위치가 달라지는 것처럼 보입니다.

6 기차를 타고 갈 때에도 기차가 달리는 방향과 반대
방향으로 바깥 풍경이 빠르게 움직이는 것처럼 보입
니다.

7 지구 역할을 맡은 사람이 서쪽에서 동쪽으로 회전한
다면 전등은 동쪽에서 서쪽으로 움직이는 것처럼 보
일 것입니다.

8 지구의 자전은 지구가 자전축을 중심으로 하여 하루
에 한 바퀴씩 서쪽에서 동쪽으로 회전하는 것입니다.

9 지구본을 서쪽에서 동쪽으로 돌리면 전등 빛을 받는
위치도 달라지기 때문에 낮과 밤이 바뀌는 것을 관찰
할 수 있습니다.

10 지구의 북극과 남극을 이은 가상의 직선을 지구의 자
전축이라고 합니다. 지구가 자전축을 중심으로 하루
에 한 바퀴씩 회전하므로 태양 빛을 받는 쪽은 낮이
되고, 태양 빛을 받지 못한 쪽은 밤이 됩니다.

11 우리나라에서 하루를 주기로 낮과 밤이 생기는 까닭
은 지구가 하루에 한 바퀴씩 자전하기 때문입니다.

12 계절에 따라 밤하늘에 보이는 대표적인 별자리는 달
라집니다. 또한, 계절별 대표적인 별자리는 그 계절

에만 보이는 것이 아니라 두 계절이나 세 계절에 걸
쳐 볼 수 있습니다.

13 오리온자리는 겨울철 대표적인 별자리입니다.

14 목동자리, 사자자리, 처녀자리는 봄철의 대표적인
별자리입니다.

15 지구 역할을 맡은 사람은 전등을 중심으로 ㉠ → ㉡
→ ㉢ → ㉣의 위치에 순서대로 이동해 공전합니다.

16 ㉠ – 봄, ㉡ – 여름. ㉢ – 가을, ㉣ – 겨울의 대표적인
별자리를 볼 수 있습니다. 가을철 대표적인 별자리는
페가수스자리입니다. 사자자리는 봄철, 백조자리와
거문고자리는 여름철, 오리온자리는 겨울철 대표적
인 별자리입니다.

17 지구는 태양을 중심에 두고 일 년에 한 바퀴씩 서쪽
에서 동쪽으로 움직여 태양을 기준으로 한 지구의 위
치가 달라지기 때문에 계절마다 볼 수 있는 별자리가
다릅니다.

18 여러 날 동안 같은 시각에 달을 관찰하면 달의 모양
과 위치는 변합니다. 달의 모양과 위치 변화는 약 30
일을 주기로 반복됩니다.

19 음력 7~8일 무렵에는 상현달, 음력 15일 무렵에는
보름달, 음력 22~23일 무렵에는 하현달, 음력
27~28일 무렵에는 그믐달을 볼 수 있습니다.

20 달의 모양은 약 30일을 주기로 되풀이되기 때문에
약 30일 후에 다시 보름달을 볼 수 있습니다.

1 ㉠ 묽은 과산화 수소수 ㉡ 이산화 망가니즈   **2** ㉡
3 산소   **4** ①, ⑤   **5** ④   **6** ⑤   **7** ⑩ 공기 중에
이산화 탄소가 있으므로 공기와 만나는 석회수의 윗
부분이 뿌옇게 된다.   **8** ①, ②   **9** ㉠   **10** 작아
11 ㉠   **12** ④   **13** 뜨거운 물   **14** ①   **15** 여름
16 작아   **17** ③   **18** ④   **19** ④   **20** ④, ⑤

풀이

1 묽은 과산화 수소수와 이산화 망가니즈는 산소를 발
생시킬 때 필요한 물질입니다.

2 산소가 든 집기병의 유리판을 열고 손으로 바람을 일
으켜 냄새를 맡습니다.

3 산소는 다른 물질이 타는 것을 돕고, 철과 같은 금속

을 녹슬게 합니다.

4 산소는 철과 같은 금속을 녹슬게 하기 때문에 색깔이 적갈색으로 변합니다.

5 이산화 탄소는 탄산수소 나트륨과 진한 식초를 이용해 발생시킬 수 있습니다.

6 이산화 탄소를 물속에서 모으면 이산화 탄소가 얼마나 모였는지 쉽게 확인할 수 있고, 다른 기체와 섞이지 않은 이산화 탄소를 모을 수 있습니다.

7 이산화 탄소와 석회수가 만나면 석회수가 뿌옇게 흐려집니다.

8 산소와 이산화 탄소는 색깔과 냄새가 없습니다. ③과 ⑤는 이산화 탄소의 성질이고, ④는 산소의 성질입니다.

9 피스톤을 약하게 누르면 풍선의 부피가 조금 작아지고, 피스톤을 세게 누를수록 풍선의 부피가 많이 작아집니다.

10 공기 주머니가 있는 신발을 신고 높이 뛰었다가 바닥으로 내려오면 공기 주머니에 가해지는 압력이 세져 공기 주머니의 부피가 작아집니다.

11 하늘로 올라갈수록 땅에서보다 압력이 약해지므로 하늘 높이 올라갈수록 풍선에 미치는 압력이 약해져서 풍선의 부피가 커져 풍선이 부풀어 오르다가 결국 터지게 됩니다.

12 ①, ②, ③, ⑤는 압력을 가해 부피가 작아진 경우이고, ④는 가해지는 압력이 약해져서 과자 봉지가 부풀어 올라 부피가 커진 경우입니다.

13 기체의 온도가 높아지면 기체의 부피가 커지고, 기체의 온도가 낮아지면 기체의 부피는 작아지기 때문에 고무풍선을 씌운 삼각 플라스크를 뜨거운 물에 넣었을 때 고무풍선의 부피가 커집니다.

14 고무풍선을 씌운 삼각 플라스크를 뜨거운 물과 얼음물에 넣는 실험을 통해 온도에 따라 기체의 부피가 달라지는 것을 알 수 있습니다.

15 겨울철보다 여름철에 자전거 타이어 속 기체의 온도가 높아지기 때문에 타이어 속 기체의 부피가 더 커집니다.

16 냉장고 안에 있던 찌그러진 페트병을 냉장고 밖에 꺼내 놓으면 찌그러진 부분이 다시 펴집니다.

17 질소는 다른 물질과 잘 반응하지 않아서 식품을 보존할 때 이용합니다.

18 ①은 이산화 탄소, ②는 질소, ③은 수소, ⑤는 산소를 일상생활에서 이용하는 경우입니다.

19 수소는 오염 물질을 적게 배출하는 청정 연료로 석탄이나 석유를 대체할 수 있는 친환경 에너지로 주목받고 있습니다.

20 공기는 여러 가지 기체가 섞여 있는 혼합물로 산소, 이산화 탄소, 질소 등의 기체가 성질을 그대로 지닌 채 섞여 있습니다.

3회   4. 식물의 구조와 기능   31~33쪽

1 ④   **2** ㉠ 핵 ㉡ 세포벽 ㉢ 세포막   **3** ⑤   **4** 예 뿌리가 물을 흡수하기 때문이다.   **5** ②   **6** 뿌리털
7 (1) ㉡ (2) ㉠   **8** ㉡   **9** ㉠   **10** ①   **11** ㉡   **12** ③   **13** ④   **14** ②   **15** ㉠ 암술 ㉡ 수술 ㉢ 꽃잎 ㉣ 꽃받침   **16** ㉡   **17** ②   **18** ②   **19** ㉡   **20** (1) ㉡ (2) ㉢ (3) ㉠

풀이

1 생물은 세포로 이루어져 있습니다.

2 동물 세포에는 세포벽이 없습니다.

3 식물 세포 모형을 만들었을 때, 방울토마토는 핵, 비닐봉지는 세포막, 플라스틱 상자는 세포벽에 해당합니다.

4 뿌리는 물을 흡수하기 때문에 뿌리를 자르지 않은 양파를 올려놓은 비커의 물의 양이 뿌리를 자른 양파를 올려놓은 비커의 물의 양보다 더 많이 줄어들었습니다.

5 식물의 뿌리는 땅속으로 뻗어 식물이 쓰러지지 않게 지지하는 역할을 합니다.

6 뿌리는 굵은 뿌리, 가는 뿌리, 뿌리털로 이루어져 있으며, 뿌리털이 있어서 물을 잘 흡수할 수 있습니다.

7 토마토, 명아주의 뿌리는 굵고 곧은 뿌리에 가는 뿌리가 여러 개 나 있고, 강아지풀, 파의 뿌리는 굵기가 비슷한 가는 뿌리가 여러 개 나 있습니다.

8 줄기에는 물이 이동하는 통로가 있기 때문에 줄기의 단면을 자르면 줄기에서 붉게 물든 부분이 있습니다.

9 줄기의 가로와 세로 단면에 붉은 색소 물이 든 흔적이 있는 것을 통해 뿌리에서 흡수한 물은 줄기를 통해 이동한다는 사실을 알 수 있습니다.

10 무, 당근, 고구마는 뿌리에 양분을 저장하는 식물입니다.

11 알루미늄 포일을 씌우지 않은 잎은 빛을 받아 녹말을

만들었기 때문에 아이오딘-아이오딘화 칼륨 용액을 떨어뜨리면 청람색으로 변합니다.

12 잎에서 광합성으로 만든 양분은 줄기를 거쳐 뿌리, 줄기, 열매 등 필요한 부분으로 운반되어 식물이 자라는 데 사용되거나 저장됩니다.

13 식물의 잎에서 물이 수증기가 되어 빠져나가는 현상은 증산 작용입니다.

14 증산 작용은 잎에 도달한 물이 기공을 통해 식물 밖으로 나가는 현상입니다.

15 ㉠은 암술, ㉡은 수술, ㉢은 꽃잎, ㉣은 꽃받침입니다.

16 수술에서 만들어지는 꽃가루는 곤충, 새, 바람, 물 등의 도움으로 암술에 옮겨 붙습니다. ㉡이 수술입니다.

17 꽃가루가 암술로 옮겨 붙는 것을 꽃가루받이라고 합니다.

18 식물의 잎에서는 이산화 탄소, 물, 빛을 이용하여 양분을 만들고, 뿌리에서 흡수한 물이 수증기가 되어 빠져나가는 증산 작용을 합니다.

19 도꼬마리와 우엉의 씨는 동물의 털에 붙어 씨가 퍼집니다.

20 민들레와 단풍나무는 바람에 날려서, 봉선화와 강낭콩은 열매의 껍질이 터지면서, 벚나무와 사과나무는 동물에게 먹혀서 씨가 퍼집니다.

3회   5. 빛과 렌즈   34~36쪽

1 ⑤   **2** 물방울   **3** ㉡   **4** ㉡   **5** ⑤   **6** ③   **7** 굴절   **8** ⑤   **9** ③   **10** 굴절   **11** ㉡   **12** 중간일 때   **13** ①, ③   **14** ㉡   **15** ③   **16** ㉡   **17** ㉔ 빛이 굴절하기 때문이다.   **18** ⑤   **19** ⑤   **20** ⑤

• 풀이

1 프리즘을 통과한 햇빛이 여러 가지 색으로 나타났기 때문에 햇빛이 여러 가지 색의 빛으로 이루어져 있는 것을 알 수 있습니다.

2 비가 내린 뒤 볼 수 있는 무지개는 햇빛이 물방울을 통과할 때 나타나는 여러 가지 색의 빛입니다.

3 우리 주변에서 프리즘 역할을 하는 물방울, 유리 등을 햇빛이 통과하면 햇빛이 여러 가지 색의 빛으로 나타납니다.

4 빛을 비스듬히 비추면 빛이 꺾여 나아가고, 빛을 수

직으로 비추면 빛이 그대로 나아갑니다.

5 물 밖에서 물속에 있는 다트 핀을 비스듬히 보면 두 자석 다트 핀의 위치가 서로 어긋나 보입니다. 그 까닭은 공기와 물의 경계에서 빛이 굴절하기 때문입니다.

6 빛이 공기 중에서 유리로 비스듬히 나아갈 때, 공기와 유리의 경계에서 꺾여 나아갑니다.

7 햇빛이 프리즘을 통과할 때 공기와 프리즘의 경계에서 굴절합니다.

8 볼록 렌즈는 가운데 부분이 가장자리 부분보다 두꺼운 렌즈입니다.

9 빛이 볼록 렌즈를 통과하면 볼록 렌즈의 가장자리 부분에서는 꺾여 나아가고, 가운데 부분에서는 그대로 나아가기 때문에 빛이 한곳에 모입니다.

10 빛은 공기 중에서 볼록 렌즈로 들어갈 때 볼록 렌즈의 두꺼운 쪽으로 굴절합니다.

11 빛이 볼록 렌즈를 통과하면 가장자리 부분에서는 꺾여 나아가고, 가운데 부분에서는 그대로 나아갑니다.

12 빛이 볼록 렌즈를 통과하면 한곳에 모였다가 다시 퍼져 나아가기 때문에 원의 크기가 가장 작을 때 원 안의 밝기가 가장 밝고 온도도 높습니다.

13 볼록 렌즈에 빛을 통과시키면 볼록 렌즈에서 빛이 굴절하여 한곳에 모이고, 빛을 모은 부분은 주변보다 밝기가 밝고 온도도 높습니다.

14 볼록 렌즈는 투명하고 가운데 부분이 가장자리 부분보다 두껍습니다.

15 원통형 간이 사진기는 볼록 렌즈를 이용하여 만듭니다.

16 볼록 렌즈로 멀리 있는 글자를 보면 글자가 작고 상하좌우가 바뀌어 보입니다.

17 볼록 렌즈로 물체를 보면 공기와 렌즈의 경계에서 빛이 굴절되기 때문에 물체의 모습이 실제와 다르게 보입니다.

18 도로 반사경은 볼록 거울을 이용한 기구입니다. 볼록 거울은 물체의 모습이 실제 모습과 같게 보이고 넓은 범위를 볼 수 있습니다.

19 가까운 곳을 잘 보지 못하는 사람은 볼록 렌즈를 사용한 돋보기안경을 사용해야 합니다. 근시용 안경은 오목 렌즈를 사용한 것으로 멀리 있는 모습을 작고 똑바르게 볼 수 있습니다.

20 손전등의 빛이 나오는 전구 앞에 볼록 렌즈가 달려 있는 까닭은 빛을 모아서 멀리까지 비출 수 있도록 빛을 굴절시키기 위해서입니다.

메모 Memo

메모 Memo

9종 검정 교과서

과학

완벽 분석 종합평가

과학

정답과 풀이

6-1

정답과 풀이

1회 단원 평가 연습

1 가설 설정 **2** (나) **3** ③ **4** ② **5** 온도 **6** 예 효모는 차가운 곳보다 따뜻한 곳에서 더 잘 발효할 것이다. **7** (가) **8** ④ **9** 부피 **10** ② **11** ③ **12** 따뜻한 물 **13** 온도 **14** (1) 강릉 (2) 부천 **15** 30 **16** 세로축 **17** 막대그래프 **18** 풀이 참조 **19** ② **20** ②

풀이

2 가설을 세울 때는 이해하기 쉽도록 간결하고 명확하게 표현해야 합니다.

3 일주일 후 고무풍선의 크기가 작아진 것으로 보아, 고무풍선 속 공기가 밖으로 빠져나갔을 것이라고 문제 인식을 하였습니다.

4 공기는 입자로 이루어져 있으며 고무풍선의 작은 틈을 통해 자유롭게 움직일 것이라는 가설을 설정할 수 있습니다.

6 효모가 발효하려면 적당한 온도가 필요하다는 조건을 보고 가설을 세우도록 합니다.

7 (가)는 실험을 하고 난 후 결과를 보고 결론을 도출하는 과정입니다.

9 효모액의 부피가 변하는 것으로 효모가 발효되는 것을 확인할 수 있습니다.

10 가설에서 알아보고자 하는 조건만 다르게 하고 나머지 조건은 모두 같게 해야 합니다.

15 창원 지역의 강수량은 30 mm입니다.

16 가로축에는 지역을, 세로축에는 강수량을 나타냅니다.

17 온도에 따른 효모액의 부피 변화를 막대로 표현하여 비교합니다.

18 따뜻한 물과 차가운 물에 담근 시험관 속 물질의 부피를 그래프에서 찾습니다.

효모액의 부피(mL)	차가운 물	따뜻한 물
처음	5	5
15분 뒤	5	9

19 물의 온도에 따른 결과를 비교하는 실험이므로 물의 온도 이외의 모든 조건은 같게 합니다.

2회 단원 평가 실전

1 ㉠: 가설 설정 ㉡: 가설 **2** ③ **3** ③ **4** ②, ③ **5** ⑤ **6** 예 효모는 차가운 곳보다 따뜻한 곳에서 더 잘 발효할 것이다. **7** (가) (다) (라) (나) (마) **8** 시험관을 담글 물의 온도 **9** 유리 막대 **10** 부피 **11** 따뜻한 물 **12** 막대그래프 **13** ⑤ **14** ㉠: 가설 ㉡: 결론 **15** 온도 **16** 따뜻한 물 **17** 4 mL **18** ② **19** (나) **20** ㉡ ㉠ ㉣ ㉻ ㉯

풀이

2 가설이란 궁금한 점에 대해 잠정적으로 내린 답을 말합니다.

3 얼음이 공기와 접촉하는 부분이 크다는 것은 얼음의 크기가 잘게 부숴져 있다는 것이므로 얼음의 크기만 다르게 합니다.

4 햇빛이 잘 드는 창가에 둔 빵 반죽은 부풀어 오르고, 냉장고에 넣어 둔 빵 반죽은 부풀어 오르지 않았습니다.

8 시험관을 담근 물의 온도만 다르게 하고 나머지 조건은 모두 같게 해야 합니다.

10 15분 뒤 동시에 효모액의 부피를 측정합니다.

11 효모액의 부피 변화가 나타난 따뜻한 물에서 발효가 일어난 것을 알 수 있습니다.

12 차가운 물과 따뜻한 물에서 시험관 속 물질의 부피가 어떻게 변했는지 쉽게 비교할 수 있습니다.

13 꺾은선그래프는 하루 동안의 온도 변화와 같이 시간, 양에 따른 변화를 나타내기에 적합합니다.

15 효모가 온도 차이에 의해 발효되거나 발효되지 않는 것을 알아보는 실험입니다.

16 차가운 물에 담근 시험관에서는 효모액의 부피 변화가 없으므로 발효가 되지 않았음을 알 수 있습니다.

17 나중 부피가 9 mL이고 처음 부피가 5 mL이므로 늘어난 부피는 4 mL입니다.

18 시험관을 담근 물의 온도에 따른 효모액의 부피 변화를 나타내었습니다.

19 실험 결과와 나의 가설이 다르다면 가설을 수정하거나 새로운 가설을 다시 설정하여 다시 탐구를 시작할 수 있습니다.

20 탐구 문제를 정한 다음 가설을 설정하여 실험을 계획합니다. 그 다음 실험하고 결과를 해석하여 결론을 도출합니다.

2 지구와 달의 운동

개념을 확인해요 19쪽

1 태양 2 서, 동 3 동, 서 4 자전축 5 자전
6 서, 동 7 동, 서 8 자전

개념을 확인해요 21쪽

1 변합니다 2 남쪽 3 동, 남, 서 4 자전 5 변합니다 6 보름달 7 같은 8 자전

개념을 확인해요 23쪽

1 낮 2 낮 3 밤 4 자전 5 공전 6 서, 동
7 같습니다 8 공전

개념을 확인해요 25쪽

1 별자리 2 봄 3 겨울 4 공전 5 위치 6 서쪽 7 겨울 8 태양

개념을 확인해요 27쪽

1 보름달 2 상현달, 하현달 3 상현달 4 초승달
5 보름달 6 보름달 7 30 8 달

개념을 확인해요 29쪽

1 장소 2 서쪽 3 동쪽 4 서쪽, 동쪽 5 모양
6 초승달 7 회전 8 태양

개념을 다져요 30~33쪽

1 지구의 자전 2 ㉠ 서 ㉡ 동 3 ④ 4 ㉠ 동쪽 ㉡ 서쪽 5 동쪽 하늘에서 남쪽 하늘을 지나 서쪽 하늘로 움직이는 것처럼 보인다. 6 ③ 7 낮 8 ②
9 ② 10 ㉠ 일(1) ㉡ 공전 11 ④ 12 ㉠ 서 ㉡ 동 ㉢ 서 ㉣ 동 13 겨울 14 ③ 15 ⑤ 16 여름 17 봄철 18 ⑤ 19 보름달 20 ② 21 음력 22 (가) 보름달 (나) 상현달 (다) 초승달 23 ④ 24 ②

풀이

1 지구의 북극과 남극을 이은 가상의 직선을 지구의 자전축이라고 하며 자전축을 중심으로 자전합니다.
2 지구는 서쪽에서 동쪽으로 자전합니다.
3 지구의 자전을 알아보는 활동으로, 지구가 서쪽에서 동쪽으로 자전하기 때문에 태양의 위치가 동쪽에서 서쪽으로 움직이는 것처럼 보입니다.
4 하루 동안 태양을 관찰하면 태양이 동쪽에서 떠서 서쪽으로 움직이는 것처럼 보입니다.
5 하루 동안 달은 동쪽에서 서쪽으로 움직이는 것처럼 보입니다.
6 지구가 서쪽에서 동쪽으로 자전하므로 달이 동쪽에서 서쪽으로 움직이는 것처럼 보입니다.
7 전등 빛을 받는 밝은 지역은 낮이고, 빛을 받지 못하는 반대편은 밤입니다.

더 알아볼까요!

지구의 밤

　인공위성에서 본 지구는 밤에 사람들이 사용하는 조명 때문에 사람이 많이 모여 사는 지역이 그렇지 않은 곳보다 더 밝게 보입니다.

8 지구는 서쪽에서 동쪽으로 회전합니다.
9 낮과 밤이 생기는 까닭은 지구가 자전하기 때문입니다.
10 지구는 태양을 중심으로 일 년에 한 바퀴씩 공전합니다.

더 알아볼까요!

지구의 자전과 공전

　지구는 북반구에서 보면 태양을 중심으로 서쪽에서 동쪽(시계 반대 방향)으로 자전 운동을 합니다. 또 동시에 같은 방향으로 공전 운동도 합니다.

11 지구는 서쪽에서 동쪽으로 자전하면서 태양을 중심으로 서쪽에서 동쪽으로 공전합니다.

12 지구의 자전 방향과 공전 방향은 같습니다.

13 쌍둥이자리, 오리온자리, 큰개자리는 겨울철 대표적인 별자리입니다.

더 알아볼까요!

계절의 대표적인 별자리

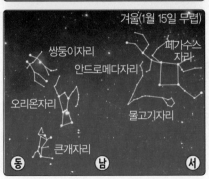

14 거문고자리, 독수리자리, 백조자리는 여름철의 대표적인 별자리입니다.

15 지구가 공전하면서 지구의 위치에 따라 볼 수 있는 밤하늘의 방향이 달라지기 때문에 계절마다 다른 별자리가 보입니다.

16 어느 계절에 보이는 시간이 긴 별자리를 그 계절의 대표적인 별자리라고 합니다.

17 한 계절만 보이지 않고 두 계절이나 세 계절에 걸쳐 계절의 별자리를 볼 수 있습니다.

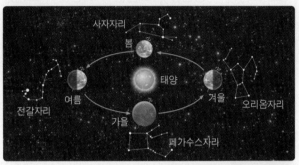

▲ 지구의 공전에 따른 계절별 별자리

18 태양과 같은 방향에 있는 별자리는 태양 빛 때문에 볼 수 없습니다.

19 여러 날 동안 달의 모양은 초승달 ➡ 상현달 ➡ 보름달 ➡ 하현달 ➡ 그믐달로 변합니다.

20 초승달을 본 후 5~6일 후에는 상현달을 볼 수 있으며 한 달 후에 초승달을 다시 볼 수 있습니다.

21 음력은 달의 모양을 기준으로 만든 달력입니다.

22 보름달은 음력 15일 무렵, 상현달은 음력 22~23일 무렵, 초승달은 음력 2~3일 무렵에 볼 수 있습니다.

23 태양이 진 직후 7시 무렵에 보름달은 동쪽, 상현달은 남쪽, 초승달은 서쪽 하늘에서 볼 수 있습니다.

24 음력 7~8일 무렵에 상현달, 음력 15일 무렵에는 보름달을 볼 수 있습니다.

더 알아볼까요!

달의 모양 변화

• 달은 지구에 의해 가려지기 때문이 아니라 달의 위치가 달라질 때마다 지구에서 볼 수 있는 밝은 부분이 달라지기 때문에 모양이 변하는 것입니다.

• 지구의 그림자가 달을 가리는 월식은 지구의 공전 궤도면과 달의 공전 궤도면이 차이가 나기 때문에 조건이 되는 때만 나타나는 현상입니다.

1회 단원 평가

34~36쪽

1 ④ 2 자전 3 동쪽 → 서쪽 4 ④ 5 ㉠ 6 지구가 서쪽에서 동쪽으로 자전하기 때문이다. 7 (가) 8 ② 9 ③ 10 태양 11 ㉠ ㉣ ㉢ ㉡ 12 ④ 13 (가) 14 겨울 15 ② 16 지구가 태양 주위를 공전하기 때문에 계절에 따라 지구의 위치가 달라지고, 지구의 위치에 따라 보이는 별자리가 달라지기 때문이다. 17 ③ 18 ㉠: 서 ㉡: 동 19 ⑤ 20 초승달 → 상현달 → 보름달 → 하현달 → 그믐달

풀이

1 지구는 자전축을 중심으로 스스로 회전하며, 시계 반대 방향으로 하루에 한 바퀴씩 회전합니다.

2 지구가 자전축을 중심으로 하루에 한 바퀴씩 회전하는 것을 지구의 자전이라고 합니다.

더 알아볼까요!

지구의 자전
- 자전은 지구가 북극과 남극을 이은 가상의 선인 자전축을 중심으로 하루(24시간)에 한 바퀴씩 서쪽에서 동쪽(북극에서 보았을 때 시계 반대 방향)으로 회전하는 현상을 말합니다.
- 지구의 자전 속도는 약 1600 km/h(적도 기준) 정도로 매우 빠르지만, 우리가 그것을 느끼지 못하는 까닭은 일정한 속력으로 빠르게 달리는 기차 안에서는 그 움직임을 인식하지 못하는 것과 비슷한 원리입니다.

3 지구의를 서쪽에서 동쪽 방향으로 회전시키면 관측자 모형이 볼 때 전등은 동쪽에서 서쪽 방향으로 움직이는 것처럼 보입니다.

4 지구가 하루에 한 바퀴씩 자전하기 때문에 태양이 동쪽에서 서쪽으로 움직이는 것처럼 보입니다.

5 보름달은 해가 진 후 저녁 7시 무렵, 동쪽 하늘에서 보이기 시작하여 남쪽 하늘을 지나 서쪽 하늘로 움직이는 것처럼 보입니다.

6 하루 동안 태양과 달의 위치 변화는 지구가 자전하기 때문에 생기는 현상입니다.

더 알아볼까요!

태양, 달, 별의 하루 동안의 움직임
지구의 자전 때문에 지구 위의 관측자에게는 태양과 달, 별이 하루 동안 자전축을 중심으로 지구 자전과 반대 방향인 동쪽에서 서쪽으로 회전하는 것처럼 보입니다.

7 태양 빛을 받는 부분은 낮이 되고, 반대쪽은 태양 빛을 받지 못해 밤이 됩니다.

8 지구가 자전하지 않는다면 낮과 밤이 생기지 않습니다.

9 지구의를 돌리면서 낮과 밤이 생기는 까닭을 알아보기 위한 모형 실험입니다.

10 지구는 자전하면서 태양 주위를 공전합니다.

11 지구는 서쪽에서 동쪽(시계 반대 방향)으로 공전합니다.

12 지구는 태양을 중심으로 일 년에 한 바퀴씩 서쪽에서 동쪽으로 회전합니다. 낮과 밤은 지구의 자전으로 나타나는 현상입니다.

13 지구의 공전은 지구가 태양을 중심으로 일 년에 한 바퀴씩 서쪽에서 동쪽으로 회전하는 것입니다.

14 겨울에 볼 수 있는 대표적인 별자리는 쌍둥이자리, 큰개자리, 오리온자리 등이 있습니다.

15 봄철의 대표적인 별자리는 처녀자리, 사자자리, 목동자리입니다.

더 알아볼까요!

목동자리
- 봄철의 대표적인 별자리인 목동자리는 봄에는 저녁 9시 무렵 동쪽에서 보입니다.
- 매일 조금씩 일찍 뜨기 시작해서 여름이 되면 저녁 9시 무렵에 남서쪽에서 볼 수 있습니다.

16 지구가 공전하기 때문에 위치에 따라 보이는 천체의 모습이 달라집니다.

17 매월 음력 15일 무렵에는 보름달을 볼 수 있습니다.

18 태양이 진 직후, 초승달은 서쪽 하늘에서 볼 수 있습니다.

19 여러 날 동안 달의 위치는 서쪽에서 동쪽으로 날마다 조금씩 옮겨 가면서 모양도 달라집니다.

20 달은 매일 조금씩 서쪽에서 동쪽으로 움직이고, 모양은 초승달, 상현달, 보름달, 하현달, 그믐달로 변합니다.

더 알아볼까요!

달의 모양 변화
- 달의 모양 변화는 한 달 주기로 반복됩니다.
- 오늘밤 상현달을 보았다면 약 30일 후에 상현달을 볼 수 있습니다.
- 음력은 달의 모양을 기준으로 만든 달력을 말합니다.

1 ㉠ 서 ㉡ 동   2 ①   3 ④   4 ㉡   5 ㉠ 동 ㉡ 서
6 지구가 자전하기 때문이다.   7 ㉠   8 ⑤   9 지구
가 자전하기 때문에 낮과 밤이 생긴다.   10 ②   11
①   12 (1)-○ (2)-× (3)-○   13 풀이 참조   14
②   15 페가수스자리   16 지구가 태양 주위를 공전
하기 때문에 계절에 따라 지구의 위치가 달라지고 밤
에 보이는 별자리가 달라지기 때문이다.   17 ㉠
18 하현달   19 ⑤   20 ⑤

풀이

1 지구는 서쪽에서 동쪽(시계 반대 방향)으로 자전합
니다.

2 지구의를 회전시키는 것은 지구가 자전축을 중심으
로 자전하는 것을 의미합니다.

> **더 알아볼까요!**
>
> **지구의 자전축**
> • 지구의 자전축은 북극과 남극을 직선으로 연결한 가상의 선을
>   말합니다.
> • 자전축은 공전 궤도면의 수직인 방향에서 약 23.5° 기울어져 있
>   습니다.

3 태양은 실제로는 움직이지 않으며 지구가 자전하기
때문에 하루 동안 태양이 움직이는 것처럼 보입니다.

4 보름달은 초저녁에 동쪽 하늘에서 떠서 남쪽 하늘을
지나 서쪽 하늘로 움직이는 것처럼 보입니다.

5 달의 위치 변화는 지구의 자전 방향과 관련이 있으며
태양의 위치 변화와 방향이 같습니다.

6 지구가 자전하기 때문에 하루 동안 달이 움직이는 것
처럼 보입니다.

7 전등 빛을 받는 쪽이 낮입니다.

8 지구의를 돌리면 어두웠던 지역이 전등 빛을 받아 밝
아지고, 밝았던 지역은 전등 빛을 받지 못해서 어두
워집니다.

9 지구가 자전하기 때문에 낮과 밤이 생깁니다.

10 지구의 공전과 자전 방향은 같습니다.

11 지구는 하루에 한 바퀴씩 자전축을 중심으로 서쪽에
서 동쪽으로 자전하고, 일 년에 한 바퀴씩 태양을 중
심으로 서쪽에서 동쪽으로 공전합니다.

12 지구의 공전 방향은 자전 방향과 같이 서쪽에서 동쪽
으로 회전하며 지구의 공전 주기는 약 365일입니다.

13

구분	자전	공전
기준	자전축	태양
회전 방향	서쪽에서 동쪽	서쪽에서 동쪽
주기(일)	1	365

지구는 태양을 중심으로 서쪽에서 동쪽으로 365일
주기로 공전하며 공전하면서 하루에 한 번씩 자전축
을 중심으로 서쪽에서 동쪽으로 자전합니다.

14 지구가 태양 주위를 공전하기 때문에 계절에 따라 지
구의 위치가 달라지며 밤에 보이는 별자리가 달라집
니다.

15 봄철에는 태양과 같은 방향에 있는 가을철 대표적인
별자리를 볼 수 없습니다.

16 지구의 위치에 따라 보이는 천체의 모습이 다릅니다.

17 초승달은 음력 2~3일, 상현달은 음력 7~8일, 보름
달은 음력 15일 무렵에 볼 수 있습니다.

> **더 알아볼까요!**
>
> **달의 모양과 이름**
> • 달은 모양에 따라 이름이 있습니다.
> • 눈썹 모양의 달은 초승달입니다.
> • 오른쪽이 불룩한 모양의 달을 상현달, 공처럼 달의 모습이 모두
>   보이는 달을 보름달, 왼쪽이 불룩한 모양의 달을 하현달, 초승달
>   의 반대 모양의 달을 그믐달이라고 합니다.

18 하현달은 왼쪽이 불룩한 모양이며 음력 22~23일 무
렵에 볼 수 있습니다.

19 상현달은 태양이 진 직후 남쪽 하늘에서 볼 수 있으
며 음력 7~8일 무렵에 볼 수 있습니다.

20 달의 모양은 한 달 주기로 변하며, 초승달 → 상현달
→ 보름달 → 하현달 → 그믐달의 순서로 변합니다.

1 ④　2 지구는 자전축을 중심으로 하루에 한 바퀴씩 서쪽에서 동쪽으로 자전한다.　3 ⑤　4 ②　5 ⑤
6 같다.　7 ③　8 ④　9 ②　10 ㉠ 서 ㉡ 동
11 ⑤　12 (나)　13 풀이 참조　14 지구의 공전
15 오리온자리　16 태양과 같은 방향에 있어 태양 빛 때문에 볼 수 없기 때문이다.　17 ㉠ 공전 ㉡ 별자리　18 ㉢ → ㉠ → ㉡　19 ①　20 ④

풀이

1 지구가 서쪽에서 동쪽으로 자전하기 때문에 하루 동안 태양이 동쪽에서 서쪽으로 움직이는 것처럼 보입니다.

더 알아볼까요!

지구의 자전과 태양과 달의 움직임

　달리는 기차 안에서 보면 창밖의 나무나 집이 기차가 달리는 방향의 반대 방향으로 움직이는 것처럼 보이듯이 지구에서 보는 태양과 달의 움직임에서도 나타나는 것입니다.

2 지구는 자전축을 중심으로 하루에 한 바퀴씩 서쪽에서 동쪽으로 자전합니다.

3 태양이 동쪽에서 서쪽으로 움직이는 것처럼 보이는 까닭은 지구가 자전하기 때문입니다.

4 태양이 동쪽에서 서쪽으로 움직이는 것처럼 보이는 것은 지구가 서쪽에서 동쪽으로 자전하기 때문입니다.

5 하루 동안 달의 위치를 관측할 때에는 달이 잘 보이는 장소에서 일정한 시간 간격으로 관측해야 합니다.

6 하루 동안 태양과 달의 위치 변화는 지구가 자전하기 때문에 나타나는 현상입니다.

7 지구는 서쪽에서 동쪽으로 항상 같은 방향으로 자전합니다.

8 지구의를 돌리면서 낮과 밤이 생기는 까닭을 알아보는 것입니다.

9 지구가 자전하면서 생기는 현상입니다.

10 지구는 서쪽에서 동쪽으로 자전하기 때문에 지구에 낮과 밤이 생깁니다.

11 북극과 남극을 잇는 가상의 축은 자전축이며 지구는 태양을 중심으로 공전합니다.

12 전등은 태양을 나타내고 지구의는 실제 지구를 나타내며 지구의 공전을 알아보는 활동입니다.

13

전등	지구의	지구의의 움직임
태양	지구	지구의 공전

태양을 중심으로 지구가 공전하는 것을 알아보는 활동입니다.

14 지구는 자전하면서 동시에 태양을 중심으로 일 년에 한 바퀴씩 서쪽에서 동쪽으로 공전합니다.

15 오리온자리는 여름철에 태양과 같은 방향에 있기 때문에 볼 수 없습니다.

16 태양과 같은 방향의 별자리는 태양 빛이 밝아서 볼 수 없습니다.

17 지구의 공전으로 지구의 위치가 달라지기 때문에 계절이 생기고 계절에 따라 보이는 별자리도 달라집니다.

18 여러 날 동안 달은 초승달 → 상현달 → 보름달 → 하현달 → 그믐달로 모양이 달라집니다.

더 알아볼까요!

달을 관측할 때 주의할 점

• 달을 관측하기 좋은 장소는 근처에 높은 건물이나 나무가 없는 장소로 남쪽 하늘이 잘 보이는 곳이 좋습니다.

• 같은 장소에서 관측할 수 있도록 바닥에 표시를 하거나 돌, 벤치 등의 특정 표식을 이용해 장소를 기억할 수 있도록 합니다.

• 부모님이나 어른과 함께 관측할 수 있도록 하고 지나치게 늦은 밤에는 관측하지 않도록 합니다.

19 여러 날 동안 달의 모양이 달라지는 것은 달의 위치가 달라지면서 지구에서 볼 수 있는 밝은 부분이 달라지기 때문입니다.

〈태양, 지구, 달의 위치에 따른 달의 모양〉

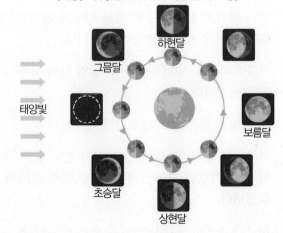

20 지구 공전을 표현하려면 지구 모형이 태양 주위를 돌도록 해야 합니다.

1 자전축   2 ⑤   3 ①   4 ⑤   5 ③   6 지구가 서쪽에서 동쪽으로 자전하기 때문이다.   7 ②   8 밤 9 ②   10 지구의 공전   11 서쪽 → 동쪽   12 ③ 13 (1) 자 (2) 공 (3) 자, 공 (4) 공   14 ②   15 여름철에 겨울철 별자리인 오리온자리는 태양 방향에 있어 밝은 태양 빛 때문에 볼 수 없다.   16 봄   17 ⑤ 18 ③   19 ⑤   20 ②

풀이

1 지구의 북극과 남극을 이은 가상의 직선을 지구의 자전축이라고 하며 지구는 자전축을 중심으로 자전합니다.

2 지구는 하루에 한 바퀴씩 서쪽에서 동쪽으로 자전합니다. 지구가 자전하기 때문에 태양과 달이 동쪽에서 서쪽(시계 방향)으로 움직이는 것처럼 보입니다.

3 하루 동안 보름달이 동쪽에서 서쪽으로 움직이는 것처럼 보이는 것은 지구가 자전하기 때문입니다.

4 초승달은 낮에 동쪽에서 뜨지만 낮에는 태양 때문에 관찰할 수 없으며 태양이 진 후 서쪽에서 잠깐 관찰할 수 있습니다.

5 보름달은 태양이 진 직후, 동쪽 하늘에서 보이기 시작합니다.

6 달이 하루 동안 움직이는 것처럼 보이는 까닭은 지구가 자전하기 때문입니다.

7 관측자 모형은 지구에서 태양을 보는 사람, 전등은 태양, 지구의가 돌아가는 것은 지구의 자전을 의미합니다.

8 전등 빛을 받지 못하는 쪽에 있으므로 밤에 해당합니다.

▲ 낮일 때

9 낮과 밤이 생기는 이유는 지구가 하루에 한 바퀴씩 자전하기 때문이다.

10 지구는 자전하면서 동시에 태양을 중심으로 회전하는 공전을 합니다.

11 지구는 서쪽에서 동쪽(시계 반대 방향)으로 공전합니다.

12 지구가 ㉠ 위치에서 다시 ㉠위치로 돌아오는 데 365일이 걸리고 ㉠위치에서 ㉡ 위치까지 가는 데 걸리는 시간은 6개월입니다.

13 지구의 공전으로 계절에 따라 지구의 위치가 달라지며 달라진 지구의 위치에 따라 밤에 보이는 별자리가 달라집니다.

〈지구의 공전〉

14 사자자리는 봄철 대표적인 별자리이며 겨울, 봄, 여름의 세 계절에 걸쳐 모두 보입니다.

15 봄철에는 가을철 별자리가 보이지 않습니다.

16 가을철 대표적인 별자리는 봄철에 볼 수 없습니다.

17 음력 2~3일 무렵에는 초승달, 음력 7~8일 무렵에는 상현달, 음력 15일 무렵에는 보름달, 음력 22~23일 무렵에는 하현달, 음력 27~28일 무렵에는 그믐달을 볼 수 있습니다.

더 알아볼까요!

여러 날 동안의 달의 모양 변화
• 초승달에서 점점 커져서 상현달이 되고, 상현달에서 점점 커져 보름달 모양이 된 뒤에는 점점 작아지면서 하현달, 그믐달이 됩니다.
• 여러 날 동안 달의 모양은 오른쪽 부분이 보이기 시작하면서 점점 왼쪽으로 커지다가 보름달이 지나면서부터는 오른쪽이 점점 보이지 않게 되고 다시 그믐달 모양이 됩니다. 이러한 모양 변화가 약 30일마다 반복됩니다.

18 ㉢은 보름달이므로 음력 15일 무렵 저녁 7시에 동쪽 하늘에서 관측할 수 있습니다.

더 알아볼까요!

음력의 날짜
• 음력의 날짜는 초하루부터 초이틀, 초사흘, 초나흘 등 다음 초하루가 될 때까지 날짜를 배열합니다.
• 매달 음력의 날짜는 달의 모양이 거의 비슷하게 나타납니다.

19 약 30일 후에 다시 볼 수 있습니다.

20 상현달을 본 후 약 7일 후에는 보름달을 볼 수 있으며 해가 진 직후 동쪽 하늘에서 볼 수 있습니다.

더 알아볼까요!

달의 특징

• 달은 자전과 공전 주기가 같으므로 지구에서는 달의 앞면만 볼 수 있습니다.
• 달의 표면에는 밝은 부분과 어두운 부분이 구분되어 보입니다.
• 달의 밝은 부분을 '달의 육지'라고 하며, 어두운 부분을 '달의 바다'라고 합니다.
• 달의 육지 부분은 높은 고원 지대이고 달의 바다 부분은 어두운 현무암질의 넓고 편평한 지대입니다.

탐구 서술형 평가

46~47쪽

1 (1) 하루 동안 달은 동쪽에서 서쪽으로 움직이는 것처럼 보인다. (2) 지구가 서쪽에서 동쪽으로 자전하기 때문이다. **2** 지구가 자전하면서 태양 빛을 받는 쪽은 낮이 되고 태양 빛을 받지 못하는 쪽은 밤이 된다. 지구가 하루에 한 바퀴씩 자전하면서 태양 빛을 받는 쪽이 달라지기 때문이다. **3** 지구가 태양 주위를 공전하면서 계절에 따라 지구의 위치가 달라지고, 그 위치에 따라 밤에 보이는 별자리가 달라지기 때문이다. **4** (1) 초승달에서 상현달, 보름달로 달라진다. (2) 서쪽에서 동쪽으로 날마다 조금씩 옮겨 간다.

풀이

1 하루 동안 태양과 달은 모두 동쪽에서 남쪽을 지나 서쪽으로 움직이는 것처럼 보입니다.

상	하루 동안 달의 위치가 어떻게 달라졌는지 방향을 바르게 서술하고 그 까닭이 지구가 자전하기 때문임을 모두 바르게 서술하였습니다.
중	하루 동안 달의 위치가 어떻게 달라졌는지 방향을 바르게 서술하였지만 달의 위치가 변하는 까닭이 지구가 자전하기 때문임을 바르게 서술하지 못하였습니다.
하	하루 동안의 달의 위치 변화와 그 까닭을 모두 바르게 서술하지 못하였습니다.

2 지구가 하루에 한 바퀴씩 자전하기 때문에 낮과 밤이 생깁니다.

상	지구가 자전하면서 태양 빛을 받는 쪽은 낮이 되고 태양 빛을 받지 못하면 밤이 되는 것을 서술하였으며 지구가 자전하면서 태양 빛을 받는 쪽이 달라진다는 것을 바르게 서술하였습니다.
중	지구가 자전하면서 태양 빛을 받는 쪽은 낮이 되고 태양 빛을 받지 못하면 밤이 되는 것을 서술하였거나 지구가 자전하면서 태양 빛을 받는 쪽이 달라진다는 것 중 하나를 바르게 서술하였습니다.
하	지구가 자전하면서 태양 빛을 받는 쪽은 낮이 되고 태양 빛을 받지 못하면 밤이 되는 것과 지구가 자전하면서 태양 빛을 받는 쪽이 달라진다는 것을 모두 바르게 서술하지 못하였습니다.

3 이전 계절의 별자리는 서쪽 하늘에서, 다음 계절의 별자리는 동쪽 하늘에서 볼 수 있습니다.

상	지구가 태양 주위를 공전하면서 계절에 따라 지구의 위치가 달라지고 지구의 위치 변화에 따라 밤에 보이는 별자리가 달라지는 것을 모두 바르게 서술하였습니다.
중	지구가 태양 주위를 공전하면서 계절에 따라 지구의 위치가 달라지는 것과 지구의 위치 변화에 따라 밤에 보이는 별자리가 달라지는 것 중 하나를 바르게 서술하였습니다.
하	지구가 태양 주위를 공전하면서 계절에 따라 지구의 위치가 달라지는 것과 지구의 위치 변화에 따라 밤에 보이는 별자리가 달라지는 것을 모두 바르게 서술하지 못하였습니다.

4 달은 초승달 → 상현달 → 보름달 → 하현달 → 그믐달의 순서로 변합니다.

상	달의 모양이 초승달에서 상현달, 보름달로 달라지며 달의 위치는 서쪽에서 동쪽으로 날마다 조금씩 옮겨 가는 것을 바르게 서술하였습니다.
중	달의 모양이 초승달에서 상현달, 보름달로 달라지는 것과 달의 위치는 서쪽에서 동쪽으로 날마다 조금씩 옮겨 가는 것 중 하나를 바르게 서술하였습니다.
하	달의 모양이 초승달에서 상현달, 보름달로 달라지며 달의 위치는 서쪽에서 동쪽으로 날마다 조금씩 옮겨 가는 것을 모두 바르게 서술하지 못하였습니다.

3 여러 가지 기체

개념을 확인해요 49쪽

1 과산화 수소수   2 촉매   3 산소   4 거품   5 물   6 없습니다   7 커집니다   8 산소

개념을 확인해요 51쪽

1 탄산수소 나트륨   2 이산화 탄소   3 기포   4 핀치 집게   5 물   6 없습니다   7 석회수   8 소화기

개념을 확인해요 53쪽

1 압력   2 부피   3 공기   4 조금   5 액체   6 부피   7 압력   8 부피

개념을 확인해요 55쪽

1 부피   2 온도   3 뜨거운   4 기체   5 온도   6 부피   7 기체   8 온도

개념을 확인해요 57쪽

1 기체   2 질소   3 질소   4 산소   5 헬륨   6 수소   7 네온   8 시트르산

개념을 다져요 58~61쪽

1 ㉣   2 ③,④   3 ①   4 ⑤   5 ⑤   6 ㉠   7 ⑤
8 (1) ㉡ (2) ㉣   9 ③   10 ③   11 ③   12 ②   13 ②   14 ③   15 (나)   16 ④   17 ㉠ 땅 ㉡ 하늘   18 ⑤   19 낮아지기   20 뜨거운 물   21 (가)
22 ②   23 ①, ②   24 산소   25 ②   26 ③

풀이

1 ㉡에서 발생하는 기체는 집기병에 모아집니다.

2 묽은 과산화 수소수와 이산화 망가니즈가 만나 산소가 발생합니다.

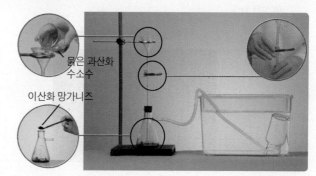

▲ 산소 발생 장치

3 ㉡은 가지 달린 삼각 플라스크, ㉢은 수조, ㉣은 집기병입니다.

4 산소는 색깔과 냄새가 없습니다.

> **더 알아볼까요!**
>
> **산소의 발견**
> • 1774년 프리스틀리는 산화 수은을 가열하는 과정에서 발생하는 기체가 연소 및 호흡과 관련되어 있다는 것을 발견했습니다.
> • 처음에는 '탈플로지스톤 공기'라 불렀으며, 그 뒤 라부아지에가 '산소'로 이름을 정했습니다.

5 산소는 다른 물질이 타는 것을 돕고 무색, 무취입니다. 석회수를 뿌옇게 만드는 것은 이산화 탄소입니다.

6 산소는 스스로 타지는 않지만 다른 물질이 타는 것을 돕습니다.

7 진한 식초와 탄산수소 나트륨이 반응하면 이산화 탄소가 발생합니다.

8 가지 달린 삼각 플라스크에서 거품이 나면서 기체가 발생하고 집기병에 기체가 모아집니다.

9 집기병에 기체가 모아지면 집기병 속 물이 내려가고 수조 속 물이 올라갑니다.

더 알아볼까요!

수상 치환
• 물속에서 기체를 모으는 방법입니다.
• 집기병에 기체를 넣어 물과 바꾸어 모습니다.
• 주로 물에 잘 녹지 않는 기체를 모을 때 이용하며, 모이는 기체의 양을 쉽게 알 수 있습니다.

10 이산화 탄소에 석회수를 넣고 흔들면 석회수가 뿌옇게 됩니다.

〈이산화 탄소에 의한 석회수의 변화〉

11 이산화 탄소의 물질이 타는 것을 막는 성질을 소화기에 이용합니다.

12 드라이아이스는 이산화 탄소의 고체 상태입니다.

13 이산화 탄소는 냄새가 없습니다.

14 압력을 가하면 공기가 들어 있는 주사기의 피스톤은 밀려 들어갑니다.

15 물은 압력을 가해도 부피 변화가 없습니다.

16 기체에 압력을 가하면 부피가 작아지고, 액체에 압력을 가하면 부피가 거의 변하지 않습니다.

17 공기의 압력이 위로 올라갈수록 낮아지므로 하늘에서의 압력이 땅에서 보다 낮습니다.

〈압력이 높은 곳과 낮은 곳에서의 과자 봉지의 부피 변화〉

▲ 압력이 높은 곳

▲ 압력이 낮은 곳

18 위로 올라갈수록 압력이 낮아지기 때문에 공기 방울의 크기가 커집니다.

19 물 아래로 내려갈수록 압력이 높아지고 물 표면으로 올라갈수록 압력이 낮아집니다.

20 온도가 높아지면 기체의 부피가 커집니다.

21 뜨거운 물에 담긴 스포이트 속 기체의 부피가 커지면서 물방울이 올라갑니다.

22 기체의 온도와 부피와의 관계를 알아보는 실험입니다.

23 공기는 질소, 산소, 수소, 네온, 아르곤, 이산화 탄소 등 여러 기체로 이루어져 있습니다.

24 공기 중 가장 많은 비율을 차지하는 것은 질소, 그 다음은 산소입니다.

더 알아볼까요!

공기를 구성하는 여러 가지 기체

이산화 탄소 (0.03%)
아르곤 (0.93%)
기타 (0.04%)
산소 (21%)
질소 (78%)

공기는 질소가 78.08 %, 산소가 20.95 %, 아르곤이 0.93 %, 이산화 탄소가 0.03 % 포함되어 있으며 그 외에 네온, 헬륨, 메테인, 크립톤, 수소, 일산화 질소, 제논 등이 들어 있습니다.

25 질소는 식품 포장이나 보존에 이용됩니다.

26 헬륨은 공기보다 가벼워서 풍선 속에 넣으면 풍선이 위로 올라갑니다.

▲ 헬륨 풍선

1회 단원 평가 연습

62~64쪽

1 ② 2 ㉠ 3 ③ 4 산소 5 이산화 탄소 6 집기병 속 물의 높이가 점점 낮아진다. 7 ⑤ 8 ④ 9 (나) 10 압력을 약하게 가할 때는 공기의 부피가 조금 작아지고 압력을 세게 가할 때는 공기의 부피가 많이 작아진다. 11 공기 12 ④ 13 낮아지기, 기체 14 ② 15 ④ 16 ㉠ 온도 ㉡ 부피 17 온도가 높아지면 기체의 부피는 커지고, 온도가 낮아지면 기체의 부피는 작아진다. 18 ① 19 ④ 20 ②

풀이

1 핀치 집게는 액체를 조금씩 흘려 보낼 때 사용하는 실험 기구입니다.

2 묽은 과산화 수소수를 깔때기에 넣고 핀치 집게로 조절하여 조금씩 흘려 보내도록 합니다.

더 알아볼까요!

과산화 수소수
• 과산화 수소수는 상태가 불안정하여 그대로 두어도 저절로 산소와 물로 분해됩니다.
• 과산화 수소수는 반응 속도가 매우 느리기 때문에 아이오딘화 칼륨이나 이산화 망가니즈와 같은 약품을 넣으면 반응 속도를 높일 수 있습니다.

3 묽은 과산화 수소수와 이산화 망가니즈가 만나면 산소가 발생하면서 가지 달린 삼각 플라스크에 기포가 발생합니다.

더 알아볼까요!

촉매 역할을 하는 이산화 망가니즈
• 반응에 참여하여 반응 속도를 다르게 하지만, 반응 전후에도 자신은 원래대로 남는 물질을 촉매라고 합니다.
• 촉매는 반응 속도를 빠르게 해 주는 정촉매와 반응 속도를 느리게 해 주는 부촉매가 있습니다.

4 산소는 생명 유지와 관련된 일에 이용되며 금속을 녹슬게 하는 성질이 있습니다.

5 진한 식초와 탄산수소 나트륨이 만나면 이산화 탄소가 발생합니다.

6 이산화 탄소가 집기병 속에 모이면 집기병 속 물의 높이는 점점 낮아지고, 수조 안 물의 높이는 점점 높

아집니다.

7 이산화 탄소는 물질이 타는 것을 막는 성질이 있어 소화기에 사용됩니다. 다른 물질이 잘 타게 돕는 것은 산소입니다.

▲ 이산화 탄소에 향불을 넣으면 향불이 꺼집니다.

8 잠수부의 압축 공기통에 넣어 이용하는 기체는 산소입니다.

9 주사기 속 공기의 부피가 더 많이 줄어든 것이 더 큰 압력을 가한 것입니다.

10 피스톤을 누르면 압력이 가해지면서 부피가 작아집니다.

11 압력 변화에 의해 부피가 변하는 것은 기체입니다.

12 하늘로 올라갈수록 공기의 압력이 낮아지므로 과자 봉지의 부피가 커집니다.

13 깊은 바닷속에서 물 표면으로 올라갈수록 압력이 낮아지기 때문에 공기 방울의 크기가 커집니다.

14 기체에 압력을 가하면 부피가 작아집니다.

15 (가)는 고무풍선이 부풀어 오른 것으로 보아 뜨거운 물에 넣은 것이고 (나)는 풍선이 오그라든 것으로 보아 얼음물에 넣은 것입니다.

16 기체의 부피는 온도가 높아지면 커지고 온도가 낮아지면 작아집니다.

17 온도가 높아지면 기체의 부피는 커집니다.

18 냉장고 속에 넣으면 온도가 낮아져서 기체의 부피가 줄어들기 때문에 페트병이 찌그러집니다.

19 수소는 청정 연료로 전기 생산에 이용되며, 풍선에는 헬륨이 이용됩니다.

20 탄산수소 나트륨, 녹말, 시트르산을 섞어서 이산화 탄소 거품이 발생하는 목욕제를 만들 수 있습니다.

정답과 풀이

2회 단원 평가 도전

65~67쪽

1 (가) ○ 2 ③ 3 ④ 4 ㉢, ㉣ 5 산성 6 ㉠, ㉡ 7 물질이 타는 것을 막는 성질을 이용한 것이다. 8 이산화 탄소 9 (가) 10 ④ 11 ② 12 (나) 13 ② 14 ④ 15 (1) (나) (2) (가) 16 ① 17 자동차 안의 온도가 높아지면서 과자 봉지 속 기체의 부피가 커졌기 때문에 과자 봉지가 팽팽하게 부푼 것이다. 18 ② 19 ⑤ 20 ②

풀이

1 기체가 물을 통과하지 않으면 부산물이 제거되지 않아 냄새가 날 수 있습니다. 따라서 ㄱ자 유리관을 집기병 속에 깊숙이 넣지 않도록 합니다.

2 산소는 물에 잘 녹지 않고, 산소가 발생하면서 물을 밀어 내어 산소가 모아지는 것을 쉽게 알 수 있습니다.

3 산소는 다른 물질을 잘 타게 하므로 향불의 불씨가 커집니다.

더 알아볼까요!

물질이 타는 것을 돕는 산소
• 산소는 스스로 타지 않지만 다른 물질이 타는 것을 돕습니다.
• 산소가 다른 물질과 반응하는 것을 산화라고 합니다.
• 로켓의 연료는 고체 연료와 액체 연료가 있는데 그중 액체 연료 로켓의 경우 수소를 산화시킬 때 산소를 이용합니다.

4 산소는 생명 유지 활동이나 다른 물질을 잘 타게 하는 데 이용됩니다. 소화기는 불을 끌 때 사용하며 이산화 탄소를 이용하고, 파티용 풍선에는 헬륨을 넣습니다.

더 알아볼까요!

산소가 우리 생활에 이용되는 경우
• 압축 공기통은 2264 L의 공기를 10.5 L의 통에 압축해서 넣어 숨을 쉬기 어려운 환경에서 호흡할 수 있게 해 주는 장치입니다.
• 응급 환자의 산소 호흡 장치는 환자에게 고농도의 산소를 공급하여 생명을 유지할 수 있도록 합니다.
• 산소 캔은 공부할 때, 운동 후 숨이 찰 때, 공기가 탁할 때 등 일상생활에서 이용할 수 있도록 판매되고 있습니다.

5 산성 용액인 진한 식초와 탄산수소 나트륨이 반응하여 이산화 탄소가 발생합니다.

6 집기병 뒤에 흰 종이를 대고 색깔을 관찰하고, 냄새는 직접 맡지 않고 손으로 바람을 일으켜 맡습니다.

7 이산화 탄소는 불을 끄는 성질이 있습니다.

8 석회수와 이산화 탄소가 만나면 석회수가 뿌옇게 흐려집니다.

9 기체에 압력을 가할 때 부피가 작아집니다.

10 압력을 가하면 기체의 부피는 작아지지만 액체의 부피 변화는 없습니다.

11 압력에 의해 고체, 액체는 부피 변화가 없지만 기체의 부피는 변합니다.

12 냉장고에 넣으면 온도가 낮아지고 기체의 부피가 작아지기 때문에 비닐 랩이 오목하게 들어갑니다.

13 삼각 플라스크를 뜨거운 물에 넣어서 기체의 부피가 커졌습니다.

14 스포이트의 머리와 관에는 기체가 들어 있으며, 물방울의 움직임으로 기체의 부피 변화를 알 수 있습니다.

〈실험 과정〉

뜨거운 물　　　　　　　　　　얼음물

15 플라스틱 스포이트를 뜨거운 물에 넣었을 때, 스포이트 속의 기체 부피가 커지면서 물방울을 밀어 올립니다.

16 하늘로 올라가면 공기의 압력이 낮아지므로 고무풍선의 부피가 커지다가 결국 터집니다.

17 자동차 안의 실내 온도가 높아지면서 과자 봉지 안의 기체의 부피가 커졌기 때문입니다.

18 질소는 공기 중의 약 78%를 차지합니다.

19 네온은 일정한 전압에서 특유의 빛을 내는 특징이 있어, 조명 기구나 네온 광고에 이용됩니다.

20 이산화 탄소 거품을 내는 것이므로 시트르산과 탄산수소 나트륨, 녹말을 이용하여 만듭니다.

1 ㉠: 묽은 과산화 수소수 ㉡: 이산화 망가니즈 2 ③
3 ① 4 ④ 5 이산화 탄소 6 예 집기병 속 물이
내려가면서 이산화 탄소가 모아지는 양을 쉽게 알 수
있기 때문이다. 7 ③ 8 ① 9 (가) 10 ④ 11
기체는 압력을 가한 정도에 따라 부피가 달라진다.
12 ② 13 ② 14 ①, ② 15 ㉡, ㉣ 16 ①, ④
17 ㉠: 커지고 ㉡: 작아진다 18 헬륨 19 ㉠, ㉡, ㉢
20 ③

풀이

1 묽은 과산화 수소수와 이산화 망가니즈가 만나 산소
를 발생시킵니다.

2 ㉡에 넣는 물질은 이산화 망가니즈이며, 직접 반응하
지 않고 촉매 역할을 합니다.

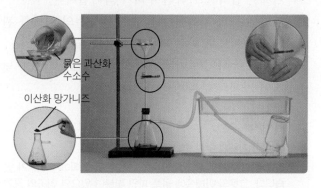

묽은 과산화
수소수

이산화 망가니즈

3 가지 달린 삼각 플라스크에서 발생한 산소가 고무관
을 따라 집기병으로 모아지면 집기병 속 물의 높이가
낮아지면서 산소가 모아지는 것을 알 수 있습니다.

4 금속을 녹슬게 하고, 로켓 추진 연료 및 잠수부의 압
축 공기통에 이용되는 기체는 산소입니다.

5 진한 식초와 탄산수소 나트륨이 반응하여 이산화 탄
소가 발생합니다.

6 물속에서 이산화 탄소를 모으면 집기병 속 물이 내려
가면서 이산화 탄소가 모아지는 양을 쉽게 알 수 있
고 공기와 섞이지 않으므로 순수한 이산화 탄소를 모
을 수 있습니다.

7 이산화 탄소가 들어 있는 집기병에 석회수를 넣으면
뿌옇게 흐려집니다.

8 탄산음료나 드라이아이스를 이용해 모을 수도 있습
니다.

9 압력을 가했을 때 기체의 부피가 작아집니다.

10 피스톤에 압력을 가하면 공기의 부피가 작아지고 피
스톤이 안으로 들어갑니다.

11 액체는 압력을 가해도 부피가 변하지 않습니다.

12 기체에 압력을 가하면 부피가 작아지지만 액체에 압
력을 가하면 변화가 없습니다.

13 높은 산 위는 압력이 낮고 산 아래로 내려오면서 압
력이 높아지므로 페트병이 찌그러집니다.

14 찌그러진 탁구공을 뜨거운 물에 넣으면 탁구공 속의
기체 부피가 커지면서 찌그러진 부분이 펴집니다.

15 온도 변화에 따라 기체의 부피가 변하는 예를 찾습
니다.

16 온도가 낮아지면 기체의 부피가 작아집니다. 얼음물
에 넣으면 온도가 내려가서 스포이트 속 물방울이 처
음보다 내려갑니다.

17 온도가 높아지면 기체의 부피는 커지고, 낮아지면 기
체의 부피는 작아집니다.

18 공중에 띄우는 풍선 속에는 주로 헬륨 기체를 넣습니다.

19 산소는 물질을 잘 썩게 하고, 생물이 잘 살 수 있게
하므로 더 쉽게 상하거나 미생물, 벌레 등이 생기기
쉽습니다.

20 네온은 조명 기구나 네온 광고에 이용되는 기체입니다.

1 ② 2 지우 3 ③ 4 산소는 다른 물질이 타는 것을 돕는다. 5 ②, ⑤ 6 내려가므로, 양 7 ㉠, ㉡ 8 ㉣ 9 (라) 10 공기 11 ⑤ 12 ④ 13 공기의 부피가 작아진다. 14 (1) ○ (3) ○ 15 ② 16 온도가 높아지면 기체의 부피가 커지기 때문에 뜨거운 물에 넣은 삼각 플라스크의 고무풍선이 부풀어 올랐다. 17 ⑤ 18 ㉠ 19 ③ 20 ②

풀이

1 위 실험 장치에서 사용한 준비물은 깔때기, 핀치 집게, 고무마개, 가지 달린 삼각 플라스크, 스탠드, 수조, 집기병, ㄱ자 유리관, 고무관입니다.

더 알아볼까요!

산소 기체 발생 장치
- 가지 달린 삼각 플라스크에 물을 조금 넣은 뒤 이산화 망가니즈를 한 숟가락 넣어 기체 발생 장치를 꾸밉니다.
- 이산화 망가니즈가 충분히 젖을 수 있을 정도로 물을 넣습니다. 이산화 망가니즈는 촉매이므로 많은 양을 사용할 필요는 없습니다.
- 고무마개로 가지 달린 삼각 플라스크의 입구를 잘 막지 않으면 기체가 샐 수 있으므로 주의합니다.

2 기체가 물을 통과하여 모아지도록 ㄱ자 유리관을 너무 깊이 넣지 않습니다.

3 집기병을 꺼낼 때에는 물속에서 유리판으로 입구를 덮은 후 꺼내야 합니다.

더 알아볼까요!

집기병에 기체를 모을 때 주의할 점
- 산소가 집기병에 가득 찼는지 잘 보이지 않으므로 거품이 집기병 밖으로 새어 나오는 것으로 확인하면 쉽습니다.
- 기체를 집기병에 모을 때 집기병을 잡고 있지 않으면 집기병이 뒤집히므로 반드시 손으로 잡고 있도록 합니다.
- 집기병을 유리판으로 덮어 둘 때 손으로 쳐서 떨어지면 깨질 위험이 있으므로 유리판은 아크릴판으로 대신할 수 있습니다.

4 산소는 다른 물질을 잘 타게 도와줍니다.

5 진한 식초를 깔때기에 넣고 탄산수소 나트륨이 있는 삼각 플라스크에 흘려 보내면 이산화 탄소가 발생합니다.

6 이산화 탄소가 모아질수록 집기병 속 물이 점점 내려갑니다.

7 이산화 탄소는 물질이 타는 것을 막는 성질이 있어서 향불을 넣으면 불이 꺼지고, 석회수와 만나면 뿌옇게 흐려지는 성질이 있습니다.

8 응급 환자의 호흡 장치는 산소를 이용한 예입니다.

9 묽은 과산화 수소수와 아이오딘화 칼륨이 반응하여 만든 기체는 향불의 불꽃이 커지게 하는 성질을 갖고 있습니다.

10 공기에 힘을 약하게 가하면 부피가 조금 작아지지만, 물의 부피는 달라지지 않습니다.

11 기체에 압력을 약하게 가하면 부피는 조금 작아지고, 압력을 세게 가하면 부피가 많이 작아집니다.

12 기체에 압력을 가하면 부피가 변합니다.

13 스포이트를 누르면 공기의 부피가 작아집니다.

14 기체는 압력을 가하면 부피가 작아집니다.

15 뜨거운 물과 얼음물에 넣고 고무풍선의 변화를 관찰한 실험이므로 서로 다른 조건은 온도입니다.

16 온도가 높아지면 기체의 부피는 커지고, 온도가 낮아지면 기체의 부피는 작아집니다.

더 알아볼까요!

열에 의한 기체의 부피 변화의 예
- 식탁 위의 뜨거운 국이나 밥을 담은 그릇이 움직이는 경우가 있습니다. 그릇의 아래쪽에 움푹 파인 부분이 있으면 이곳의 공기가 열 때문에 팽창하여 그릇을 살짝 들어 올리기 때문입니다.
- 식탁의 표면에 물이 있으면 그릇이 미끄러지는 데 이것을 방지하는 미끄럼방지 그릇도 있습니다.

17 얼음물에 담그면 온도가 낮아져서 기체의 부피가 작아집니다.

18 공기는 여러 가지 기체가 섞인 혼합물로 대부분 질소와 산소로 이루어져 있습니다.

더 알아볼까요!

사무실이나 지하철에 설치된 산소 공급 장치
- 사무실이나 지하철 등과 같이 한 공간에 많은 사람이 밀집한 경우 산소가 부족할 수 있습니다.
- 이런 경우 환풍기를 사용하여 공기를 바꾸거나 산소 공급 장치로 산소를 공급하기도 합니다.
- 사무실에 설치된 산소 공급 장치는 생활 속에서 기체를 이용하는 예에 속합니다.

19 질소는 식품의 내용물을 보존하거나 신선하게 보관하는 데 이용됩니다. ①과 ④는 산소, ②는 수소, ⑤는 이산화 탄소가 이용되는 경우입니다.

20 수소는 탈 때 물이 생성되고 오염 물질이 나오지 않는 청정 연료로서 전기를 만들거나 수소 자동차에 이용됩니다.

더 알아볼까요!

소화기에 이용하는 이산화 탄소

• 이산화 탄소 소화기는 타는 것을 막는 성질을 이용해 이산화 탄소 기체를 압축하거나 액체로 만들어서 소화기의 재료로 사용합니다.
• 액체로 된 이산화 탄소가 기체로 변하면서 주변 수증기를 냉각시키는 작용도 합니다.
• 소화기를 사용할 때 주변이 하얗게 변하는 것은 주변 수증기가 액체로 변했기 때문입니다.

탐구 서술형 **평가**

74~75쪽

1 (1) 이산화 탄소 (2) 집기병 속의 물이 점점 내려가면서 기체가 모아지는 것을 확인할 수 있다.　**2** 산소가 모아진 집기병에 넣은 향불의 불꽃은 커진다. 이산화 탄소가 모아진 집기병에 넣은 향불의 불꽃은 꺼진다.　**3** (1) 공기를 넣은 주사기의 피스톤 (2) 액체는 압력을 가해도 부피가 달라지지 않지만 기체는 압력을 가한 정도에 따라 부피가 달라진다. 기체는 압력을 가하면 부피가 작아지지만 액체의 부피는 변화가 없다.　**4** 찌그러진 페트병이 펴진다. 냉장고 밖으로 꺼내 놓은 페트병 속 기체의 온도가 높아지면 기체의 부피가 커지기 때문에 찌그러진 페트병이 펴진다.

풀이

1 기체가 모아지면 집기병 속의 물이 점점 내려가고 수조 속 물이 올라갑니다. 물속에서 기체를 모으면 모아지는 것을 눈으로 쉽게 확인할 수 있습니다.

상	이산화탄소가 발생하고 집기병 속의 물이 점점 내려가면서 기체가 모아지는 것을 확인할 수 있음을 바르게 서술하였습니다.
중	집기병 속의 물이 점점 내려가면서 기체가 모아지는 것을 확인할 수 있다는 것을 바르게 서술하였습니다.
하	'이산화탄소'가 발생한다는 것만 서술하였습니다.

2 산소는 다른 물질이 타는 것을 돕는 성질이 있고, 이산화 탄소는 물질이 타는 것을 막는 성질이 있습니다.

상	산소가 모아진 집기병에 넣은 향불의 불꽃이 커지고 이산화 탄소가 모아진 집기병에 넣은 향불의 불꽃은 꺼진다고 모두 바르게 서술하였습니다.
중	산소가 모아진 집기병에 넣은 향불의 불꽃이 커지고 이산화 탄소가 모아진 집기병에 넣은 향불의 불꽃은 꺼진다고 하나만 바르게 서술하였습니다.
하	각각을 반대로 설명하거나 한 가지 경우만 바르게 서술하였습니다.

3 액체가 들어 있는 피스톤은 들어가지 않고 공기가 들어 있는 피스톤은 들어갑니다.

상	피스톤이 들어가는 것은 주사기 안에 공기(기체)가 있는 경우임을 설명하고 압력을 가할 때 액체와 기체의 부피 변화를 바르게 서술하였습니다.
중	피스톤이 들어가는 것은 주사기 안에 공기(기체)가 있는 경우임을 설명하거나 압력을 가할 때 액체와 기체의 부피 변화 중 하나만 서술하였습니다.
하	공기가 들어있다고만 서술하고 압력을 가할 때 액체와 기체의 부피 변화를 바르게 서술하지 못하였습니다.

4 냉장고 속은 온도가 낮기 때문에 기체의 부피가 작아지고 냉장고 밖은 온도가 높기 때문에 기체의 부피가 커집니다.

상	찌그러진 페트병이 펴지고 페트병 속 기체의 온도가 높아지면 기체의 부피가 커지기 때문에 찌그러진 페트병이 펴진다는 것을 모두 바르게 서술하였습니다.
중	페트병 속 기체의 온도가 높아지면 기체의 부피가 커지기 때문에 찌그러진 페트병이 펴진다는 것만 바르게 서술하였습니다.
하	페트병이 펴진다고만 서술하였습니다.

정답과 풀이

개념을 확인해요　77쪽

1 세포　2 모양　3 현미경　4 표피　5 핵　6 세포막　7 세포벽　8 식물, 동물

개념을 확인해요　79쪽

1 뿌리　2 뿌리털　3 물　4 흡수　5 뿌리　6 물　7 뿌리　8 양분

개념을 확인해요　81쪽

1 줄기　2 생김새　3 소나무　4 껍질　5 붉은　6 물　7 줄기　8 양분

개념을 확인해요　83쪽

1 양분　2 청람색　3 광합성　4 잎　5 녹말　6 빛　7 잎　8 빛

개념을 확인해요　85쪽

1 물, 물　2 물방울　3 잎　4 기공　5 증산 작용　6 물　7 온도　8 양분

개념을 확인해요　87쪽

1 암술　2 꽃받침　3 수술　4 씨　5 암술　6 식물　7 곤충　8 꽃가루받이

개념을 확인해요　89쪽

1 씨　2 꽃　3 열매　4 껍질　5 열매　6 바람　7 동물　8 날개

개념을 다져요　90~93쪽

1 ②　2 세포벽 ○　3 ㉠, ㉢　4 (가)　5 (1) ○
6 ②　7 ④　8 뿌리, 잎　9 ②　10 ②　11 ⑤
12 ③　13 ④　14 어둠상자를 씌우지 않은 잎
15 ①　16 ①　17 (가)　18 ③　19 증산 작용
20 ④　21 ㉣　22 꽃가루받이(수분)　23 ⑤　24
④　25 ㉡㉢㉠　26 ④

풀이

1 양파의 표피 세포는 크기가 매우 작아 맨눈으로 관찰할 수 없으며 광학 현미경으로 관찰합니다.

더 알아볼까요!

현미경

• 현미경은 일반적으로 광학 현미경과 전자 현미경으로 나뉩니다. 이 외에도 여러 종류의 현미경이 있지만 기본이 되는 구조와 원리를 가지고 있는 현미경이 광학 현미경과 전자 현미경입니다.

• 광학 현미경은 빛 중에서 우리 눈에 보이는 가시광선을 이용하여 관찰하는 현미경입니다.

• 생물 현미경은 의학 및 생물학 분야에 주로 사용되는 현미경으로, 물체를 통과한 빛이 두 개의 렌즈를 지나면서 굴절되어 물체의 모습이 확대되어 보이는 구조를 가지고 있습니다.

2 세포벽은 식물 세포에만 있습니다.

3 동물 세포에는 세포막과 핵은 있지만 식물 세포와 다르게 세포벽이 없습니다.

더 알아볼까요!

여러 가지 식물의 뿌리

• 수염뿌리: 벼, 강아지풀 등의 식물은 뿌리의 길이와 굵기가 비슷하여 마치 수염처럼 뻗어있는 수염뿌리를 갖습니다.

• 곧은뿌리: 굵고 곧은 원뿌리와 가느다란 곁뿌리의 구분이 뚜렷한 뿌리를 말하며 봉숭아, 무궁화, 명아주 등이 곧은뿌리를 갖습니다.

　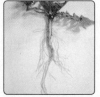

▲ 옥수수 뿌리　▲ 민들레 뿌리

4 뿌리를 자르지 않은 양파가 물을 흡수하므로 비커의 물이 더 많이 줄어듭니다.

5 뿌리가 물을 흡수한다는 것을 알 수 있습니다.

6 식물이 비바람에도 잘 쓰러지지 않는 까닭은 뿌리가 식물을 지지하기 때문입니다.

더 알아볼까요!

뿌리의 기능
- 흡수 작용: 물과 양분을 흡수합니다.
- 지지 작용: 땅속으로 넓고 깊게 뻗어 식물을 지탱합니다.
- 저장 작용: 뿌리에 양분을 저장하는 역할을 합니다.

7 줄기의 생김새에 대한 설명입니다.

8 줄기는 뿌리, 잎과 연결되어 있으며 식물의 종류에 따라 생김새가 다양합니다.

9 감자는 줄기에 양분을 저장하며 고구마는 기는줄기, 소나무와 느티나무는 곧은줄기입니다.

10 뿌리는 주로 땅 속에 있고 줄기는 땅 위에 있습니다.

11 줄기에서 물이 이동한 통로인 붉은색 부분을 볼 수 있습니다.

12 식물의 줄기에는 물이 이동하는 통로가 있습니다.

13 양분은 주로 잎에서 만들어지며 물과 양분이 이동하는 통로는 줄기입니다.

14 어둠상자를 씌우지 않은 잎은 빛을 받아 광합성을 하였기 때문에 잎이 청람색으로 변합니다.

더 알아볼까요!

빛을 받은 잎과 빛을 받지 못한 잎
- 빛이 잘 드는 곳에 있는 식물을 선택하여 실험합니다.
- 전날 어둠상자를 사용하여 빛을 가린 뒤 다음 날 빛을 가린 잎과 가리지 않은 잎을 따서 실험에 사용할 수 있습니다.
- 잎을 딸 때 어둠상자를 씌운 잎은 잎자루를 길게, 어둠상자를 씌우지 않은 잎은 잎자루를 짧게 하여 두 잎이 구분되도록 하면 편리합니다.

15 녹말 성분의 밥은 아이오딘-아이오딘화 칼륨 용액에 의해 청람색으로 변합니다.

16 광합성은 주로 잎에서 일어납니다.

더 알아볼까요!

광합성으로 만들어지는 양분
- 광합성을 통해 포도당이 생성되어 녹말의 형태로 잎에 잠시 저장되었다가 주로 밤에 설탕이나 당 등 다른 형태의 양분으로 바뀌며, 다른 곳으로 이동합니다.
- 잎에서 만들어진 양분은 줄기를 통해 다른 곳으로 이동합니다.

17 잎이 있는 모종은 증산 작용을 하여 비닐봉지 안에 물방울이 생깁니다.

18 식물의 잎을 통해 물이 밖으로 빠져나가는 것을 증산 작용이라고 합니다.

더 알아볼까요!

공변 세포와 증산 작용
- 공변 세포는 식물에서 이산화 탄소의 출입과 증산 작용을 조절하는 세포입니다.
- 증산 작용은 두 개의 공변세포에 의해 기공이 열리거나 닫히면서 조절되며 주로 낮에 활발하게 일어납니다.
- 공변세포 안쪽 세포벽이 바깥쪽 세포벽보다 두꺼워서 공변세포로 물이 들어와 팽창하면 바깥쪽 세포벽이 더 많이 늘어나 공변세포가 바깥쪽으로 휘어지면서 기공이 열리게 되는 원리입니다.
- 증산 작용은 햇빛이 강할 때, 온도가 높을 때, 습도가 낮을 때, 바람이 잘 불 때, 식물 안에 수분이 많을 때 잘 일어납니다.

19 뿌리에서 흡수한 물이 기공을 통해 빠져나가는 것을 증산 작용이라고 하며 증산 작용은 주로 식물의 잎에서 일어납니다.

20 꽃은 식물의 종류에 따라 크기, 모양, 색깔이 다르지만 대부분 꽃잎, 꽃받침, 암술, 수술로 이루어져 있습니다.

21 ㉠ – 암술, ㉡ – 수술, ㉢ – 꽃잎, ㉣ – 꽃받침입니다.

22 꽃가루받이가 이루어진 다음 씨가 생깁니다.

23 꽃가루받이는 물, 바람, 곤충, 새 등에 의해 이루어집니다.

24 꽃이 지고 난 후 열매가 생깁니다.

25 꽃가루받이가 이루어져야 씨가 만들어지고 씨를 싸고 있던 암술과 꽃받침이 함께 자라면서 열매가 됩니다.

26 봉숭아, 제비꽃, 괭이밥, 콩 등은 열매 껍질이 터지며 씨가 튀어 나가면서 퍼집니다.

▲ 괭이밥

▲ 제비꽃

1 세포　2 식물 세포　3 ⑤　4 (가)　5 ②　6 ②
7 예 줄기는 물이 이동하는 통로 역할을 한다.　8 ④
9 빛을 받은 잎 (○)　10 녹말　11 (다)　12 ㉠　13
뿌리에서 흡수한 물이 잎을 통해 식물 밖으로 빠져
나갔기 때문이다.　14 증산 작용　15 ⑤　16 ④
17 (1)–(가) (2)–(다) (3)–(나)　18 ④　19 ①, ②
20 날개가 있어 빙글빙글 돌며 날아간다.

풀이

1　생물을 이루는 기본 단위는 세포이며, 세포는 대부분
크기가 매우 작아 맨눈으로 볼 수 없습니다.

2　양파의 표피 세포의 모습이며 벽돌이 쌓여 있는 것처
럼 보입니다.

더 알아볼까요!

식물 세포
• 식물 세포는 세포벽과 세포막, 핵 외에도 미토콘드리아, 엽록체,
액포 등 다양한 소기관으로 이루어져 있습니다.
• 미토콘드리아는 생명 활동에 필요한 에너지를 공급하는 일을
하고, 엽록체는 광합성으로 녹말을 만듭니다.
• 액포는 생명 활동 중 발생하는 노폐물을 저장 및 분해하는 곳으
로 배설 기관이 없는 식물 세포에 발달해 있습니다.
• 세포벽, 엽록체, 액포는 식물 세포에만 있는 기관들입니다.

3　위 실험은 식물 뿌리가 하는 일을 알아보기 위한 것으
로 뿌리를 자르거나 자르지 않은 점 이외의 조건은 모
두 같게 해야 합니다.

4　뿌리는 물을 흡수하는 역할을 하기 때문에 뿌리를 자
르지 않은 양파가 물을 더 많이 흡수하여 비커의 물
이 더 많이 줄어듭니다.

5　식물 뿌리의 물을 흡수하는 기능을 알아보기 위한 실
험입니다.

더 알아볼까요!

뿌리의 변형
• 버팀뿌리 : 옥수수와 같이 땅에서 가까운쪽 줄기의 마디에서 뿌
리가 나와 식물이 쓰러지지 않도록 지지해 주는 뿌리입니다.
• 호흡뿌리 : 맹그로브와 같이 물가에 사는 식물이 호흡을 위해 땅
위나 수면 위로 뻗은 뿌리입니다.
• 부착뿌리 : 담쟁이덩굴 등과 같이 벽이나 나무줄기 등에 단단히
붙을 수 있는 뿌리입니다.
• 기생뿌리 : 겨우살이 같이 다른 식물의 줄기에서 물과 양분을 흡
수할 수 있도록 변형된 뿌리입니다.

6　줄기는 물이 이동하는 통로임을 알 수 있습니다.

7　식물의 줄기는 물이 이동하는 통로이며, 식물을 지지
하고, 양분을 저장하기도 합니다.

8　어둠상자를 씌우면 빛을 차단하여 식물의 잎이 빛을
받지 못합니다.

9　빛을 받아 광합성으로 녹말을 만들어 낸 잎의 색깔이
변합니다.

10　식물의 잎에서는 빛, 이산화 탄소, 물을 이용해 녹말
을 만듭니다.

11　광합성은 잎에서만 일어나지 않고 광합성 과정에는
빛, 물, 이산화 탄소가 필요합니다.

12　식물의 잎에서 증산 작용이 일어나기 때문에 비닐봉
지 안에 물이 생깁니다.

13　모종에 씌운 비닐봉지 안에 물이 생겼습니다.

14　잎에 도달한 물이 기공을 통해서 공기 중으로 빠져나
가는 것을 증산 작용이라고 합니다.

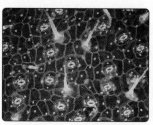
▲ 감자 잎의 기공

15　암술에서 꽃가루받이가 이루어지며 씨를 만듭니다.

16　암술이 수술에서 만든 꽃가루를 받는 것을 꽃가루받
이라고 하며 수분이라고도 합니다.

17　옥수수는 풍매화, 나사말은 수매화, 연꽃은 충매화
입니다.

▲ 나사말　　　　　　　　▲ 연꽃

18　㉠ 꽃잎, ㉡ 꽃받침, ㉣ 씨, ㉤ 껍질입니다.

19　열매는 씨를 보호하고, 씨를 멀리 퍼뜨립니다.

20　단풍나무는 날개 구조의 씨앗을 갖고 있어서 빙글빙
글 돌며 날아갑니다.

지 알아보기 위해 아이오딘-아이오딘화 칼륨 용액을 사용합니다.

2회 단원 평가 도전

97~99쪽

1 광학 현미경   2 핵   3 ⑤   4 ①   5 ㉠: 껍질 ㉡: 잎   6 ⑤   7 ⑤   8 ⑤   9 ㉠→㉣→㉡→㉢   10 ③   11 ⑩ 빛을 받은 잎에서만 녹말이 만들어진 것을 알 수 있다.   12 잎   13 ①   14 증산 작용은 뿌리에서 흡수한 물을 식물의 꼭대기까지 끌어올릴 수 있도록 돕는다. 식물의 온도를 조절한다.   15 ②   16 ㉢   17 (3) ○   18 갈고리가 있어 동물의 털이나 사람의 옷에 붙어서 퍼진다.   19 ④   20 ④, ⑤

풀이

1 표본을 재물대 위에 올려 놓고 대물렌즈, 접안렌즈를 이용하여 관찰합니다.

더 알아볼까요!

현미경으로 세포 관찰하기
- 쌍안 현미경일 경우 두 눈 사이의 거리에 맞게 접안렌즈의 간격을 맞춥니다.
- 상을 보면서 조동 나사와 미동 나사를 돌려 초점을 맞춘 다음 관찰합니다.

2 식물 세포는 세포벽, 세포막으로 둘러싸여 있으며 그 안에 핵이 있습니다.

3 식물의 뿌리는 지지 작용, 흡수 작용, 저장 작용을 합니다.

4 식물의 뿌리에서 물을 흡수합니다.

5 줄기에는 껍질이 있어서 식물을 보호하고, 잎이 나 있습니다.

6 붉게 물든 부분은 물이 이동하는 통로입니다.

7 이 실험을 통해서는 식물의 줄기가 물이 이동하는 통로라는 것을 알 수 있습니다.

8 뿌리와 줄기는 서로 연결되어 경계가 뚜렷하지 않으며 대부분 땅속에 있는 부분이 뿌리입니다.

9 어둠상자를 씌운 것과 씌우지 않은 모종을 햇빛에 둔 후, 다음날 오후에 잎을 따서 잎에서 만들어진 양분을 확인합니다.

10 어둠상자를 씌워 빛을 받지 못한 잎은 녹말을 만들지 못해서 색깔 변화가 없습니다.

11 식물의 잎에서 광합성 결과 만들어진 물질이 무엇인

더 알아볼까요!

식물의 잎에서 만들어진 양분 확인하기

- 잎을 알코올이 든 비커에 넣는 까닭: 잎의 엽록소를 제거하여 잎에서 만든 녹말이 아이오딘-아이오딘화 칼륨 용액과 반응하여 색깔이 변화하는 것을 뚜렷하게 보기 위해서입니다.
- 엽록소를 제거한 잎을 꺼내어 따뜻한 물로 헹구면 잎이 부드러워지고 용액에 의한 염색 반응이 뚜렷하게 나타납니다.
- 아이오딘-아이오딘화 칼륨 용액은 녹말과 만났을 때 청람색으로 변하며 이런 변화는 감자, 식빵, 밥, 종이 등에서도 볼 수 있습니다.

12 식물의 증산 작용은 잎에서 일어나며, 잎이 많을수록 식물 밖으로 더 많은 물의 양이 빠져나갑니다.

13 잎의 기공을 통해 물이 빠져나가는 증산 작용을 알아보기 위한 실험이므로 잎의 개수만 다르게 합니다.

14 증산 작용은 뿌리에서 흡수한 물을 꼭대기까지 끌어올릴 수 있도록 돕고 식물의 온도 조절을 합니다.

15 꽃은 대부분 암술, 수술, 꽃잎, 꽃받침으로 이루어져 있습니다. ㉠-꽃잎, ㉡-암술, ㉢-수술, ㉣-밑씨, ㉤-꽃받침

16 꽃의 수술에서 꽃가루가 만들어집니다.

17 ㉡은 암술이며 암술에서 꽃가루를 받는 꽃가루받이가 이루어집니다.

18 도깨비바늘, 도꼬마리는 갈고리 같은 것이 있어서 동물의 털이나 사람의 옷에 한번 붙으면 잘 떨어지지 않습니다.

19 뿌리는 물을 흡수하고 줄기는 물을 이동시키며 잎은 증산 작용과 광합성을 합니다.

20 물이 부족한 상황에서 뿌리는 물을 찾아 흡수하고 잎은 증산 작용을 줄이며 열매는 씨가 마르지 않도록 보호합니다.

정답과 풀이 **19**

3회 단원 평가 기출

100~102쪽

1 ④ 2 (가) ○ 3 ④ 4 (가) 5 ① 6 식물의 뿌리가 땅속으로 뻗어 식물을 지지하기 때문이다. 7 ④, ⑤ 8 (1)-(가) (2)-(다) (3)-(나) 9 (1) ○ (3) ○ 10 ② 11 (다) 12 잎에서 물이 나와 비닐봉지 안에 물이 생겼을 것이다. 13 ④, ⑤ 14 기공 15 ② 16 꽃가루가 암술로 옮겨지는 꽃가루받이를 거쳐 씨를 만든다. 17 ③ 18 곤충이나 새들의 눈에 잘 띄게 하여 꽃가루받이가 잘 일어나도록 하기 위해서이다. 19 ④ 20 ②

풀이 ▶

1 모든 생물은 세포로 이루어져 있으며 세포는 크기와 모양이 다양합니다.

2 식물 세포는 세포벽, 세포막으로 둘러싸여 있으며 그 안에 한 개의 핵이 있습니다.

> **더 알아볼까요!**
>
> **세포의 각 부분이 하는 일**
> • 핵: 각종 유전 정보를 포함하고 있으며 생명 활동을 조절해 줍니다.
> • 세포막: 세포 내부와 외부를 드나드는 물질의 출입을 조절해 줍니다.
> • 세포벽: 세포의 모양을 일정하게 유지하고 세포를 보호합니다.

3 당근, 무, 고구마는 뿌리에 양분을 저장합니다.

4 뿌리가 있는 쪽의 비커 속 물의 양이 더 많이 줄어듭니다.

5 식물의 뿌리는 물을 흡수하는 역할을 합니다.

6 식물의 뿌리가 땅속으로 뻗어 식물을 지지하므로 비바람에도 쉽게 쓰러지지 않습니다.

7 식물의 줄기는 식물을 지지하고 양분을 저장하며, 물이 이동하는 통로입니다.

8 뿌리-물의 흡수 작용, 줄기-물의 이동 통로, 잎-광합성 작용 등 각 부분의 역할을 연결합니다.

9 식물의 광합성 작용에 의해 만들어지는 성분은 녹말입니다.

10 식물이 빛, 물, 이산화 탄소를 이용하여 녹말을 만드는 것을 광합성이라고 합니다.

11 잎이 납작하면 양분을 만들 때 필요한 빛을 더 많이 받을 수 있습니다.

12 잎에서 일어나는 증산 작용을 생각하여 가설을 세웁니다.

> **더 알아볼까요!**
>
> **가설 세우고 실험하기**
> • 실험 결과가 가설과 일치하면 가설을 수용합니다.
> • 가설과 일치하지 않으면 가설을 수정하거나 새로운 가설을 설정하여 실험 설계부터 다시 하도록 합니다.

13 잎을 통해 물이 식물 밖으로 빠져나가면서 비닐봉지에는 물방울이 생기고 삼각 플라스크 속의 물의 양은 줄어듭니다.

14 증산 작용은 잎의 기공에서 일어나며, 기공은 눈으로 볼 수 없을 정도로 매우 작고 주로 잎의 뒷면에 많이 있습니다.

15 ㉠은 꽃잎, ㉡은 암술, ㉢은 수술, ㉣은 밑씨, ㉤은 꽃받침입니다.

16 꽃가루와 밑씨가 수정하여 씨가 만들어집니다.

17 옥수수는 꽃가루가 바람에 날려 암술로 이동합니다. 풍매화라고 하며 벼, 소나무, 옥수수 등이 있습니다.

> **더 알아볼까요!**
>
> **풍매화, 수매화, 충매화**
> • 바람에 의해 꽃가루받이가 되는 풍매화는 곤충을 유인할 필요가 없으므로 꽃잎을 만들지 않는 대신 많은 양의 꽃가루를 만듭니다.
> • 수매화는 꽃가루가 물에 의해 암술로 이동합니다. 검정말, 물수세미, 나사말 등이 수매화에 속합니다.
> • 충매화는 꽃가루가 벌, 나비, 파리 등 곤충에 의해 암술로 옮겨집니다. 코스모스, 매실나무, 사과나무, 연꽃 등이 충매화에 속합니다.

18 눈에 잘 띄게 하여 곤충이나 새들의 도움으로 꽃가루받이가 잘 일어나도록 하기 위해서입니다.

19 열매는 씨와 씨를 둘러싼 껍질 부분으로 되어 있으며, 어린 씨를 보호하는 역할을 합니다.

20 제비꽃은 열매껍질이 터지며 씨가 튀어 나갑니다.

 4회 단원 평가 실전

103~105쪽

1 ④ **2** ④ **3** 뿌리털 **4** ㉠ 지지 ㉡ 흡수 ㉢ 저장 **5** 많이 **6** 식물의 뿌리는 물을 흡수하는 역할을 한다. **7** ① **8** ④ **9** ① **10** 녹말 **11** 잎이 납작하면 광합성으로 양분을 만들 때 필요한 빛을 더 많이 받을 수 있기 때문이다. **12** ④ **13** 뿌리에서 흡수한 물이 잎을 통해 식물 밖으로 빠져나갔기 때문이다. **14** ② **15** ② **16** ⑤ **17** ⑤ **18** ④ **19** 열매가 눈에 잘 띄고 맛과 향이 좋아야 동물이 열매를 먹게 되어 똥을 눌 때 씨가 함께 나와 멀리 퍼질 수 있기 때문이다. **20** 잎

풀이

1 세포는 크기와 모양이 다양하고 그에 따라 하는 일도 다릅니다.

2 식물 세포에는 세포벽이 있고, 동물 세포에는 없습니다.

3 뿌리의 바깥쪽에는 솜털 같은 뿌리털이 있습니다.

더 알아볼까요!

뿌리 속의 구조
- 체관: 잎에서 만든 유기 양분이 이동하는 통로입니다.
- 물관: 뿌리에서 흡수한 물과 양분이 이동하는 통로입니다.
- 표피: 뿌리 가장 바깥쪽에 있는 한 겹의 세포층으로 뿌리 내부를 보호합니다.
- 뿌리털: 표피 세포의 일부가 가늘고 길게 변형된 것으로 표면적을 넓혀 흙 속의 물과 양분을 효율적으로 흡수합니다.
- 생장점: 세포 분열이 활발하게 일어나는 부분으로 뿌리를 길게 자라게 합니다.
- 뿌리골무: 죽은 세포로 이루어진 단단한 부분으로 뿌리 끝에 있는 생장점을 싸서 보호합니다.

4 당근과 고구마는 뿌리에 양분을 저장한 것으로 굵고 단맛이 납니다.

5 식물의 뿌리는 물을 흡수하므로 뿌리가 있는 양파를 올려 놓은 비커 물의 양이 더 많이 줄어듭니다.

6 식물의 뿌리에서 물을 흡수합니다.

7 식물의 줄기는 물이 이동하는 통로로서 식물의 종류에 따라 물의 이동 통로의 모양과 배열이 다릅니다.

더 알아볼까요!

줄기의 기능
- 줄기는 크게 네 가지의 기능을 합니다.
- 첫째 지지 작용으로, 줄기에는 많은 가지가 달려 있고 식물체의 몸을 지탱해 줍니다.
- 둘째 관다발이라는 구조가 있어서 물과 양분을 이동시킵니다.
- 셋째 식물에서 남는 양분을 줄기에 저장하는 저장 작용을 합니다.
- 넷째 줄기에 있는 공기 구멍을 통하여 산소를 흡수하고 이산화 탄소를 내보내는 역할도 합니다.

8 뿌리에서 흡수한 물은 줄기를 통해 이동하여 식물 전체로 이동합니다.

9 잎은 광합성 작용으로 스스로 양분을 만듭니다. 양분이 만들어졌는지 알아보기 위해 녹말에 청람색으로 반응하는 아이오딘-아이오딘화 칼륨 용액을 사용합니다.

더 알아볼까요!

잎의 기능
- 증산 작용으로 식물 안의 물을 수증기 형태로 밖으로 내보내는 역할을 합니다.
- 증산 작용은 뿌리에서 물을 흡수하게 해주는 데 중요한 요인입니다.
- 광합성 작용으로 물, 빛과 이산화탄소를 이용하여 녹말을 만듭니다.
- 호흡 작용으로 잎의 뒷면에 있는 기공을 통하여 산소를 받아들이고 이산화 탄소를 내보내는 역할을 합니다.

10 아이오딘-아이오딘화 칼륨 용액을 광합성을 한 잎에 떨어뜨리면 청람색으로 변합니다.

11 잎이 납작한 까닭은 빛을 더 많이 받기 위해서입니다.

12 증산 작용으로 잎에서 나온 물이 비닐봉지에 맺히고 증산 작용이 활발할수록 뿌리에서 물을 더 흡수하므로 삼각 플라스크 속 물의 양이 줄어듭니다.

13 뿌리에서 흡수한 물이 잎에 도달하면 잎의 기공을 통해 밖으로 빠져나가는 증산 작용이 일어납니다.

14 식물의 증산 작용은 뿌리에서 흡수한 물을 식물의 꼭대기까지 끌어 올릴 수 있도록 돕습니다.

15 수술은 꽃가루를 만들며, 암술에 꽃가루가 옮겨지는 것을 꽃가루받이(수분)라고 합니다.

16 곤충이 꽃의 꿀을 먹기 위해 날아와서 몸에 꽃가루를 묻히고 다른 꽃으로 찾아가 꽃가루받이가 이루어집니다.

더 알아볼까요!

충매화
• 충매화는 곤충을 유인하기 위해 꽃이 화려하고 향기가 있으며 꿀샘이 발달해 있습니다.
• 꽃이 크고 화려한 연꽃은 전형적인 충매화이며 코스모스, 장미, 복숭아나무 등이 있습니다.

17 동백나무는 12월부터 꽃을 피우기 때문에 겨울에도 활동하는 새가 꽃가루받이를 돕습니다.

더 알아볼까요!

동백나무
동백나무는 곤충이 활동하기 힘든 12월부터 꽃을 피우지만 겨울에도 활동하는 새가 있어서 꽃가루받이를 돕습니다.

18 열매는 어린 씨를 보호하고, 씨를 멀리 퍼뜨리는 역할을 합니다.

19 열매 속의 씨를 동물이 먹어야 씨가 똥으로 나와서 씨를 퍼뜨릴 수 있습니다.

20 잎에서 광합성으로 양분을 만들고 증산 작용으로 물을 식물 밖으로 내보냅니다.

탐구 서술형 평가
106~107쪽

1 식물의 뿌리는 물을 흡수하는 역할을 한다. **2** (1) 빛을 받은 잎에서만 녹말이 만들어진다. (2) 식물은 잎에서 빛과 이산화 탄소, 뿌리에서 흡수한 물을 이용하여 스스로 양분을 만든다. **3** (1) 잎이 있는 모종에 씌운 비닐봉지 안에는 물방울이 생겼고, 잎이 없는 모종에 씌운 비닐봉지 안에는 물방울이 생기지 않았다. (2) 비닐봉지 안에 물방울이 생긴 까닭은 뿌리에서 흡수한 물이 잎의 기공을 통해 식물 밖으로 빠져나갔기 때문이다. **4** (1) ㉠ – 꽃잎 ㉡ – 암술 ㉢ – 수술 ㉣ – 꽃받침 (2) 꽃가루받이를 거쳐 씨를 만든다.

풀이

1 식물의 뿌리는 물을 흡수하는 역할을 하므로 뿌리가 있는 양파를 올려놓은 비커의 물의 양이 더 많이 줄어든 것입니다.

	식물의 뿌리는 물을 흡수하는 역할을 한다고 바르게 서술하였습니다.
상	
중	식물의 뿌리가 하는 다른 역할을 바르게 서술하였습니다.
하	식물의 뿌리가 하는 역할을 서술하지 못하였습니다.

2 식물은 잎에서 햇빛을 이용해 스스로 양분을 만드는 광합성을 합니다.

상	빛을 받은 잎에서는 녹말이 만들어지며 식물은 잎에서 빛과 이산화 탄소, 뿌리에서 흡수한 물을 이용하여 스스로 양분을 만든다고 바르게 서술하였습니다.
중	식물은 잎에서 빛과 이산화 탄소, 뿌리에서 흡수한 물을 이용하여 스스로 양분을 만든다는 것만 바르게 서술하였습니다.
하	빛을 받은 잎에서는 녹말이 만들어진다고만 서술하였습니다.

3 식물의 잎에서는 증산 작용이 일어나므로 잎이 있는 모종을 씌운 비닐봉지에 물방울이 생기며 삼각 플라스크 속 물이 더 많이 줄어듭니다.

상	잎이 있는 식물 비닐봉지 안에는 물방울이 생겼지만 잎이 없는 식물은 변화가 없다고 바르게 서술하였으며 비닐봉지 안에 물방울이 생긴 까닭은 뿌리에서 흡수한 물이 잎의 기공을 통해 밖으로 빠져나갔기 때문임을 바르게 서술하였습니다.
중	잎이 있는 식물 비닐봉지 안에는 물방울이 생겼지만 잎이 없는 식물은 변화가 없다고 바르게 서술하거나 비닐봉지 안에 물방울이 생긴 까닭은 뿌리에서 흡수한 물이 잎의 기공을 통해 밖으로 빠져나갔기 때문인 것을 하나만 바르게 서술하였습니다.
하	잎이 없는 식물에 아무런 변화가 없고 잎이 없기 때문이라고만 서술하였습니다.

4 대부분 꽃은 암술, 수술, 꽃잎, 꽃받침으로 이루어져 있고 씨를 만드는 일을 합니다.

상	각 부분의 명칭을 정확히 쓰고 꽃의 역할은 꽃가루받이를 거쳐 씨를 만드는 것을 바르게 서술하였습니다.
중	각 부분의 명칭을 정확히 쓰고 꽃은 씨를 만든다고 간단히 서술하였습니다.
하	각 부분의 명칭을 바르게 쓰지 못하고 꽃가루받이를 거쳐 씨를 만드는 것을 바르게 서술하지 못하였습니다.

5 빛과 렌즈

개념을 확인해요 109쪽

1 방향 2 두꺼운 3 가운데 4 프리즘 5 햇빛
6 빛깔 7 무지개 8 빛깔

개념을 확인해요 111쪽

1 빛 2 경계 3 굴절 4 수직 5 굴절 6 굴절 7 경계 8 공기

개념을 확인해요 113쪽

1 물 2 물 3 위치 4 굴절 5 물 6 굴절
7 아래 8 굴절

개념을 확인해요 115쪽

1 볼록 2 볼록 3 상하좌우 4 물 5 가운데
6 볼록 7 두꺼운 8 볼록

개념을 확인해요 117쪽

1 일직선 2 굴절 3 볼록 렌즈 4 퍼집니다 5
밝습니다 6 높습니다 7 적외선 8 볼록 렌즈

개념을 확인해요 119쪽

1 볼록 2 볼록 렌즈 3 기름종이 4 기름종이
5 다르게 6 상하좌우 7 굴절 8 기름종이

개념을 확인해요 121쪽

1 빛 2 볼록 3 현미경 4 대물 5 망원경
6 확대 7 볼록 렌즈 8 다르게

개념을 다져요

122~125쪽

1 프리즘 2 ④ 3 햇빛 4 ④ 5 풀이 참조 6
굴절 7 (나) 8 ③ 9 ㄹ 10 ③ 11 ㉠ 12
⑴ ㉡ ⑵ ㉠ 13 볼록 렌즈 14 ㉠ ○ ㉢ ○ 15
볼록 렌즈 16 볼록 17 (다) 18 ① 19 ④
20 (다)→(가)→(나)→(라) 21 볼록 렌즈 22 기
름종이 23 ③ 24 풀이 참조 25 볼록 렌즈
26 ⑤ 27 ②, ③

풀이

1 프리즘은 유리나 플라스틱 등으로 만든 투명한 삼각
기둥 모양의 기구입니다.

2 햇빛이 프리즘을 통과하면 여러 가지 빛깔로 나타나
는 것으로 보아 햇빛은 여러 빛깔로 이루어져 있다는
것을 알 수 있습니다.

3 무지개는 햇빛이 여러 빛깔로 이루어져 있기 때문에
나타나는 현상입니다.

더 알아볼까요!

무지개
• 공기 중의 물방울에 의해 태양광선이 반사되거나 굴절되어 나
타납니다.
• 둥근 모양의 곡선으로 태양의 반대쪽에 비가 오면 나타납니다.
• 빛을 굴절시키는 물방울의 크기 차이 등으로 여러 종류의 무지
개가 생길 수 있습니다.

4 공기 중에서 물로 빛을 비추면 공기와 물의 경계에서
빛이 꺾여 나아갑니다.

더 알아볼까요!

**물이 든 수조에 우유를 떨어뜨리고 향 연기를 채운 후 공기에서
물로 빛을 비출 때 주의할 점**
• 물의 양에 따라 우유의 양을 적당히 조절하며 넣어 줍니다.
• 우유를 너무 많이 넣으면 빛이 나아가는 모습이 잘 보이지 않으
므로 주의해야 합니다.
• 수조에 향 연기를 너무 많이 채우면 빛이 가려져서 잘 보이지
않으므로 주의합니다.
• 다양한 각도로 레이저 지시기의 빛을 비춰 보며 관찰합니다.

5

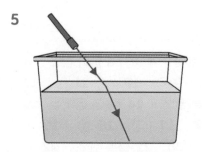

빛은 물과 공기의 경계에서 꺾입니다.

6 빛이 서로 다른 물질의 경계에서 꺾여 나아가는 현상을 빛의 굴절이라고 합니다.

> **더 알아볼까요!**
>
> **빛의 굴절**
> • 공기와 물의 경계에서 빛의 진행 방향을 관찰하면 빛이 공기와 물의 경계에서 꺾여 나아가는 것을 볼 수 있습니다.
> • 빛이 투명한 유리나 물의 표면에서 굴절하는 모습을 볼 수 있습니다.

7 물을 붓지 않은 컵 속의 동전은 보이지 않다가 물을 부으면 동전이 보입니다.

8 컵에 담긴 동전이 보이지 않다가 물을 부으면 동전이 보입니다.

9 보이지 않던 동전이 보이는 까닭은 빛이 공기와 물의 경계에서 굴절하기 때문입니다.

10 물속에 있는 물체가 실제 모습과 다르게 보이는 까닭은 공기와 물의 경계에서 빛이 굴절하기 때문입니다.

11 ㉠은 물과 공기의 경계에서 빛이 굴절하기 때문에 나타나는 현상입니다.

12 사람의 눈으로 들어온 빛의 연장선에 물고기가 있다고 생각하기 때문에 실제 물고기의 위치보다 위쪽에 있다고 생각합니다.

13 볼록 렌즈는 투명한 물질로 되어 있어서 빛을 통과시킬 수 있으며 가운데 부분이 가장자리보다 두껍습니다.

14 ㉠은 평면 볼록 렌즈, ㉡은 양면 오목 렌즈, ㉢은 양면 볼록 렌즈입니다.

15 물방울, 유리 막대, 물이 담긴 둥근 어항은 볼록 렌즈의 구실을 합니다.

16 볼록 렌즈는 빛을 굴절시킵니다.

17 볼록 렌즈는 빛의 굴절을 이용하여 빛을 모을 수 있습니다.

18 볼록 렌즈로 햇빛을 모으면 모은 곳의 밝기는 밝고 온도는 높습니다. 또 원의 크기는 볼록 렌즈와 하얀색 도화지 사이의 거리에 따라 달라집니다.

19 볼록 렌즈로 햇빛을 모으면 온도가 높기 때문에 종이의 검은색 부분을 태울 수 있습니다.

20 겉 상자를 먼저 만들고 속 상자를 만들어 겉 상자에 속 상자를 넣어 완성합니다.

21 간이 사진기는 볼록 렌즈를 이용하여 만듭니다.

22 간이 사진기에서 스크린의 역할을 하는 부분은 기름종이입니다.

23 간이 사진기로 물체를 보면 상하좌우가 바뀌어 보입니다.

24

현미경, 사진기, 쌍안경의 렌즈에 볼록 렌즈가 사용됩니다.

25 위 기구들은 모두 볼록 렌즈가 사용되었습니다.

26 자동차 후면경은 거울을 이용한 것입니다.

> **더 알아볼까요!**
>
> **자동차에서 뒤쪽을 볼 수 있는 거울**
> • 자동차의 뒤쪽을 볼 수 있는 거울은 볼록 거울이며 비치는 거울의 면이 볼록한 거울을 말합니다.
> • 볼록 거울로 가까이 있는 물체를 보면 작게 보이고, 멀리 있는 물체를 보면 바로 선 모양으로 작게 보입니다.
> • 볼록 거울에 비친 빛은 퍼져 나가므로 넓은 범위를 볼 수 있게 해 줍니다.
> • 볼록 거울은 매장의 도난 방지용 거울이나 굽은 도로의 안전 거울, 자동차의 후면경 등에 사용되어 매장이나 길 전체의 모습을 볼 수 있게 해 줍니다.

27 볼록 렌즈는 물체를 확대하여 물체를 잘 볼 수 있게 하고 안경에 사용하여 시력을 교정하는데 도움을 줍니다.

1회 단원 평가 연습

1 ② 2 ④ 3 햇빛 4 ④ 5 ④ 6 공기와 물
7 (나) 8 공기와 물의 경계에서 빛이 굴절하기 때문
이다. 9 볼록 렌즈 10 ② 11 (나) ○ 12 곧게
나아가던 레이저 지시기의 빛이 볼록 렌즈를 통과하면
서 가운데 부분으로 꺾여 나아간다. 13 볼록 렌즈
14 ㉠ 15 ② 16 볼록 렌즈를 이용해 햇빛을 모을
수 있고, 햇빛이 모아진 곳의 온도가 높기 때문에 종이
를 태울 수 있다. 17 볼록 렌즈 18 ④ 19 ③
20 ㉠, ㉡

풀이

1 햇빛을 프리즘에 통과시키면 여러 가지 빛깔이 하얀
색 도화지에 나타납니다.

2 햇빛을 프리즘에 통과시키면 여러 가지 빛깔이 하얀
색 도화지에 나타납니다. 이것으로 보아 햇빛은 여러
빛깔로 이루어져 있음을 알 수 있습니다.

3 햇빛은 여러 가지 빛깔로 이루어져 있으며 프리즘을
통과하면 하얀색 도화지에 나타납니다.

4 레이저 지시기의 빛은 공기와 물의 경계에서 꺾여 나
아갑니다.

5 빛이 다른 물질의 경계에서 꺾여 나아가는 현상을 빛
의 굴절이라고 합니다.

6 물을 부으면 빛이 공기와 물의 경계에서 굴절하여 보
이지 않던 컵 속의 동전이 보입니다.

더 알아볼까요!

공기와 서로 다른 물질에서 빛의 굴절
• 공기와 반투명 플라스틱판 경계에서 빛이 굴절하는 모습을 관
찰할 수 있습니다.
• 동전이 들어 있는 컵에 물을 부으면 공기와 물의 경계에서 빛이
굴절하여 보이지 않던 동전이 보입니다.
• 동전이 든 컵에 물을 부은 다음 사람이 움직이는 대신 동전이
들어 있는 컵을 움직여서 관찰해도 됩니다.
• 젓가락이 든 컵에 물을 부으면 물을 붓지 않았을 때와 다르게
젓가락이 꺾여 보입니다.

7 물속에 들어 있는 젓가락은 공기와 물의 경계에서 꺾
여 보입니다.

▲ 컵에 빨대를 넣고 물을 부어도 빨대가 꺾여 보입니다.

8 서로 다른 물질의 경계에서 빛이 꺾여 나아가는 현상
을 빛의 굴절이라고 합니다.

9 볼록 렌즈는 유리와 같이 투명한 물질로 이루어져 있
으며 가운데 부분이 가장자리보다 두껍습니다.

10 물방울, 둥근 유리 막대, 물이 든 둥근 어항은 볼록
렌즈와 같은 구실을 합니다.

11 가까이 있는 물체를 볼록 렌즈로 보면 물체가 크게
보입니다.

12 레이저 지시기의 빛이 볼록 렌즈의 가장자리를 통과
하면 볼록 렌즈를 만나는 경계에서 가운데 부분으로
꺾입니다.

13 볼록 렌즈로 햇빛을 통과시키면 빛이 모아지는 것을
알 수 있습니다.

14 볼록 렌즈로 햇빛을 모으면 햇빛이 모아진 원 안의
밝기는 밝습니다. 볼록 렌즈와 도화지 사이의 거리를
점점 멀리하면 빛이 모아졌다가 다시 퍼집니다.

15 햇빛을 모아야 하는 실험이므로 햇빛이 잘 드는 곳에
서 해야 합니다.

16 볼록 렌즈는 빛을 모으는 성질이 있으며 모아진 곳의
온도는 높기 때문에 종이를 태울 수 있습니다.

17 볼록 렌즈로 빛을 굴절시키고, 빛을 모아서 스크린에
물체의 모습이 나타나게 합니다.

18 간이 사진기의 볼록 렌즈를 통해 굴절된 빛이 기름종
이에 물체의 모습을 만듭니다.

19 간이 사진기로 본 물체는 물체의 상하좌우가 바뀌어
보입니다.

20 망원경에는 볼록 렌즈를 사용하며 멀리 있는 물체를
확대하는데 이용합니다.

2회 단원 평가 · 도전

129~131쪽

1 프리즘 2 햇빛은 여러 가지 빛깔로 이루어져 있다. 3 (라) 4 ③ 5 ④ 6 풀이 참조 7 (1) ㉡ (2) ㉠ 8 물고기에 닿아 반사된 빛은 물속에서 공기 중으로 나올 때 물과 공기의 경계에서 굴절해 승우의 눈으로 들어오기 때문이다. 9 ③ 10 볼록 렌즈 11 ⑤ 12 ③ 13 풀이 참조 14 ⑤ 15 밝다 16 풀이 참조 17 볼록 18 ④ 19 간이 사진기에 있는 볼록 렌즈가 빛을 굴절시켜 기름종이에 상하좌우가 다른 물체의 모습을 만들기 때문이다. 20 (1)-㉡ (2)-㉠

풀이

1 프리즘에 햇빛을 통과시키면 여러 가지 빛깔로 나타납니다.

2 햇빛을 프리즘에 통과시키면 여러 빛깔로 나뉘어 보입니다.

3 물이 담긴 둥근 어항 속의 물고기가 크게 보이는 모습은 볼록 렌즈로 보는 모습과 같은 현상입니다.

▲ 물이 든 둥근 어항 속의 물고기

4 빛은 서로 다른 물질의 경계에서 굴절합니다.

5 공기 중에서 물로 빛을 비출 때와 같이 공기와 물의 경계에서 빛은 굴절합니다.

6

공기와 물의 경계면에서 빛이 꺾입니다.

7 물속에 있는 물고기는 실제보다 떠올라 있는 것처럼 보입니다.

8 물속에서 공기 중으로 나오는 빛이 굴절하여 사람의 눈으로 들어오기 때문에 물고기가 떠올라 있는 것처

럼 보입니다.

9 공기와 물의 경계에서 빛이 굴절하므로 실제와 다르게 보입니다.

10 가운데 부분이 가장자리보다 두꺼운 렌즈는 볼록 렌즈이며, 가까이 있는 물체를 보면 크게 보입니다.

11 빛이 곧게 나아가다가 볼록 렌즈의 가장자리를 통과할 때 꺾여 나아갑니다.

12 유리 막대, 물방울, 물이 담긴 둥근 어항 등이 볼록 렌즈의 구실을 하는 것들입니다.

13

구분	볼록 렌즈와 하얀색 도화지 사이의 거리		
볼록 렌즈를 통과한 햇빛이 하얀색 도화지에 만든 원의 크기	◯	⬤	◯
		◯	

볼록 렌즈와 하얀색 도화지 사이의 거리가 중간일 때 원의 크기가 가장 작고 밝기도 가장 밝습니다.

14 볼록 렌즈와 하얀색 도화지의 거리가 중간 정도 일 때 햇빛이 잘 모이므로 렌즈와 도화지의 거리를 조절하여 잘 모아지는 위치를 찾아야 합니다.

15 햇빛이 모아진 부분은 주변보다 밝기가 밝습니다.

16

원 안의 온도	원 안의 온도
50.0	24.5
◯	

볼록 렌즈가 만든 원 안의 온도가 높습니다.

17 간이 사진기는 볼록 렌즈를 이용하여 만듭니다.

18 간이 사진기로 물체를 보면 실제 모습과 상하좌우가 바뀌어 보입니다.

19 볼록 렌즈는 빛을 굴절시켜서 물체의 상하좌우가 바뀌어 보이게 합니다.

20 망원경은 멀리 있는 물체를 크게 보이게 하고 현미경은 작은 물체를 크게 보이게 합니다.

▲ 여러 가지 망원경

3회 단원 평가 · 기출

132~134쪽

1 프리즘 2 ③ 3 빛의 굴절 4 ④ 5 빛을 수조 아래쪽에서 비스듬하게 비추면 빛이 공기와 물의 경계에서 꺾여 나아간다. 6 풀이 참조 7 ③ 8 ④ 9 물을 붓지 않았을 때는 젓가락이 반듯했지만 물을 부은 다음에는 젓가락이 꺾여 보인다. 10 ④ 11 풀이 참조, 곧게 나아가던 레이저 지시기의 빛이 볼록 렌즈의 가장자리를 통과하면 빛은 가운데 부분으로 꺾여 나아간다. 12 ㄹ, ㅂ 13 (가) 볼록 렌즈 (나) 평면 유리 14 ① 15 예 볼록 렌즈는 평면 유리와 달리 햇빛을 모을 수 있다. 16 밝고, 높다 17 ③ 18 풀이 참조 19 ② 20 ③

풀이

1 햇빛이 프리즘을 통과하면 여러 빛깔로 나타납니다.

2 햇빛이 프리즘을 통과하면 여러 빛깔로 나뉘어지고 여러 가지 빛깔이 연속해서 나타납니다.

3 빛이 서로 다른 물질의 경계에서 꺾여 나아가는 현상을 빛의 굴절이라고 합니다.

4 빛은 서로 다른 물질의 경계에서 꺾여 나아가며 이것을 빛의 굴절이라고 합니다.

5 만약 빛을 수면에 수직으로 비추면 빛이 공기와 물의 경계에서 꺾이지 않고 그대로 나아갑니다.

6
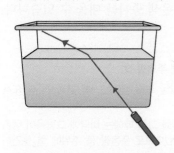

빛을 수조 아래쪽에서 비스듬하게 비추면 물과 공기의 경계에서 꺾여 나아가고, 빛을 수조 아래쪽에서 수직으로 비추면 공기와 물의 경계에서 그대로 나아갑니다.

7 컵에 물을 부으면 보이지 않던 동전이 떠올라 보입니다.

8 공기와 물은 서로 다른 물질이기 때문에 빛이 두 물질의 경계에서 꺾입니다.

9 빛이 공기와 물의 경계에서 굴절하기 때문입니다.

10 물 표면에 주변의 모습이 비치는 것은 빛의 반사에 의한 현상입니다.

11
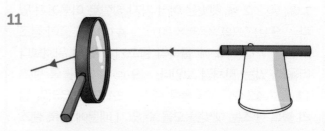

직진하던 빛이 볼록 렌즈를 통과하면서 굴절합니다.

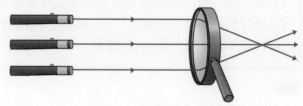

▲ 볼록 렌즈의 가운데 부분과 가장자리를 통과한 빛의 모습

12 물이 들어 있는 둥근 어항은 볼록 렌즈의 구실을 하며 둥근 유리 막대, 물방울 등도 볼록 렌즈 구실을 하는 예입니다.

13 볼록 렌즈는 햇빛을 모을 수 있지만 평면 유리는 햇빛을 모을 수 없습니다.

14 볼록 렌즈는 빛의 굴절을 이용한 도구로, 빛이 굴절하므로 빛을 한 곳에 모을 수 있습니다.

15 볼록 렌즈는 빛을 굴절시켜서 햇빛을 모을 수 있습니다.

16 볼록 렌즈로 햇빛을 모으면 햇빛을 모은 곳은 주변보다 밝고 온도가 더 높습니다.

17 간이 사진기에는 볼록 렌즈가 사용되며 간이 사진기로 본 물체는 상하좌우가 바뀌어 보입니다.

18

간이 사진기로 물체를 보면 상하좌우가 바뀌어 보이므로 '나'의 상하좌우가 바뀐 모습을 생각합니다.

19 현미경은 볼록 렌즈가 사용된 대물렌즈와 접안렌즈를 이용한 기구입니다.

20 의료용 장비에도 볼록 렌즈가 사용되며 물체를 확대하여 섬세한 치료를 하는데 도움을 줍니다.

1 ②, ④ 2 ⑩ 햇빛은 여러 가지 빛깔로 이루어져 있다. 3 (1) ○ (2) × (3) × (4) ○ 4 ③ 5 풀이 참조
6 ① 7 ③ 8 ⑩ 물속의 물고기가 실제 위치보다 떠올라 있는 것처럼 보인다. 9 ⓒ 10 볼록 렌즈
11 ② 12 ② 13 볼록 렌즈 14 평면 유리와 달리 볼록 렌즈는 햇빛을 모을 수 있기 때문에 볼록 렌즈로 햇빛을 모은 곳의 온도가 더 높다. 15 ④ 16 ⑤
17 ④ 18 간이 사진기에 있는 볼록 렌즈가 빛을 굴절시켜 기름종이에 상하좌우가 다른 물체의 모습을 만들기 때문이다. 19 ⓒ, ⓔ 20 물

풀이

1 프리즘을 통과한 햇빛은 여러 빛깔로 나누어집니다.

2 햇빛을 프리즘에 통과시키면 여러 가지 색깔의 빛이 나타납니다.

3 우리 생활에서 햇빛이 여러 빛깔로 나뉘어 보이는 예입니다.

4 빛의 굴절은 물질의 경계면에서 꺾이는 현상으로, 물에서 공기 중으로 나아갈 때, 공기 중에서 기름으로 나아갈 때 굴절이 일어납니다.

더 알아볼까요!

물속에서의 물체의 모습
· 물속에 있는 물건은 실제와는 약간 다르게 보입니다.
· 수영장에 가면 물이 채워진 수영장 바닥이 그렇게 깊어 보이지 않지만 물에 들어가면 생각했던 것보다 물이 깊습니다.
· 물속에서 다리가 짧고 굵어 보입니다.
· 이러한 현상은 빛이 공기와 물의 경계에서 꺾이는 빛의 굴절 때문입니다.

5
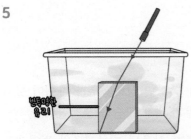
공기와 유리판의 경계에서 빛이 굴절됩니다.

6 빛이 공기 중에서 직진하다가 프리즘을 만나면 경계에서 진행 방향이 꺾입니다.

7 빛이 굴절하기 때문에 실제 동전의 위치보다 떠올라

보입니다.

8 공기와 물의 경계에서 빛이 굴절하기 때문에 나타나는 현상입니다.

9 가운데 부분이 가장자리보다 두꺼운 모양입니다.

10 친구들이 관찰한 렌즈는 가운데 부분이 두꺼운 볼록 렌즈입니다.

11 볼록 렌즈로 가까이 있는 물체를 관찰하면 물체가 크게 보입니다.

12 물방울, 유리 막대, 물이 담긴 둥근 어항 등은 볼록 렌즈의 구실을 하는 물체들입니다.

13 볼록 렌즈는 빛을 굴절시키기 때문에 빛을 한 곳으로 모을 수 있습니다.

14 볼록 렌즈로 만든 원 안의 온도가 평면 유리로 만든 원 안의 온도보다 높습니다.

▲ 볼록 렌즈를 통과한 햇빛이 하 안색 도화지에 만든 모습

▲ 평면 유리를 통과한 햇빛이 하얀색 도화지에 만든 모습

15 볼록 렌즈는 빛을 굴절시켜 한 곳으로 빛이 모아집니다.

16 볼록 렌즈는 햇빛을 모을 수 있으며 모아진 부분의 온도가 올라가며 검은색 종이를 태울 수 있습니다.

더 알아볼까요!

볼록 렌즈로 그림을 그릴 때 주의할 점
· 볼록 렌즈를 이용해 그림을 그릴 때에는 색안경을 착용하도록 합니다.
· 볼록 렌즈를 이용해 그림을 그릴 때에는 바닥에 그을음이 생기거나 화재가 발생할 수 있으므로 운동장 등 주위에 탈 물건이 없는 곳에서 그림을 그립니다.
· 볼록 렌즈로 직접 태양을 관찰하거나 빛을 보는 일이 없도록 합니다.

17 ㉠에 들어갈 렌즈는 볼록 렌즈입니다.

18 볼록 렌즈에 의해 굴절된 빛이 만든 상을 보게 됩니다.

19 사진기, 현미경, 망원경, 휴대 전화 사진기 등에 볼록 렌즈를 이용합니다.

20 투명하여 빛이 통과할 수 있어야 하고 가운데 부분이 가장자리보다 두꺼운 모양이어야 합니다.

탐구 서술형 평가

138~139쪽

1 풀이 참조, 빛은 서로 다른 물질의 경계에서 꺾여 나아가기 때문에 빛을 수면에 비스듬하게 비추면 빛이 공기와 물의 경계에서 꺾여 나아간다.   **2** 물고기에 닿아 반사된 빛은 물속에서 공기 중으로 나올 때 물과 공기의 경계에서 굴절해 사람의 눈으로 들어오는데 사람은 눈으로 들어온 빛의 연장선에 물고기가 있다고 생각하여 실제보다 떠올라 보인다.   **3** 풀이 참조   **4** 풀이 참조, 간이 사진기에 있는 볼록 렌즈가 빛을 굴절시켜 기름종이에 상하좌우가 다른 물체의 모습을 만들기 때문이다.

풀이

1

다른 물질의 경계에서 빛이 꺾여 나가는 현상을 빛의 굴절이라고 합니다.

상	빛이 공기와 물의 경계에서 꺾여 나아가는 모습을 잘 표현하였고 빛이 서로 다른 물질의 경계에서 꺾여 나아가는 것을 바르게 서술하였습니다.
중	빛이 공기와 물의 경계에서 꺾여 나아가는 모습을 잘 표현하였거나, 빛은 서로 다른 물질의 경계에서 꺾여 나아가는 것을 바르게 서술하였습니다.
하	빛의 방향에 변화가 없거나 너무 큰 각도로 변화를 표현하고 공기와 물의 경계면에서 빛의 진행 방향이 꺾여 나아가는 것을 바르게 서술하지 못하였습니다.

2 공기와 물의 경계에서 빛이 굴절하기 때문에 나타나는 현상입니다.

상	물고기에 닿아 반사된 빛이 물속에서 공기 중으로 나올 때 물과 공기의 경계에서 굴절해 사람의 눈으로 들어온다고 바르게 서술하고 사람의 눈으로 들어온 빛의 연장선에 물고기가 있다고 생각하여 실제보다 떠올라 보임을 바르게 서술하였습니다.
중	빛이 굴절하기 때문에 물고기가 실제보다 떠올라 보인다고 서술하였습니다.
하	빛이 굴절과 물고기가 보이는 모습을 연관지어 설명하지 못하였습니다.

3

모양	
이름	볼록 렌즈
특징	가운데 부분이 가장자리보다 두껍다.
렌즈가 이용되는 예	㉰ 현미경, 망원경, 쌍안경, 사진기, 휴대 전화 사진기

볼록 렌즈는 빛을 굴절시켜서 빛을 모아줍니다.

상	렌즈의 이름을 '볼록 렌즈'라고 정확히 쓰고 가운데 부분이 가장자리보다 두꺼운 특징을 서술하였으며 현미경, 망원경, 사진기 등 렌즈가 이용되는 예를 바르게 서술하였습니다.
중	렌즈의 이름을 '볼록 렌즈'라고 정확히 쓰고 가운데 부분이 가장자리보다 두꺼운 특징을 서술하였지만 현미경, 망원경, 사진기 등 렌즈가 이용되는 예를 바르게 서술하지 못하였습니다.
하	렌즈의 이름만 쓰거나 특징 또는 이용되는 예를 바르게 서술하지 못하였습니다.

4

곰

간이 사진기로 본 물체의 모습은 상하좌우가 바뀌어 보입니다.

상	해당 글자의 상하좌우가 바뀐 문자를 바르게 표현하고 간이 사진기의 볼록 렌즈가 빛을 굴절시켜 실제 모습과 다른 모습을 만든다고 바르게 서술하였습니다.
중	해당 글자의 상하좌우가 바뀐 문자를 바르게 표현하였지만 간이 사진기의 볼록 렌즈가 빛을 굴절시켜 실제 모습과 다른 모습을 만든다고 바르게 서술하지 못하였습니다.
하	해당 글자의 상하좌우가 바뀐 문자를 바르게 표현하지 못하고 간이 사진기의 볼록 렌즈가 빛을 굴절시켜 실제 모습과 다른 모습을 만든다고 바르게 서술하지 못하였습니다.

정답과 풀이

1 효모   **2** ②   **3** ①   **4** 자료 변환   **5** ⑤   **6** 온도   **7** (나)   **8** 동, 남, 서   **9** 밤   **10** (1) 태양 (2) 지구 (3) 낮   **11** ③   **12** 풀이 참조   **13** ㉠ 동쪽 ㉡ 서쪽   **14** 달은 서쪽에서 동쪽으로 날마다 조금씩 위치를 옮겨 갔고 초승달에서 상현달, 보름달로 모양이 변한다.   **15** (1) ○ (3) ○   **16** (1) (나) (2) (가)   **17** 액체: 변하지 않는다. 기체: 많이 작아진다.   **18** 풀이 참조   **19** 페트병 속 기체의 온도가 높아지면 기체의 부피가 커지면서 부피가 커지기 때문이다.   **20** ⑤

풀이

1 효모는 빵, 맥주, 과일주 등을 만드는 데 사용하는 미생물로, 빵 반죽을 발효시켜 부풀게 합니다.

4 실험 결과를 가장 효과적으로 전달할 수 있도록 표, 그래프, 그림 등으로 자료를 변환합니다.

8 하루 동안 지구는 서쪽에서 동쪽으로 자전하기 때문에 태양, 달은 지구 자전과 반대 방향인 동쪽에서 서쪽으로 움직이는 것처럼 보입니다.

12

초승달	상현달	보름달	하현달
🌙	◗	◯	◖

초승달 – 상현달 – 보름달 – 하현달 – 그믐달의 순서로 달의 모양이 변합니다. 음력 2~3일 무렵에는 초승달, 음력 7~8일 무렵에는 상현달, 음력 15일 무렵에는 보름달, 음력 22~23일 무렵에는 하현달, 음력 27~28일 무렵에는 그믐달을 볼 수 있습니다.

14 태양이 진 직후 초승달은 서쪽 하늘에서 보이고 상현달은 남쪽 하늘에서 보이며 보름달은 동쪽 하늘에서 보입니다.

16 시트르산과 석회석, 묽은 염산과 조개껍데기를 반응시켜서 이산화 탄소를 발생시킬 수도 있습니다.

18

삼각 플라스크를 뜨거운 물이 든 비커에 넣었을 때	삼각 플라스크를 얼음 물이 든 비커에 넣었을 때
○	

기체의 부피는 온도가 높아지면 커지고 온도가 낮아지면 작아집니다.

1 가설   **2** ⑳ 효모는 차가운 곳보다 따뜻한 곳에서 더 잘 발효할 것이다.   **3** ⑤   **4** 따뜻한 물   **5** 시험관을 담근 물의 온도   **6** ㉠   **7** (나) ○ (라) ○   **8** 낮   **9** ②   **10** ②   **11** 지구가 태양을 반 바퀴 돌 동안은 낮이 계속 이어지고 나머지 반 바퀴를 돌 동안은 밤이 계속 이어진다.   **12** 상현달   **13** ⑤   **14** 거품 속 기체는 향불을 잘 타게 도와준다.   **15** 산소   **16** ①, ⑤   **17** 산 아래로 내려오면서 압력이 커졌고, 페트병 속의 기체 부피가 작아졌다.   **18** 풀이 참조   **19** ㉠   **20** (1)－㉢ (2)－㉠ (3)－㉡

풀이

2 온도 조건을 다르게 하여 실험하였으므로 온도에 따라 발효 정도가 다른 것을 예상할 수 있습니다.

3 비커에 넣는 차가운 물과 따뜻한 물의 온도만 다르게 하고 나머지 조건은 같게 합니다.

7 보름달은 저녁 7시쯤 동쪽 하늘에서 보이고 남쪽을 지나 서쪽 하늘로 움직이는 것처럼 보입니다.

8 전등을 켰을 때 관측자 모형에 직접 빛을 비추고 있으므로 낮입니다.

11 지구가 자전하지 않으면 우리나라는 계속 우주의 한쪽 방향만 향하므로 낮과 밤이 반년씩 계속됩니다.

12 음력 7~8일 무렵에 상현달을 볼 수 있습니다.

13 달은 태양이 진 직후 같은 시각에 관측하며 여러 날 동안 달의 모양은 초승달–상현달–보름달의 순서로 변합니다.

14 묽은 과산화 수소수와 아이오딘화 칼륨이 만나 향불을 잘 타게 도와주는 기체를 만들었습니다.

18

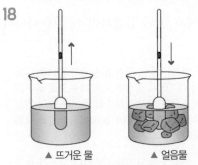

▲ 뜨거운 물   ▲ 얼음물

온도가 높아지면 기체 부피가 커지므로, 뜨거운 물이 든 비커에 넣은 플라스틱 스포이트 속 물방울은 위로 올라갑니다.

3회 100점 예상문제

148~150쪽

1 식물 세포   2 핵   3 핵 (○), 세포막 (○)   4 뿌리   5 뿌리에 양분을 저장한다.   6 ②   7 ②, ⑤   8 ㉠   9 (나)   10 ㉠ 암술 ㉡ 수술 ㉢ 꽃잎 ㉣ 꽃받침   11 갈고리가 있어 동물의 털이나 사람의 옷에 붙어서 퍼진다.   12 ⑤   13 ①   14 빛의 굴절   15 ③   16 (가) ○   17 풀이 참조   18 간이 사진기에 있는 볼록 렌즈가 빛을 굴절시켜 기름종이에 상하좌우가 바뀐 물체의 모습을 만들기 때문이다.   19 풀이 참조   20 ⑤

풀이

2 핵은 둥근 모양이며 염색되어 붉게 보입니다.

3 동물 세포에는 세포막과 핵은 있지만 엽록소, 세포벽은 식물 세포에만 있습니다.

5 뿌리는 물을 흡수할 뿐만아니라 식물체를 지지하고 양분을 저장합니다.

7 줄기의 생김새는 식물에 따라 다르고 주로 물과 양분의 이동 통로 역할을 합니다.

8 광합성은 잎에서 빛, 물, 이산화 탄소를 이용하여 녹말이 만들어지는 과정입니다.

9 잎이 있는 모종은 잎의 기공을 통해 물이 식물 밖으로 빠져나가는 증산 작용이 일어납니다.

13 빛은 공기와 물의 경계에서 꺾입니다.

14 물을 붓지 않았을 때는 젓가락이 반듯했지만 물을 부은 다음에는 젓가락이 꺾여 보입니다.

15 물방울, 유리 막대는 볼록 렌즈 구실을 할 수 있으며 빛은 렌즈의 두꺼운 부분으로 꺾입니다.

17

실제 모습과 상하좌우가 바뀌어 보입니다.

19

 볼록 렌즈는 물체의 모습을 크게 보이게 하거나 빛이 모일 수 있게 합니다. 현미경에서 접안렌즈와 대물렌즈에 볼록 렌즈를 사용합니다.

4회 100점 예상문제

151~153쪽

1 ③   2 뿌리   3 청람색으로 변하였다.   4 ①   5 (가)   6 증산 작용   7 꽃가루를 만든다.   8 ④   9 ②   10 (1)-㉡ (2)-㉠ (3)-㉢   11 햇빛은 여러 빛깔로 이루어져 있다.   12 풀이 참조   13 볼록 렌즈   14 ③   15 평면 유리   16 ⑤   17 ③   18 ③   19 (1)-㉡ (2)-㉠ (3)-㉢   20 볼록 렌즈

풀이

1 식물 세포에는 세포벽이 있고 동물 세포에는 세포벽이 없습니다.

2 뿌리는 식물에서 흡수 기능, 지지 기능, 저장 기능을 하는 부분입니다.

3 빛을 받은 잎에서만 녹말이 만들어졌다는 것을 알 수 있습니다.

4 모종 한 개는 잎을 남겨 두고 다른 한 개는 잎을 모두 없앤 다음 다른 조건은 모두 같게 합니다.

6 증산 작용을 통해 뿌리로 흡수한 물을 식물의 꼭대기까지 끌어올릴 수 있고 식물의 온도를 조절합니다.

7 수술에서 꽃가루를 만들고 암술에서 꽃가루받이를 거치면 씨가 만들어집니다.

8 암술에서 씨가 만들어지고 씨를 싸고 있던 암술이나 꽃받침 등이 함께 자라 열매가 됩니다.

10 꽃에서 꽃가루받이를 거쳐 씨를 만듭니다.

12

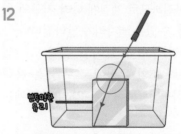

공기와 다른 물질이 만나는 경계에서 빛이 굴절됩니다.

14 볼록 렌즈가 빛을 흡수하는 것이 아니라 빛을 굴절시켜 한 곳으로 모으는 것입니다.

16 간이 사진기에서 렌즈는 빛을 굴절시켜 기름종이에 물체의 모습이 나타나게 합니다.

18 프리즘은 유리나 플라스틱 등으로 만든 투명한 삼각기둥의 기구이며, 햇빛을 비추면 여러 빛깔로 나뉩니다.

19 현미경의 접안렌즈에 사용된 볼록 렌즈는 물체의 모습을 더 크게 보이게 합니다.

154~156쪽

5회 100점 예상문제

1 효모   2 가설 설정   3 온도   4 ⓒ-㉠-ⓒ-
㉣   5 하루 동안 태양과 달은 동쪽에서 남쪽을 지나
서쪽으로 움직이는 것처럼 보인다.   6 ④   7 겨울
철 별자리가 태양과 같은 방향에 있어 태양 빛 때문
에 볼 수 없기 때문이다.   8 ③   9 ⑤   10 ⑤
11 ㉣   12 ㉠: 커지고 ㉡: 작아진다   13 ㉣   14 식
물이 빛과 이산화 탄소, 뿌리에서 흡수한 물을 이용하
여 스스로 양분을 만드는 것을 광합성이라고 한다.
15 ⑤   16 (1)-㉠ (2)-ⓒ (3)-㉣ (4)-㉡   17 프
리즘   18 ⑤   19 곧게 나아가던 레이저 지시기의
빛이 볼록 렌즈를 통과하면 빛은 두꺼운 가운데 부분
으로 꺾여 나아간다.   20 ③

풀이

2 탐구 문제를 정하고 그 문제의 답을 예상하는 것을
가설 설정이라고 합니다.

4 탐구 문제를 정하여 가설을 세운 다음 실험을 하고
결론을 도출합니다.

5 하루 동안 지구는 서쪽에서 동쪽으로 자전하기 때문
에 태양과 달은 반대 방향인 동쪽에서 서쪽으로 움직
이는 것처럼 보입니다.

6 낮과 밤이 반복되는 까닭은 지구가 자전하기 때문입
니다.

7 지구가 태양 주위를 공전하므로 계절에 따라 지구의 위
치가 달라지며 밤에 볼 수 있는 별자리가 달라집니다.

8 초승달은 음력 2~3일 무렵에 보이고 음력 7~8일
무렵에는 상현달, 음력 15일 무렵에는 보름달, 음력
22~23일 무렵에는 하현달, 음력 27~28일 무렵에는
그믐달이 보입니다.

11 액체는 압력에 의해 부피가 변하지 않습니다. 따라
서 ㉣은 '변하지 않는다.'가 맞습니다.

12 기체의 부피는 온도가 높아지면 커지고 온도가 낮아
지면 작아집니다.

14 빛을 받은 잎에서는 광합성을 통해 녹말이 만들어집
니다.

18 자동차 거울로 뒤쪽을 볼 수 있는 것은 거울에 빛이
반사되는 것을 이용하는 것입니다.

19 직진하던 빛이 볼록 렌즈를 통과하여 꺾여서 진행하
는 것을 볼 수 있습니다.

157~159쪽

6회 100점 예상문제

1 차가운 물: 5, 따뜻한 물: 9   2 ③   3 ㉢   4 예)
효모가 발효하는 데 따뜻한 온도가 영향을 미친다.
5 자전축   6 (1) ○ (2) × (3) ○   7 ④   8 동쪽에서
서쪽으로 → 서쪽에서 동쪽으로   9 ③   10 ②, ⑤
11 ②   12 ⑤   13 ③   14 광합성   15 동물에게 먹
힌 뒤 씨가 똥과 함께 나와 퍼진다.   16 ③   17 풀이
참조   18 ②, ③   19 ①   20 ㉠ 볼록 ㉡ 상하좌우
ⓒ 굴절

풀이

1 그래프에서 효모액의 부피에 해당하는 숫자를 읽고
쓰도록 합니다.

3 결론 도출은 탐구 활동 전체에 대한 정리 단계이며
실험 결과를 통해 얻을 수 있습니다.

5 지구는 지구의 자전축을 중심으로 하루에 한 바퀴씩
서쪽에서 동쪽(시계 반대 방향)으로 회전합니다.

6 지구의 공전 방향은 자전 방향과 같이 서쪽에서 동쪽
으로 회전하며 지구의 공전 주기는 약 365일(1년)입
니다.

8 달은 하루에 조금씩 서쪽에서 동쪽으로 이동하며 초
승달에서 상현달, 보름달로 모양이 변합니다.

9 산소는 스스로는 타지 않지만 다른 물질이 타는 것을
도와줍니다.

11 공기를 넣은 주사기의 입구를 막고 피스톤을 약하게
누르면 부피가 조금 작아지고, 세게 누르면 부피가
많이 작아집니다.

15 벚나무, 겨우살이, 참외, 감, 찔레꽃 등의 씨가 퍼지
는 방법입니다.

17
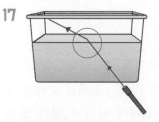

빛이 물속에서 공기 중으로 나아갈 때 경계에서 꺾여
나아갑니다.

18 빛은 공기와 볼록 렌즈 경계에서 굴절하며 볼록 렌즈
를 이용하여 빛을 모을 수 있습니다.

19 볼록 렌즈를 통과한 햇빛이 하얀색 도화지에 만든 원
안의 온도는 다른 곳보다 높고 밝기도 더 밝습니다.

전과목

단원평가 총정리

변형 국배판 / 1~6학년 / 학기별

- 디자인을 참신하게 하여 학습 효율성을 높였습니다.

- 단원 평가에 완벽하게 대비할 수 있도록 전 범위를 수록 하였습니다.

- 교과 내용과 관련된 사진 자료 등을 풍부하게 실어 학습에 흥미를 느낄 수 있도록 하였습니다.

- 수준 높은 서술형 문제를 실었습니다.

정답과 풀이

과학

선생님이 강력 추천하는

개념＋PLUS
단원평가

독서 단원
+단원 요점

5·1

차례

독서 준비 읽을 책을 정하고 책 미리 보기

⭐ 읽을 책 정하기

🔄 도서관에서 책을 찾는 방법 알기

■ 우리 학교 도서관 둘러보기

도서관에 책이 아주 많아. 내가 찾는 책이 어디에 있는지 어떻게 알 수 있을까?

도서관에서 책을 찾았던 경험을 떠올려 보자.

책과 책꽂이마다 번호가 붙어 있구나.

도서 검색대에서 청구 기호를 찾은 다음 그 책을 찾아가 보자.

■ 책 제목을 보고 알맞은 책꽂이에 책 꽂아 보기

🔄 청구 기호에 쓴 숫자 알아보기

■ 도서관에서 책 찾기 놀이 하기

❶ 모둠 친구끼리 의논해 담당 구역을 정하고, 각자 마음에 드는 책을 한 권씩 고른다.
❷ 쪽지에 자신이 고른 책 정보를 쓰고 책은 제자리에 다시 꽂아 둔다.
❸ 쪽지를 반으로 잘라 책 제목 부분은 자신이 가지고, 청구 기호 부분은 다른 친구와 바꾼다.
❹ 친구와 바꾼 쪽지에 쓰인 청구 기호를 보고 책을 찾는다.
❺ 쪽지 주인을 찾아가 자신이 찾은 책이 맞는지 확인한다. 맞으면 아래 표에 책 제목을 쓴다.
❻ 놀이를 되풀이하면서 책을 분야별로 찾아볼 수 있도록 한다.

■ 책 찾기 놀이를 하며 책 제목과 청구 기호 쓰기

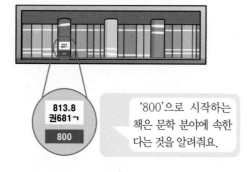

813.8
권681ㄱ
800

'800'으로 시작하는 책은 문학 분야에 속한다는 것을 알려줘요.

책 내용에 따라 숫자로 나누었어요.

번호	한국 십진분류법	책 제목	청구 기호
000	총류		
100	철학		
200	종교		
300	사회 과학		
400	자연 과학		
500	기술 과학		
600	예술		
700	언어		
800	문학		
900	역사		

🌸 문학 작품 가운데에서 읽을 책 정하기

■ 누구와 읽을지 정하기

학급 전체 읽기	반 친구들과 의논해 읽고 싶은 책을 함께 골라 읽습니다.
모둠끼리 읽기	모둠 친구들과 의논해 읽고 싶은 책을 함께 골라 읽습니다.
혼자 읽기	자신이 읽고 싶은 책을 혼자 골라 읽습니다.

■ 문학 분야의 책 가운데에서 읽을 만한 책 고르기

나는 동화책 한 권을 우리 반 친구들과 함께 읽으면 좋겠어.

나는 시를 좋아해. 친구들과 함께 시집을 읽고 싶어.

문학 분야에는 동화, 시, 희곡, 수필같이 여러 갈래가 있구나.

■ 친구들에게 책 추천하기

책을 추천할 때에는 책을 추천한 까닭이 자세히 드러나게 설명하면 좋아.

■ 이번 학기에 읽을 책 정하기
◎ 이번 학기에 읽고 싶은 책 목록 만들기

책 제목	지은이	쪽수	출판사

이번 학기에 읽기로 정한 책	
그 책을 정한 까닭	

☆ 책 미리 보기

◈ 자신이 정한 책의 앞뒤 표지를 살피며 친구들과 질문 주고받기

> 책 제목과 표지에 나온 정보만으로 친구들과 질문을 만들어 주고받아 봅니다. 이때 친구 책과 자신의 책이 같지 않아도 되고, 정답을 꼭 알아맞히지 않아도 됩니다.

❶ 자신이 정한 책을 뒤집어 펼쳐 놓는다.
❷ 앞뒤 표지의 제목, 글귀, 그림을 살펴본다.
❸ 살펴본 내용을 바탕으로 하여 책과 관련 있는 질문을 만들어 본다.
❹ 친구들과 함께 질문을 주고받으며 이야기를 나누어 본다.

> ▪앞뒤 표지 글귀를 보고 질문 주고받기
> – 이 이야기의 주제는 무엇일까?
> – 이 글귀를 왜 표지에 실었을까?

> ▪책 제목을 보고 질문 주고받기
> – 왜 이런 제목을 정했을까?
> – 책에 어떤 내용을 담았을까?

> ▪앞뒤 표지 그림을 보고 질문 주고받기
> – 인물의 성격이나 기분은 어떨까?
> – 어디에 쓰는 물건이며 이 책에 왜 나올까?

◈ 책 차례와 그림 미리 보기

> 차례를 보니 주인공이 어려움을 겪고 그것을 이겨 내는 이야기인 것 같아.

> 인물의 옷차림을 보니 조선 시대에 일어난 이야기인 것 같아.

> 그림에서 인물이 책을 열심히 읽는 모습을 보니 책 읽는 걸 좋아하나 봐.

> 인물의 표정을 보니 외로워 보여. 슬픈 일이 있나 봐.

> 책 차례와 그림을 미리 살펴보고 내용을 짐작해 봅니다. 책의 처음 몇 장만 미리 보고도 앞으로 펼쳐질 내용을 짐작할 수 있습니다.

| 독서 | 책을 즐기며 읽기 |

다음과 같은 점을 생각하며 앞에서 정한 책을 즐기며 읽기

장면을 떠올리며 읽기

이야기나 시의 장면을 머릿속에 자세하게 그리며 읽습니다.

상상하며 읽기

자세하게 드러나지 않은 부분을 상상하며 읽습니다.

자신의 삶과 연결 지으며 읽기

작품에 나온 세계를 자기 삶과 관련지으며 읽습니다.

책을 읽을 때 생각할 점

인상 깊은 부분을 찾으며 읽기

재미있는 표현이나 기억에 남는 글귀를 생각하며 읽습니다.

다른 작품과 연결 지으며 읽기

다른 작품을 떠올려 견주어 보며 읽습니다.

독서 단원 **5**

책을 읽으면서 '장면을 떠올리기'나 '상상하며 읽기'가 어려울 때 참고 1 이나 참고 2 살펴보기

참고 1 장면을 떠올리며 이야기나 시 읽기

🔆 이야기를 읽으며 장면을 떠올리기가 어려울 때 참고하기

그림을 살펴보면 장면을 떠올리는 데 도움을 받을 수 있다.

인물이나 장소를 자세히 나타낸 부분을 보면 장면을 떠올리기 쉽다.

장면에 나온 낱말들이 어떤 분위기를 나타내는지 생각해 본다.

이야기에서 일어난 사건과 비슷한 일이 있는지 떠올려 본다.

🔆 장면을 떠올리며 시를 읽기가 어려울 때 참고하기

■ 시의 배경이나 시에 쓰인 낱말을 중심으로 장면을 떠올려 봅니다.

시의 배경이 되는 곳에 자신이 있다고 생각해 봐. 무엇이 보이고 어떤 소리가 들릴까?

 시 내용을 그림으로 그린다고 생각해 봐.

시에 나타난 감각을 자신이 느낀다고 생각해 봐.

 시 내용과 비슷한 자신의 경험을 떠올리며 시를 읽어 봐.

시에 쓰인 낱말이나 글귀에서 마음에 드는 표현을 찾아봐.

참고 2 상상하며 읽기

💠 상상하며 읽기가 어려울 때 참고하기

홍길동은 자신이 만든 나라를 보며 어떤 표정을 지었을까?

홍길동이 만든 나라에 사는 사람들은 어떤 모습일까?

내가 홍길동 같은 능력이 있다면 가장 먼저 무엇을 할까?

홍길동이 지금 우리가 사는 곳에 오면 무엇을 보고 가장 놀랄까?

홍길동은 어릴 때 어떤 친구들과 무엇을 하며 놀았을까?

독서 후   책 내용을 간추리고 생각 나누기

⭐ 책 내용 간추리기

🔶 이야기책을 읽고 난 뒤 정리하기

　■ 인물, 사건, 배경을 중심으로 이야기 내용 간추리기

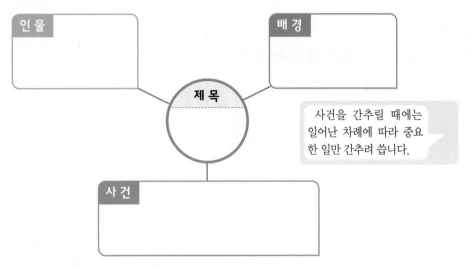

인물

배경

제목

사건을 간추릴 때에는 일어난 차례에 따라 중요한 일만 간추려 씁니다.

사건

　■ 주제가 무엇인지 이야기 나누기

🔶 시집을 읽고 난 뒤 정리하기

　■ 시집에서 가장 인상 깊은 시 고르기

시집 제목	
시 제목	
지은이	
인상 깊은 까닭	

시의 분위기는 시에서 풍겨 나오는 느낌입니다. 슬픔, 밝음, 불쌍함, 신비함, 따뜻함 따위가 있습니다.

　■ 인상 깊은 시를 읽고 생각 정리하기

가장 중요하다고 생각하는 말	
시를 읽고 떠올린 장면	
시의 분위기	
재미있게 느끼거나 감동받은 부분	
지은이가 말하려는 주제	

⚙ 독서 토의 하기

■ 책을 읽고 친구들과 생각 나누기

◎ 책 내용에서 답을 찾을 수 있는 질문을 만들어 이야기 나누기

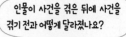

◎ 책 내용에서 단서를 찾아 답할 수 있는 질문을 만들어 이야기 나누기

◎ 책을 읽고 무엇을 느꼈는지 질문을 만들어 이야기 나누기

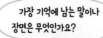

◎ 자신의 삶과 관련짓는 질문을 만들어 이야기 나누기

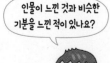
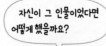

◎ 앞에서 나온 질문 외에 여러 가지 질문 만들기

■ 주제를 정해 독서 토의 하기

◎ 독서 토의 주제 이야기하기

◎ 토의 주제 정하기

토 의 주 제

> 서로 같은 책을 읽지 않아도 같은 주제로 이야기를 나눌 수 있습니다. 각자 읽은 책에서 비슷한 점을 찾아 토의 주제를 만들어 봅니다.

> 서로 다른 두 작품을 인물, 사건, 배경끼리 서로 연결해서 살펴보고 토의 주제를 정할 수 있습니다. 또 문학과 우리 삶을 연결해서 토의 주제를 정할 수도 있습니다.

◎ 토의 주제를 생각하며 자신의 의견 정하기

내 의견	
그렇게 생각한 까닭	

◎ 다른 사람 의견을 듣고 함께 이야기하기

의견 1

의견 2

의견 3

함께 정한 의견

◎ 토의하고 나서 작품을 바라보는 자신의 생각이 어떻게 바뀌었는지 이야기하기

다음 내용을 간추려서 정리 하여보기

다음 활동 가운데에서 하나를 선택하기

선택 ① 책 평가하기

■ 자신이 읽은 책을 평가하는 질문 만들기

책 제 목

이 책 줄거리는 인종 차별이라는 주제를 잘 드러내는가?

이야기가 주제를 잘 드러내는지 묻는 질문

표지나 그림 또는 분량이 알맞은지 묻는 질문

이 책 표지는 책에 대한 관심을 끌어내거나 책 내용을 짐작하기에 알맞은가?

■ 묻고 답하며 친구들과 이야기하기

답이 하나로 정해지지 않은 질문으로 대화하면 더 재미있는 대화를 나눌 수 있습니다.

자신이 한 대답과 친구가 한 대답을 견주어 보며 새로운 질문을 만들어 봅니다.

■ 책 평가하기

내 별점	추천하고 싶은 사람	추천하는 까닭
☆ ☆ ☆ ☆ ☆		
한 줄 평		

선택 ② 책 띠지 만들기

■ 여러 가지 책 띠지 살펴보기

책에 나오는 인상 깊은 문장을 썼네.

책 전체 내용을 간추려서 썼구나.

책과 어울리는 그림을 함께 그리니 더 조화롭고 보기 좋구나.

■ 나만의 책 띠지 만들기

❶ 책 띠지 모양을 정한다. (가로세로 방향으로 모두 만들 수 있다.)

❷ 책 띠지 내용을 무엇으로 할지 생각한다.

> ⑩ 책을 간추린 내용, 책을 읽은 느낌, 책과 어울리는 그림, 책 광고

❸ 책과 관련한 글을 쓰거나 그림을 그려 책 띠지를 만든다.

■ 전시회를 열고 감상하기

☆ 정리하기

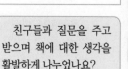
독서 활동 돌아보기

| 책 표지, 차례, 그림을 살펴보고 읽을 책을 정했나요? ○○○ | 책을 읽을 때 생각할 점을 떠올리며 즐겁게 읽었나요? ○○○ |
| 친구들과 질문을 주고받으며 책에 대한 생각을 활발하게 나누었나요? ○○○ | 문학 작품과 자신의 삶을 관련지어 생각해 보았나요? ○○○ |

매우 잘함: ●●●, 잘함: ●●, 보통임: ●

더 찾아 읽기

내가 읽은 책과 주제가 비슷한 책을 찾아 읽고 싶어.

난 이 작가가 쓴 다른 작품도 읽고 싶어.

더 읽고 싶은 책

책 제목	지은이	이 책을 고른 까닭

자신이 읽은 책과 관련 있는 다른 책을 더 찾아 읽어 봅니다.

독서 습관 기르기

■ 이번 학기 동안에 자신이 읽은 문학 작품을 다른 작품과 연결해 보기

책 제목	책을 읽은 기간	책을 읽고 떠오르는 다른 작품	그 작품이 떠오른 까닭

1. 대화와 공감

대화의 특성

상대를 직접 보면서 말을 주고받습니다.
잘 듣지 않으면 다시 물어봐야 합니다.
표정, 몸짓, 말투에 따라 기분이나 생각을 짐작할 수 있습니다.
대화를 할 때에는 상대의 마음을 살피며 말해야 합니다.

칭찬의 중요성 알기

상대의 기분을 좋아지게 합니다.	일을 더욱 잘할 수 있게 힘을 줍니다.	누군가에게 용기를 줍니다.	자신을 긍정적으로 바라보게 합니다.
올바른 습관을 기르고 능력을 키우는 데도 도움이 됩니다.	다른 사람과의 관계를 좋아지게 만듭니다.	친구와 신뢰와 우정을 쌓을 수 있습니다.	일을 성취하고 발전시킬 수 있습니다.

상대를 배려하며 조언하기

상대에게 고민을 말하도록 강요하지 않습니다.	상대가 고민을 편안하게 말할 수 있도록 잘 듣습니다.
상대에게 도움이 되는 내용을 말합니다.	상대에게 진심이 전해지도록 노력합니다.

경험을 떠올리며 글을 읽으면 좋은 점

내용을 더 쉽게 이해할 수 있습니다.

내용을 더 생생하게 느낄 수 있습니다.

책이나 영상에서 본 것을 떠올리면 더욱 실감 나게 읽을 수 있습니다.

인물의 마음을 더 잘 이해할 수 있습니다.

상상한 이야기가 비슷하거나 다른 까닭 알기

같은 이야기로 글을 쓰더라도 읽는 사람의 지식이나 경험, 상상력에 따라 생각이나 느낌은 다를 수 있기 때문입니다.

사람마다 경험이 다르기 때문에 이어질 이야기에 대한 상상력도 다르기 때문입니다.

인상 깊은 장면이 다르기 때문입니다.

작품 속 세계와 현실 세계 비교하기

작품 속 세계는 현실 세계와 비슷하거나 같은 점도 있습니다.

작품 속 세계는 현실 세계에서는 일어나지 않는 일들이 일어날 수 있도록 상상해 만든 세계입니다.

3. 글을 요약해요

🎐 설명하는 글의 필요성

```
                        설명하는 글
        ┌──────────────────┼──────────────────┐
  필요한 정보를 얻      어떤 일을 할 때       일의 방법과 규칙
  을 수 있습니다.       그 일의 차례를 알     을 알 수 있습니다.
                       수 있습니다.
```

🎐 여러 가지 설명 방법

① 두 가지 이상의 대상에서 공통점과 차이점을 찾아 설명합니다.

비교·대조	두 가지 이상의 대상에서 공통점과 차이점을 찾아 설명하기에 좋은 방법

② 주제 하나에 특징 몇 가지나 보기를 들어 설명합니다.

열거	설명하려는 대상의 특징을 나열해 설명하는 방법

🎐 구조를 생각하며 글 요약하기

각 문단의 중심 문장을 찾습니다.	중요하지 않은 내용은 지우고, 세부 내용은 대표적인 말로 바꾸어 중심 내용을 정리합니다.	글의 구조에 알맞게 틀을 그려 내용을 정리합니다.

4. 글쓰기의 과정

문장을 구성하는 성분

주어	• 문장에서 동작이나 상태의 주체가 됩니다. • 무엇이 뛰는지, 누가 공을 던지는지 알 수 있도록 해 줍니다. 예 토끼가, 아이가
서술어	• 문장에서 주어의 움직임, 상태, 성질 따위를 풀이해 줍니다. • 문장에서 주체가 되는 대상이 무엇인지, 어찌하는지, 상태가 어떠한지를 알 수 있게 해 줍니다. 예 새입니다, 앉았습니다, 귀엽습니다
목적어	• 문장에서 동작의 대상이 됩니다. • 무엇에 대한 것인지를 알 수 있도록 해 줍니다. 예 음식을, 강아지를

쓸 내용 떠올리기

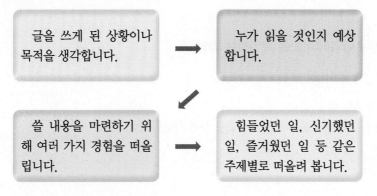

글을 쓰게 된 상황이나 목적을 생각합니다. ➡️ 누가 읽을 것인지 예상합니다.

쓸 내용을 마련하기 위해 여러 가지 경험을 떠올립니다. ➡️ 힘들었던 일, 신기했던 일, 즐거웠던 일 등 같은 주제별로 떠올려 봅니다.

호응 관계가 알맞은 문장 쓰기

높임의 대상을 나타내는 말과 서술어의 호응	예 할아버지께서 주무신다.
시간을 나타내는 말과 서술어의 호응	예 내일 친구를 만날 거야.
동작을 당하는 주어와 서술어의 호응	예 바다가 보였다.

상황에 따라 여러 가지로 해석되는 낱말 알기

동형어	형태는 같지만 뜻이 서로 다른 낱말
다의어	한 낱말이 여러 가지 뜻을 가진 경우

동형어나 다의어를 사용할 때 주의할 점

주의할 점

낱말의 뜻을 정확하게 파악해야 합니다.	어떤 뜻으로 쓰인 낱말인지 알려면 낱말의 앞뒤 내용을 잘 살펴보아야 합니다.	문장의 내용에 어울리게 적절한 낱말을 사용해야 합니다.

동형어나 다의어의 뜻을 확인하는 방법

문장에서 대신 쓸 수 있는 낱말을 생각해 봅니다.	국어사전에서 어울리는 뜻을 찾아 확인합니다.	낱말의 앞뒤 내용을 살펴보고 관련 있는 뜻을 찾을 수 있습니다.

글쓴이의 주장을 파악하는 방법

각 문단의 중심 내용을 확인합니다.
글쓴이의 의견이 무엇인지 알아보고, 어떤 근거를 제시했는지 살펴봅니다.
글쓴이가 여러 번 강조해 사용하는 낱말이 무엇인지 확인합니다.
글 제목을 생각해 봅니다.

6. 토의하여 해결해요

🏑 토의 뜻과 필요성 알기

토의	어떤 문제를 여러 사람이 협력해 해결하는 방법

ⓔ 가족 여행 장소를 정할 때 ─ 토의가 필요한 경우 ─ ⓔ 모둠 과제의 역할을 정할 때

🏑 토의의 절차와 방법 알기

문제 상황 ➡ 토의 주제 정하기 ➡ 의견 마련하기

➡ 의견 모으기 ➡ 의견 결정하기

토의 절차	토의 방법
토의 주제 정하기	• 토의하고 싶은 주제를 자유롭게 이야기하기 • 토의 주제로 알맞은지 판단하기 • 토의 주제 결정하기
의견 마련하기	• 토의 주제에 맞게 자신의 의견 쓰기 • 그 의견이 좋은 까닭 쓰기
의견 모으기	• 친구들과 의견 주고받기 • 각 의견의 장단점 찾기 • 의견이 알맞은지 판단할 기준 세우기 • 기준에 따라 의견이 알맞은지 판단하기
의견 결정하기	• 기준에 따라 가장 알맞은 의견으로 결정하기

기행문의 특성 파악하기

	뜻	드러내는 표현
여정	여행하면서 다닌 곳	주로 시간과 장소를 나타내는 표현이 쓰임.
견문	여행하면서 보고 들은 것	어떤 장소를 방문해 본 것과 들은 것을 나타냄.
감상	여행하면서 생각하거나 느낀 것	여행하며 든 생각이나 느낌을 표현함.

여정, 견문, 감상이 드러나게 기행문 쓰기

	뜻
처음	• 여행한 까닭이나 목적을 씁니다. • 여행을 떠나기 전의 기대와 설렘, 떠날 때 날씨와 교통편, 도착할 때까지 걸린 시간이나 여행 일정 소개 따위를 더 쓸 수도 있습니다.
가운데	• 여행지에서 다닌 곳, 보고 들은 것, 생각하거나 느낀 것과 같이 여행하면서 있었던 일을 씁니다. • 인상 깊은 경험이나 이야기, 이동하면서 겪은 일이나 느낌, 새롭게 안 사실, 출발 전에 조사한 여행지 자료 따위를 더 쓸 수도 있습니다.
끝	• 여행의 전체 감상을 씁니다. • 여행한 뒤에 한 다짐이나 반성, 여행하며 느낀 만족감, 아쉬운 점, 바라는 점, 앞으로 있을 계획이나 각오 그리고 여행한 뒤에 달라진 생각이나 태도 따위를 나타낼 수 있습니다.

8. 아는 것과 새롭게 안 것

📝 낱말의 짜임

		뜻	예
단일어		나누면 본래의 뜻이 없어져 더는 나눌 수 없는 낱말	바늘, 사과, 나무, 밤
복합어		뜻이 있는 두 낱말을 합친 낱말	바늘방석, 사과나무
		뜻을 더해 주는 말과 뜻이 있는 낱말을 합친 낱말	맨주먹, 첫눈, 햇밤, 덧신

사과나무	=	사과	+	나무	풋사과	=	풋	+	사과
뜻: 사과가 열리는 나무.					뜻: 아직 덜 익은 사과.				

📝 겪은 일을 떠올리며 글 읽기

글을 읽고 관련 있는 경험을 본 일, 들은 일, 한 일로 나누어 정리해 봅니다.

글을 읽고 새롭게 안 내용이 서로 다른 까닭	서로 겪은 일이나 아는 내용이 다르기 때문입니다.
겪은 일을 떠올리며 글을 읽으면 좋은 점	• 글 내용을 더 쉽게 이해할 수 있습니다. • 글 내용을 더 깊이 있게 이해할 수 있습니다. • 글 내용에 더 흥미를 지니게 됩니다. • 자신이 아는 내용과 비교하며 글을 읽을 수 있습니다.

📝 아는 지식을 활용해 글 읽기

제목을 보고 글의 내용을 예상해 봅니다.	아는 내용을 떠올리며 글을 읽어 봅니다.	아는 지식과 새롭게 안 지식을 연결해 어떤 관련이 있는지 이야기해 봅니다.	새롭게 알거나 자세히 안 점을 정리해 봅니다.

글의 종류에 따른 읽기 방법 알기

설명하는 글을 읽을 때 고려할 점	설명하는 글을 읽는 방법
이 글은 무엇을 설명하는가?	설명하려는 대상이 무엇인지 생각합니다.
설명하는 내용이 무엇인가?	대상의 무엇을 자세히 설명하는지 생각합니다.
이미 알던 내용은 무엇인가?	대상을 보고 이미 아는 것을 떠올립니다.
새롭게 안 내용은 무엇인가?	대상에 대해 새롭게 안 것을 찾습니다.

주장하는 글을 읽을 때 고려할 점	주장하는 글을 읽는 방법
글쓴이의 주장은 무엇인가?	글쓴이의 주장을 파악합니다.
주장을 뒷받침하는 근거는 무엇인가?	주장을 뒷받침하는 근거를 찾습니다.
주장과 근거가 적절한가?	주장을 뒷받침하는 알맞은 근거인지 생각합니다.
자신의 생각과 같은 점은 무엇인가?	자신의 생각과 비교해 같은 점을 찾습니다.
자신의 생각과 다른 점은 무엇인가?	자신의 생각과 비교해 비판하는 태도로 읽습니다.

필요한 자료를 찾아 정리하기

훑어 읽기	• 제목을 가장 먼저 읽고 필요한 내용이 있는지 생각합니다. • 글 전체를 다 읽지 않고 중요한 낱말을 읽으면서 필요한 내용이 있는지 찾아봅니다. • 제목뿐만 아니라 그림도 살펴보며 필요한 내용이 있을지 짐작합니다.
자세히 읽기	• 필요한 내용을 찾으며 자세히 읽습니다. • 중요한 내용이나 그것을 뒷받침하는 내용에 밑줄을 그으며 읽습니다. • 자신이 아는 내용과 새롭게 안 내용을 비교하며 자세히 읽습니다.

일상생활의 경험이 잘 드러난 글 읽기

■ 이야기가 일기나 생활문과 다른 점

> 일기는 일기를 쓴 자신의 생각만 알 수 있지만 이야기는 다른 사람의 생각도 알 수 있습니다.
>
> 일기나 생활문보다 자세하며 읽는 사람의 흥미를 끌 수 있습니다.
>
> 자신의 이야기를 다른 사람의 이야기를 쓰듯이 쓸 수 있습니다.

경험을 이야기로 표현하는 방법 알기

■ 겪은 일을 이야기로 만들 때 생각해야 할 점

읽는 사람이 관심을 보일 수 있는 경험을 써야 합니다.	글을 읽는 사람이 이해할 수 있게 써야 합니다.	자신이 말하고자 하는 주제가 잘 드러나도록 이야기 흐름에 맞게 써야 합니다.	사건을 어떻게 전개하고 어떻게 해결했는지 나타나야 합니다.
사람들이 흥미를 보이며 읽을 수 있도록 합니다.	필요하다면 사건을 지어서 쓸 수 있습니다.	일의 차례를 바꾸어 써도 됩니다.	

■ 이야기의 흐름

이야기를 시작하고 배경과 인물을 설명하는 단계 → 사건이 일어나기 시작하는 단계

등장인물의 갈등이 꼭대기에 이르는 단계 → 사건을 해결하고 마무리하는 단계

MEMO